Hütet das Feuer!

Troll, Pyar
Hütet das Feuer!
Aurum Verlag in

Distribution GmbH, Bielefeld
info@j-kamphausen.de
www.weltinnenraum.de

Lektorat & Projektleitung:
Dirk Grosser
Umschlag-Gestaltung,
Typografie und Satz:
Wilfried Klei
Druck & Verarbeitung:
Westermann Druck Zwickau

Die Deutsche Bibliothek – CIP-Einheitsaufnahme
Ein Titeldatensatz für diese Publikation
ist bei der deutschen Bibliothek erhältlich.

1. Auflage 2006

ISBN-13: 978-3-89901-085-5
ISBN-10: 3-89901-085-X

Dieses Buch wurde auf 100% Altpapier gedruckt und ist alterungsbeständig.
Weitere Informationen hierzu finden Sie unter www.weltinnenraum.de

PYAR TROLL

Hütet das Feuer!

Jesus als radikalen Weisheitslehrer entdecken

AURUM

INTRO – Hören und Sprechen 6

I. TEIL: VON DER UNBEWUSSTEN UNSCHULD DER NATUR ZUR BEWUSSTEN UNSCHULD EINES BUDDHA 9

1. Anfang: Jungfrauengeburt 10
2. Anfang: Der Stammbaum – Jesus, der Sohn des Josef 11
3. Anfang: Paradies, Erbsünde, Bewusstwerdung und Evolution des Geistes 13
4. Anfang: Am Anfang war das Wort – Einheit und Vielheit 26
5. Anfang: Johannes der Täufer – Der Zeuge an der Schwelle eines Bewusstseinssprungs 29
6. Anfang: Die Taufe Jesu – Erleuchtung 33

II. TEIL: JESUS UND DIE KIRCHE 41

III. TEIL: ENTFREMDUNG ÜBERWINDEN UND FREUNDSCHAFT SCHLIESSEN 51

Grundlegende Schlüssel

1. Schlüssel: Hören 56
2. Schlüssel: Widerstehen – Treue 58
3. Schlüssel: Totalität 62
4. Schlüssel: Bereitschaft zu sterben – Furcht überwinden 66

Die Entfremdung gegenüber der Existenz überwinden

5. Schlüssel: Lilien auf dem Felde – Sich nicht sorgen – Freundschaft mit der Existenz schließen 70

Die Entfremdung sich selbst gegenüber beenden – Freundschaft mit sich schließen

6. Schlüssel: Sich annehmen und nackt zeigen 83
7. Schlüssel: Nicht „Sein *wie* Gott“, sondern Gott selbst sein 86

8. Schlüssel: Umkehr, Reue und Vergebung 89
9. Schlüssel: Integrität 102

Die Entfremdung gegenüber anderen überwinden

10. Schlüssel: Freundschaft mit den Menschen schließen – Liebe und Verzeihen 106

Die Entfremdung gegenüber Gott überwinden – Frieden mit Gott schließen

11. Schlüssel: Lobpreisen und Das Reich Gottes ausgebreitet sehen 114
12. Schlüssel: Sich mit den Augen Gottes sehen – Nicht den Mut verlieren 116
13. Schlüssel: Gebet 122
14. Schlüssel: Gott erst genügt 123
15. Schlüssel: Seid Liebe – Die große Umwandlung 124
16. Schlüssel: Glaube und Vertrauen 128
17. Schlüssel: Die Möglichkeit des Einschlafens und des Verrats macht wachsam 133
18. Schlüssel: Geradheit und Verbeugung – Hingabe in Aufrichtigkeit 138
19. Schlüssel: Die Lücke zulassen 140
20. Schlüssel: Sieg inmitten des äußeren Scheiterns – In deine Hände befehle ich meinen Geist 141
21. Schlüssel: Hütet das Feuer 163

IV. TEIL: DIE BERGPREDIGT – LEITFADEN ZUR TRANSFORMATION 169

1. Über das Gesetz hinausgehen 170
2. Vergebung 207
3. Geburt aus dem Geist 216
4. Die Liebe 233
5. Wachsamkeit 253
6. Gebet 262
7. Alltag 270

LITERATURVERZEICHNIS 284
GLOSSAR 284

Intro
Hören und Sprechen

In meinen Satsangs und Büchern benutze ich oft Texte von Jesus, Buddha oder anderen Meistern. Sie sind hilfreich, aber was ich spreche, spreche ich aus meiner eigenen Autorität und meinem Erfahren und Erkennen. Ich bin keine Gesandte von Jesus oder sonst jemandem, und ich bin keine Prophetin. Ich drücke mich aus, so gut ich kann – und das ist nie genügend –, aus meinem Herzen, aus meinem Erkennen, aus meiner eigenen Autorität. Und meine Art ist eine „pyarige" Art, sie ist kein Wiederholen oder Nachsprechen, sondern einzigartig. Gleichzeitig spreche ich aus derselben Wahrheit und Liebe wie Jesus und meine anderen Buddha-Freunde. Mir ist es auch ein Anliegen, manche dieser Freunde wieder bei euch einzuführen. Ob sie Atisha, Jesus oder Milarepa heißen, ich möchte diese Freunde ins 21. Jahrhundert einladen, weil sie alle so lebendig und so hilfreich sind. Was hier geschieht, ist keine Auslegung der Bibel. Es geht mir um euch.

Natürlich nehme ich die Wunden wahr, die bei euch vorhanden sind. Einiges in eurer Seele, aber auch einiges in eurem Geist bezüglich Jesus bedarf der Heilung. Manche von euch sind da relativ unbelastet, einige haben positive wie negative Vorurteile. Einige von euch haben eine wunderschöne Liebesgeschichte mit Jesus. Es ist sehr verschieden für euch. Aber ich habe den Eindruck, dass das Bild oder der Geschmack von Jesus, der sich manchen in den Geist eingegraben hat, einfach nicht ganz korrekt ist.

Jesus selbst ist kein heikles Thema, aber durch all die Vergiftungen, die seine Worte über die lange Zeit erfahren haben, und auch durch all das, was viele von uns als Kinder oder Jugendliche an falsch verstandenem Jesus vorgesetzt bekommen haben, wurde er zum heiklen Thema. Ich habe den Eindruck, dass vieles, was euch und Jesus betrifft, zu heilen ist, und das macht ihm sicher Spaß, denn er hat ja gerne geheilt, womit er sich im Übrigen absolut einig ist mit Buddha, der sich als Arzt bezeichnet hat.

Und ganz wichtig ist die Qualität des Hörens – ja, so wie Maria gehört hat. Und das Annehmen, so dass das Hören ins Herz geht und nicht so sehr in den Verstand. Erinnert ihr euch an das Gedicht von Rilke?

„Höre, mein Herz, wie sonst nur Heilige hörten: dass sie der riesige Ruf aufhob vom Boden; sie aber knieten, Unmögliche, weiter und achtetens nicht: So waren sie hörend."

Anmerkung des Verlages:

Dieses Buch ist aus Audio-Aufnahmen mündlicher Vorträge entstanden, deren spontaner Charakter bei der schriftlichen Bearbeitung weitgehend erhalten blieb.

Als biblische Quellen wurden die Lutherbibel Standardausgabe © 1999, Deutsche Bibelgesellschaft Stuttgart, sowie das Thomas-Evangelium in der Übersetzung von Christoph Greiner, © Genius Verlag, Oberstaufen 1998, genutzt.

I. TEIL:

VON DER UNBEWUSSTEN UNSCHULD DER NATUR ZUR BEWUSSTEN UNSCHULD EINES BUDDHA

Lasst uns mit dem Anfang beginnen, denn es ist unser Anfang, der Anfang der Entwicklung unseres Bewusstseins.

Die Evangelien überliefern uns mehrere Anfänge der Biografie von Jesus, und natürlich gibt es den Anfang des Anfangs in der Schöpfungsgeschichte und der Geschichte vom Paradies. All dies hängt zusammen, und wir werden über einige dieser Anfänge sprechen.

Jesus wurde vor circa 2.000 Jahren in Palästina, einem kleinen Land am Rande des Mittelmeeres, geboren. Wo genau, ob in Nazareth oder in Bethlehem, ist nicht ganz erwiesen. Gelernt haben wir, es sei in Bethlehem geschehen, aber es wäre auch möglich, dass das als Kunstgriff erst später eingefügt wurde, da Bethlehem in der jüdischen Überlieferung ein wesentlich größeres Gewicht hat als Nazareth. Aus Nazareth, sagten die Menschen damals, kommt nichts Bedeutendes. Auf jeden Fall wurde Jesus geboren, soviel steht fest. Darüber sind sich alle einig. Auch in einigen römischen Quellen wird darüber berichtet. Ein Geschichtsschreiber namens Josef fand diesen Mann immerhin so bedeutsam, dass er ihn erwähnte, was an sich bereits ungewöhnlich ist, denn Propheten und Sektierer haben die Römer eigentlich nicht so sehr interessiert.

1. Anfang: Jungfrauengeburt

Nun existieren ja all diese Geschichten von der Jungfrauengeburt, die im Übrigen selbst in den herkömmlichen vier Evangelien nicht durchgängig so beschrieben ist. Dazu kommen wir noch. Diese Jungfrauengeburt stößt auf große Ablehnung. Ich frage: Warum stoßen wir uns eigentlich so sehr daran? Kein Mensch ärgert sich darüber, dass Padmasambhava, der große buddhistische Meister, der den Buddhismus nach Tibet brachte, siebenjährig ohne Mutter und ohne Vater in einer Lotusblüte geboren wurde – als fertiger Bodhisattva! Das löst seltsamerweise nicht solchen Widerwillen aus. Aber bei Jesus haben wir etwas dagegen. Vielleicht liegt dass an der Färbung, die im Nachhinein hereinkam, vielleicht sind wir aber auch einfach weniger kritisch, sobald es sich um eine andere, exotischere Religion handelt. Warum können wir hier eine schöne Geschichte nicht auch wie eine symbolische Geschichte behandeln? Mit der Jungfrauengeburt wird einfach ausgedrückt, dass ein Mensch in großer Reinheit geboren wurde, genauso wie Padmasambhava in der Lotusblüte. Die Lotusblüte ist ein Symbol der Reinheit, der Klarheit, des Buddha-Geistes. Da wird ein Mensch in dieser Reinheit, mit einem großen Maß an Klarheit geboren. Ähnliches wird in Jesu Geschichte der Jungfauengeburt ausgedrückt. Ob das jetzt tatsächlich so geschah oder nicht, ist unerheblich. Sehr schön finde ich die Art, wie Maria erfahren hat, was passieren wird: Ein Engel kam zu ihr und sagte, dass sie schwanger werden würde. Ich habe irgendwo einmal ein wunderschönes altes, gotisches Bild gesehen: Darauf führt eine Art Leitung von Marias Ohr direkt zu der Taube im Himmel, die den Heiligen Geist darstellt. Und das Baby Jesus rutscht durch diese Leitung hindurch. Die Empfängnis über das Ohr. Das ist wunderwunderschön! Das Hören, das offene Hören macht uns empfänglich. Männer und Frauen gleichermaßen.

2. Anfang: Der Stammbaum – Jesus, der Sohn des Josef

Das Matthäusevangelium hingegen beginnt mit dem Stammbaum Jesu. Das mag langweilig klingen, aber es ist sehr interessant, und diesen Text habe ich bezeichnenderweise in der Kirche nicht so oft gehört. Hier steht ganz einfach:

„Dies ist das Evangelium nach Matthäus: Dies ist das Buch von der Geschichte Jesu Christi, des Sohnes Davids, des Sohnes Abrahams. Abraham zeugte Isaak. Isaak zeugte Jakob. Jakob zeugte Juda und seine Brüder. Juda zeugte Perez und Serach mit der

Tamar. Perez zeugte Hezron. Hezron zeugte Ram. Ram zeugte Amminadab. Amminadab zeugte Nachschon. Nachschon zeugte Salmon. Salmon zeugte Boas mit Rahab. Boas zeugte Obed mit der Rut. Obed zeugte Isai. Isai zeugte den König David. David zeugte Salomo mit der Frau des Uria. Salomo zeugte Rehabeam. Rehabeam zeugte Abija. Abija zeugte Asa. Asa zeugte Joschafat. Joschafat zeugte Joram. Joram zeugte Usija. Usija zeugte Jotam. Jotam zeugte Ahas. Ahas zeugte Hiskia. Hiskia zeugte Manasse. Manasse zeugte Amon. Amon zeugte Josia. Josia zeugte Jojachin und seine Brüder um die Zeit der babylonischen Gefangenschaft. Nach der babylonischen Gefangenschaft zeugte Jojachin Schealtiel. Schealtiel zeugte Serubbabel. Serubbabel zeugte Abihud. Abihud zeugte Eljakim. Eljakim zeugte Asor. Asor zeugte Zadok. Zadok zeugte Achim. Achim zeugte Eliud. Eliud zeugte Eleasar. Eleasar zeugte Mattan. Mattan zeugte Jakob. Jakob zeugte Josef, den Mann der Maria, von der geboren ist Jesus, der da heißt Christus. Alle Glieder von Abraham bis zu David sind 14 Glieder. Von David bis zur babylonischen Gefangenschaft sind 14 Glieder. Von der babylonischen Gefangenschaft bis zu Christus sind 14 Glieder." (Mt 1,1-17)

Aus dieser Textstelle des Evangeliums geht für mich hervor, dass Jesus ganz einfach der Sohn des Josef war – welchen Sinn hätte es sonst, am Anfang den gesamten Stammbaum Josefs aufzuzählen?

Und dann steht gleich danach: „Die Geburt Jesu Christi geschah aber so: Als Maria, seine Mutter, dem Josef vertraut war, fand es sich, ehe er sie heimholte, dass sie schwanger war vom Heiligen Geist." Wir finden also bereits auf der ersten Seite einen Widerspruch.

In Matthäus 13,53 wird eine spätere Szene beschrieben, in der Jesus wieder eindeutig als Sohn Josefs deklariert wird. Er ist inzwischen erwachsen und beginnt zu lehren: „Und es begab sich, als Jesus diese Gleichnisse vollendet hatte, dass er davonging und kam in seine Vaterstadt und lehrte sie in ihrer Synagoge, so dass sie sich entsetzten und fragten: Woher hat dieser solche Weisheit und solche Taten? Ist er nicht der Sohn des Zimmermanns? Heißt nicht seine Mutter Maria und seine Brüder Jacobus und Josef und Simon und Judas? Und seine Schwestern, sind sie nicht alle bei uns? Woher kommt ihm denn das alles? Und sie ärgerten sich an ihm. Jesus aber sprach zu ihnen: ‚Ein Prophet gilt nirgends weniger als in seinem Vaterland und in seinem Hause.' Und er tat dort nicht viele Zeichen wegen ihres Unglaubens."

Also war damals eigentlich jedem, zumindest den Leuten in Nazareth, klar, dass Jesus der Sohn von Josef und Maria war. Trotzdem finde ich die Geschichte der Jungfrauengeburt so schön – einfach in ihrem übertragenen und symbolischen Sinn.

3. Anfang: Paradies, Erbsünde, Bewusstwerdung und Evolution des Geistes

Jetzt müssen wir noch weiter zurück. Um den Anfang der Geschichte zu finden, müssen wir zurückgehen zum Paradies und zu dem, was als Erbsünde bezeichnet wird. Dieses Thema ist mir sehr wichtig, denn ich weiß, dass gerade hier sehr viel Missverständnis herrscht und eure Seelen gerade hier sehr verletzt sind.

In 1. Mose 2,15-17 steht: „Gott, der Herr, nahm den Menschen und setzte ihn in den Garten Eden, dass er ihn bebaute und bewahrte. Und Gott gebot dem Menschen und sprach: ‚Du darfst essen von allen Bäumen im Garten, aber vom Baum der Erkenntnis des Guten und Bösen sollst du nicht essen. Denn an dem Tage, an dem du von ihm isst, musst du des Todes sterben … '" und weiter in 1. Mose 3,1-14: „Aber die Schlange war listiger als alle Tiere auf dem Felde, die Gott, der Herr, gemacht hatte, und sprach zu der Frau: ‚Ja, sollte Gott gesagt haben, ihr sollt nicht essen von allen Bäumen im Garten?' Da sprach die Frau zu der

Schlange: ‚Wir essen von den Früchten der Bäume im Garten, aber von den Früchten des Baumes mitten im Garten hat Gott gesagt, esset nicht davon. Rühret sie auch nicht an, dass ihr nicht sterbet.' Da sprach die Schlange zur Frau: ‚Ihr werdet keineswegs des Todes sterben, sondern Gott weiß, an dem Tage, an dem ihr davon esst, werden eure Augen aufgetan und ihr werdet sein wie Gott und wissen, was gut und böse ist.' Und die Frau sah, dass von dem Baum gut zu essen wäre und dass er eine Lust für die Augen wäre und verlockend, weil er klug machte. Und sie nahm von der Frucht und aß und gab ihrem Mann, der bei ihr war, auch davon, und er aß. Da wurden ihnen beiden die Augen aufgetan. Und sie wurden gewahr, dass sie nackt waren und flochten Feigenblätter zusammen und machten sich Schurze. Sie hörten Gott, den Herrn, wie er im Garten ging, als der Tag kühl geworden war. Und Adam versteckte sich mit seiner Frau vor dem Angesicht Gottes unter den Bäumen im Garten. Und Gott, der Herr, rief Adam und sprach zu ihm: ‚Wo bist du?' Und er sprach: ‚Ich hörte dich im Garten und fürchtete mich, denn ich bin nackt, darum versteckte ich mich.' Und er sprach: ‚Wer hat dir gesagt, dass du nackt bist? Hast du gegessen von dem Baum, von dem ich dir gebot, du solltest nicht davon essen?' Da sprach Adam: ‚Die Frau, die du mir zugesellt hast, gab mir von dem Baum und ich aß.' Da sprach Gott, der Herr, zur Frau: ‚Warum hast du das getan?' Die Frau sprach: ‚Die Schlange betrog mich, so dass ich aß.' Da sprach Gott, der Herr, zu der Schlange: ‚Weil du das getan hast, seiest du verflucht. Verstoßen aus allem Vieh und allen Tieren auf dem Felde. Auf deinem Bauche sollst du kriechen und Erde fressen dein Leben lang.'" Und dann werden Adam und Eva aus dem Paradies vertrieben.

Der Baum der Erkenntnis – Anfang der Bewusstheit

Das ist eine schöne Geschichte. Es war notwendig, von diesem Baum der Erkenntnis zu essen. Mit dem Essen vom Baum der Erkenntnis kam das Bewusstsein von Gut und Böse in unseren Geist, kam die Dualität in unseren Geist, was natürlich zunächst zu Leiden führt. Aber ohne diesen ersten Schritt hinein in die Bewusstheit mitsamt der damit verbundenen Trennung ist wahre Weisheit nicht möglich, ist die Transzendenz von Gut und Böse, von Dualität nicht möglich, ist es nicht möglich, zur Blüte des Menschseins zu gelangen. Der Baum der Erkenntnis stellt in Wahrheit den Moment in der Evolution dar, wo der Affe zum Menschen wird – und damit natürlich seine unbewusste Unschuld verliert. Ich erinnere mich, dass Osho einmal in diesem Zusammenhang davon sprach, dass der Weg von der unbewussten Unschuld der Natur zur bewussten Unschuld eines Buddha führe, und dass auf diesem Weg die Erfahrungen von Dunkel, Sünde und Unglück notwendig seien, bis der Kreis sich schließt und man wie Buddha wieder heimkehrt – aber jetzt in einer bewussten Unschuld. Er sagte, auf diese Weise sei Buddhas Unschuld die Unschuld eines gereiften Menschen, eines gewachsenen Menschen. So liegen also zwischen der unbewussten Unschuld der Natur oder eines Babys, die zwar unschuldig, aber weder frei noch bewusst ist, und der bewussten Unschuld eines Buddha der Weg vom Baum der Erkenntnis über die Vertreibung aus dem Paradies, all die Wege in der Welt, all das Stolpern und Fallen und Lernen, all das Bemühen, all das Loslassen, all das Üben bis zur letztendlichen Heimkehr. Diese Heimkehr ist jedoch keine Rückkehr ins Alte, ist kein Zurückfallen in kindliche unbewusste Unschuld, sondern ist tiefe Transformation, ist Hinausgehen über all die Dualität. Diese Heimkehr ist kein Zurückgehen in einen präkognitiven Zustand, sondern ist ein „Über-den-Verstand-Hinausgehen“. Ich mag in diesem Zusammenhang gar nicht von Erbsünde reden, sondern von Beginn, von Herausforderung, von Potenzial. Ohne die Schlange, ohne die Frau und ohne Adam gäbe es keinen Buddha und keinen Christus auf der Erde. In dem Prozess der Bewusstwerdung – von der unbewussten Unschuld der Tiere und Pflanzen zu einer bewussten Unschuld eines Christus oder eines Buddha – ist dieser Schritt, vom Baum der Erkenntnis zu essen, absolut notwendig.

Bewusstheit der eigenen Sterblichkeit

Trotzdem hat Gott natürlich Recht, wenn er sagt: „Denn an dem Tage, an dem du von ihm isst, musst du des Todes sterben." Das löst Angst aus, aber was heißt es wirklich? Der Tod selbst ist nicht durch Adam und Eva oder durch das Essen der Frucht eingeführt worden, sondern die *Bewusstheit* der eigenen Sterblichkeit. Auch vorher gab es in der Schöpfung Vergänglichkeit. Auch vorher starben Tiere und Pflanzen und Menschen. Denn bereits vorher war die Schöpfung inklusive Adam und Eva ein Phänomen, in dem alles irgendwann einen Anfang hat und daher auch ein Ende. Was mit dem Essen der Frucht vom Baum der Erkenntnis geschieht, ist also keine Todesstrafe, sondern die auftauchende, beginnende Bewusstheit über die *Tatsache* der Vergänglichkeit, die *Tatsache* der Sterblichkeit. Das heißt: „Ihr wisst jetzt, dass ihr sterbt." Und das macht uns Menschen oft ein Problem. Wir wissen schon ziemlich früh um diese Tatsache. Als Kinder erfahren wir irgendwann, dass es Tod und Vergänglichkeit gibt, und wir bekommen Angst, vielleicht sogar Panik.

Auch die Nacktheit wurde nicht durch das Essen der verbotenen Frucht hervorgerufen. Adam und Eva waren auch vorher schon nackt. Doch jetzt stellen sie es fest: „Hey, Moment mal, wir schauen ja verschieden aus. Wir sind ein Mann und eine Frau." Die Augen wurden ihnen aufgetan. Und das ist erst einmal erschreckend. Ja, es gibt einen paradiesischen Zustand des Nichtwissens ... Ihr kennt das vielleicht, dass man manchmal sagt: „Ach, hätte ich das bloß nicht gehört, dann hätte ich das nicht gewusst. Hättest du mir das bloß nicht gesagt." Da habt Ihr jedes Mal das Paradies des Nichtwissens verlassen. Eigentlich ist es ein sehr kindliches Paradies des Nichtwissens, das Adam und Eva da verlassen müssen. Und ich finde, dieses Verlassen ist den Preis wert. Gleichzeitig wird durch die Bewusstwerdung dann auch klar, was gut ist und was nicht gut ist usw. Und das dialektische und diskursive, dualistische Denken beginnt in der Evolution. Und damit beginnt viel Leiden. Was Gott an dieser Stelle sagt, ist völlig richtig. Vielleicht dachte er, es wäre für die Menschen einfacher. Nur in dieser Art von „einfach" wäre das Potenzial des Menschseins, wäre die Möglichkeit von wahrer Bewusstheit, die Möglichkeit von bewusster Unschuld vollkommen verschüttet geblieben.

Deshalb muss ich sagen: Die Schlange hat uns einen Dienst erwiesen. Das Potenzial, das durch sie überhaupt erst möglich wird, ist letztendlich wunderbar. Ohne Adam hätte es keinen Jesus geben können, und ohne die Schlange auch nicht. Das heißt also, was man als Erbsünde oder Sündenfall bezeichnet, und was als ganz großer Stachel den christlich geprägten oder aufgewachsenen Menschen im Fleisch steckt, ist einerseits der Beginn von Leiden, gleichzeitig aber der Beginn der Bewusstwerdung, die nicht anders entsteht als über das Dualistische und über die Ratio. Am Ende steht die Möglichkeit für jeden, in neu gewonnener Bewusstheit und Unschuld zu Gott heimzukommen.

Ihr kommt nicht heim als dieselben dummen unwissenden Kinder, sondern Ihr kommt heim mit der ganzen Erfahrung und mit dem ganzen Potenzial des Fühlens. Ihr verliert auch nicht die Möglichkeit des diskursiven Denkens, sondern es ist ein Mithineinnehmen von allem. Das eigentlich wollte Jesus zeigen.

Es gibt noch so eine schöne Stelle ganz am Anfang der Bibel, die ich euch nicht vorenthalten möchte: „Am Anfang schuf Gott Himmel und Erde. Und die Erde war wüst und leer. Und es war finster auf der Tiefe. Und der Geist Gottes schwebte über dem Wasser." (1. Mose 1,1-2). Ist das nicht schön?

Für mein Empfinden ist die Sache mit dem Sündenfall, mit der Bewusstwerdung der Dualität und der Sterblichkeit im Alten Testament so wichtig und so wunderschön. Eigentlich wird hier schon so vieles klar, was dann von Jesus gesprochen wird oder was seine und die Antwort aller Buddhas auf genau dieses Essen vom Baum der Erkenntnis ist. Wir haben alle vom Baum der Erkenntnis gegessen – alle Menschen –, und da gibt es kein zurück mehr. Wir können nicht zurück. Wir können nur entweder im Rad von Samsara – wie die Buddhisten sagen würden –

oder in der Sünde (wie Jesus oder Johannes es vielleicht ausdrücken würden) bleiben, oder aber darüber hinausgehen. Wir können nicht zurück in diese Form der Unbewusstheit, in der wir nichts wissen. Das geht nicht. In dieses Paradies von damals geht es nicht mehr zurück, aber das ist oft die geheime Sehnsucht. Die Psychologen sprechen dann vielleicht von der Sehnsucht, in den Mutterleib zurückkehren zu wollen, aber das geht ja auch nicht. Rückwärts geht nicht.

Und Menschen wie Jesus sagen dann: „Okay, wir haben jetzt zum Beispiel eine Bewusstheit unserer Sterblichkeit. Wir müssen darüber hinausgehen – durch den Tod hindurch." Er sagt auch, noch bevor er eine Ahnung hat, dass er früh sterben wird: „Nur wer sein Leben verliert, wird es gewinnen." (Mt 10,39) Das ist die Antwort. Das Kleine, das Begrenzte muss sterben. Und dann seht ihr, dass der Tod keinen Stachel hat. Wenn Jesus ewiges Leben verspricht, heißt das nicht, dass man als Mensch nicht mehr sterblich wäre. Er ist ja selbst gestorben. Es bedeutet vielmehr, dass diese Irritation oder diese Panik oder dieser Stachel ob der Sterblichkeit verschwindet und dass man sich *dessen* bewusst ist, was nicht stirbt, was bleibt und was immer war und immer sein wird. Deshalb kann ich mir auch nicht vorstellen, dass für Johannes die Taufe bedeutet hat, Menschen von dieser „Erbsünde" rein zu waschen oder sie von dieser Tatsache des „Vom-Baum-der-Erkenntnis-gegessen-Habens" zu befreien, denn dann müssten nach der Taufe „Blumenkohlköpfe" dem Jordan entstiegen sein. Das war aber nicht der Fall. Es geht hier um eine tiefe Transformation, und nicht um den simplen Gedanken, etwas rückgängig zu machen, etwas ungeschehen zu machen, etwas wegzuwischen. Es geht um eine Umwandlung, um Transzendenz, nicht um Regression. Und das reicht viel, viel tiefer. Und so kann Jesus Sünden wegwaschen, umwandeln, verwandeln, transformieren. Und darauf weist er hin, genau wie alle anderen Buddhas. Und wenn dieses Hinweisen gelegentlich erfolgreich ist ... oh ja, „happy day"... Das enthebt niemanden seiner eigenen Verantwortlichkeit, seiner eigenen Freiheit und seiner eigenen Würde.

Luzifer

Frage: Ich habe das immer so verstanden, dass wir in der Vollkommenheit, im Paradies waren, und durch Evas Tat in die Unwissenheit, in die Verblendung gefallen sind. Wir sind doch dadurch von Gott getrennt worden. Und jetzt suchen wir.

Pyar: Hat es dich nie gewundert, dass dieser Baum nicht Baum der Sünde heißt, sondern Baum der Erkenntnis? Wir sind aus einer scheinbaren Vollkommenheit gefallen, die aber mit Unbewusstheit verbunden war – oder sagen wir es mal so: mit noch mehr Unbewusstheit. Wenn wir im Paradies wirklich mit Gott vereint gewesen wären, wie hätten wir dann etwas gegen seinen Willen tun können? Da muss schon eine Lücke gewesen sein, durch die die Schlange hereinkommen konnte, ein noch so kleiner Spalt. Wir waren bereits in der Trennung, nur wussten wir es nicht.

F: Und jetzt versuchen wir, diese Trennung wieder aufzuheben?

P: Nicht, indem wir zurückgehen, sondern indem wir darüber hinausgehen. Nicht, indem wir uns unterhalb der Stufe der menschlichen Intelligenz oder des menschlichen Potenzials begeben, sondern indem wir darüber hinausgehen.

F: Und war die Vollkommenheit vorher gar nicht da?

P: Das war alles ganz hübsch, das ist schon richtig. Lesen wir mal: „Es war zu der Zeit, da Gott der Herr Erde und Himmel machte und alle die Sträucher auf dem Felde waren noch nicht auf Erden und all das Kraut auf dem Felde war noch nicht gewachsen, denn Gott der Herr hatte noch nicht regnen lassen auf Erden, und kein Mensch war da, der das Land bebaute. Aber ein Nebel stieg auf von der Erde und feuchtete alles Land. Da machte Gott der Herr den Menschen aus Erde vom Acker und blies ihm den Odem des Lebens in seine Nase. Und so ward der Mensch ein lebendiges Wesen. Und Gott der Herr pflanzte einen Garten in Eden, gegen Osten hin, und setzte den Menschen hinein, den er gemacht hatte. Und Gott der Herr ließ aufwachsen aus der Erde allerlei Bäume, verlockend anzusehen und gut zu essen. Und den Baum des Lebens mitten im Garten und den Baum der Erkenntnis des Guten und Bösen. Und es ging aus von Eden ein Strom, den Garten zu bewässern und teilte sich von da in vier Hauptarme. Der erste hieß Pischon, der fließt um das ganze Land Hewila, und dort findet man Gold, und das Gold des Landes ist kostbar. Auch findet man da Bedolachharz und den Edelstein Schoham. Der zweite Strom heißt Gihon, der fließt um das ganze Land Kusch. Der dritte Strom heißt Tigris, der fließt östlich von Assyrien. Der vierte Strom ist der Euphrat. Und Gott der Herr nahm den Menschen und setzte ihn in den Garten Eden, dass er ihn bebaute und bewahrte." (1. Mose 2,4-15).

So hat das Paradies ausgesehen.

F: *Und die Schlange?*

P: Das ist ein wenig verwirrend, denn es gibt noch eine andere Geschichte der Schlange: Die Schlange ist eine Verkörperung von Luzifer, dem Lichtträger. Er war ein mächtiger Engel und hatte die Aufgabe, das göttliche Licht zu tragen. Dies ließ ihn jedoch etwas arrogant werden, und er dachte, er wüsste alles besser. Luzifer ist der kleine Geist, der irgendwann zu denken anfing, er könnte der große Geist sein. Und natürlich – und das ist eine andere Ebene derselben Geschichte – verführt er den Menschen dazu, in die Dualität zu gehen. Er hat viele Taktiken. Dass der Mensch über sich selbst hinausgeht, in Transzendenz und in eine letztendliche Vereinigung mit dem Göttlichen, das gefällt dem kleinen Geist nicht so sehr. Da wäre es ihm eher noch lieber, wir würden in das alte Paradies zurückgehen, zurück ins Nichtwissen. Da könnte er leichter seine Spiele spielen. Aber eigentlich ist er der Lichtträger. Das ist die Schlange.

Liebe und Gerechtigkeit

Frage: Ich habe bei der Konfirmation nur das halbe Glaubensbekenntnis mitgesprochen, denn ich wollte nicht lügen. Insbesondere den Satz „er wird wiederkommen zu richten die Lebendigen und die Toten" konnte ich nicht mitsprechen. Entweder ist Gott Liebe, oder er richtet. Beides zusammen geht nicht. Mich schockierte am meisten dieses ganze Leiden und diese Schwere, und dass ich dafür mitverantwortlich sein sollte.

Pyar: Diese Aussagen über das Richten stimmen so nicht. Das beginnt schon damit, dass sie im Glaubensbekenntnis in die Zukunft vertagt werden. Das Reich Gottes aber ist nicht irgendwann und nicht irgendwo, sondern es ist hier. Das hat Jesus auch so gesagt. Es ist nicht nur nah, sondern näher als nah: „Das Königreich des Vaters ist ausgebreitet über die Erde, und die Menschen sehen es nicht." (Thomas, Spruch 113). Insofern muss auch das Gericht sofort stattfinden. Und das tut es auch. Damit bekommt es auch eine ganz andere Schärfe. Selbst das Jüngste Gericht kann man nicht auf den Jüngsten Tag verschieben. Wenn man es so betrachtet, gibt es keinen Widerspruch zwischen Liebe und Gerechtigkeit.

Jesus benutzt Begriffe wie „Reich Gottes", „Vater", „Himmelreich" für dasselbe, was Buddha „Nirvana", „Shunyata" oder „die klare Natur des Geistes" nennt. In Palästina trifft Jesus auf Menschen, die vom jüdischen Glauben geprägt sind. Es ist sowieso schon eine unlösbare Aufgabe, über das zu sprechen, was jenseits der Worte ist. Aber zu diesen Menschen zu sprechen, die an einen Gott glauben, der eine Person ist, und zwar eine ziemlich egoistische, rachsüchtige Person, zornig und parteiisch, manchmal aber auch beschützend – je nachdem –, ist sehr schwierig. Dieses geistige Umfeld betritt dieser Mensch Jesus nach seiner Erleuchtung und versucht, diesen Menschen Liebe, Großzügigkeit, Geduld und das Himmelreich Gottes zu zeigen oder davon zu erzählen. Ziemlich aussichtslos. Er muss einer Wand von Glaubensvorstellungen begegnet sein. Deshalb musste Jesus zumindest den Wortschatz dieser Menschen benutzen, und er hat es ganz einfach gemacht mit Fischen und Samen und so weiter, aber er hat natürlich auch die philosophischen oder religiösen Begriffe der Menschen dieser Zeit benutzt. Anders hätte Jesus überhaupt nicht mit ihnen kommunizieren können. Manche Bilder, die er benutzte, muss man in diesem Kontext sehen. Ich könnte mir vorstellen, dass er tatsächlich gesagt hat: „Ich sitze zur Rechten des Vaters." Das klingt für mich echt. Aber er meint damit nicht, dass da dieser egoistische, zornige, eifersüchtige alttestamentarische Gott auf einem großen Stuhl sitzt, und rechts davon Jesus als sein Sohn auf einem kleinen Stuhl. Und darüber schwebt die Taube. Jesus hat sich überhaupt nicht als von Gott getrennt erfahren. Er sagt ja auch: „Ich und der Vater sind eins." (Joh 10,30). Trotzdem benutzt er solche Bilder und Begriffe, um den Leuten etwas zu sagen. Osho fomulierte: „Wenn ich sterbe, dann löse ich mich in die Existenz auf." Das war für Oshos Sannyasins der adäquate Ausdruck, um ihnen zu sagen: „Ja, ihr werdet mich nicht mehr sehen, und trotzdem bin ich da. Wo auch immer ihr seid, ihr könnt mich atmen. Und ich bin da." Und Jesus sagt: „Ich sitze zur Rechten Gottes." Das ist ein Platz, den sich ein Mensch im Palästina vor 2.000 Jahren vorstellen konnte: „Oh ja, darauf kann man sich verlassen." Der ist da. Nur, ein Mensch 2.000 Jahre später kann möglicherweise gar nichts damit anfangen.

Taufe und Erbsünde – Letztes Gericht – Rechenschaft – Verantwortlichkeit – Umkehr

Frage: Du hast gerade von der Erbsünde gesprochen. Ich bin katholisch erzogen worden und mir wurde beigebracht, dass ich durch die Taufe von meiner Erbsünde befreit bin. So, wie ich es heute verstehe, bedeutet die Taufe, dass ich dadurch die Möglichkeit zur Transformation habe, indem ich die christliche Lehre praktiziere. Kann ich das so verstehen? Und es ist nicht so, dass mir die Erbsünde durch den Akt der Taufe weggewaschen wird?

Pyar: Ich habe gelesen: Johannes hat getauft, Jesus dagegen überhaupt nicht. Das bedeutet, die Kirche hat das Taufen mehr von Johannes dem Täufer übernommen. Eigentlich ist die Taufe eine Initiation, der Anfang eines Weges – und zwar genau des Weges zur Transformation, wie du sagst.

F: *Als ich meine Kinder nicht taufen ließ, sagte meine Mutter immer wieder, sie seien nun Heiden ...*

P: Es ist nichts gegen Heiden einzuwenden.

F: *Für eine katholische Mutter bestimmt!*

P: Ja, ich weiß. Aber das sind alles Vergiftungen. Und ich weiß, dieses Gift sitzt tief.

F: *Meine Kinder sollten das später selbst entscheiden. Man muss sich nur taufen lassen, und damit ist alles sozusagen weggewischt. Solch ein Kinderglauben wurde uns vermittelt.*

P: Ja, das halte ich für Kinderglauben. Wie hat Johannes das gemacht? Johannes war ein wilder Kerl, der in der Wüste nahe dem Jordan lebte und predigte. Übrigens für nicht sehr lange Zeit, denn er wurde ziemlich bald geköpft. Johannes predigte ständig: „Kehrt um, denn das Himmelreich ist nahe" (Mt 3,2), und er fügte hinzu: „Ich taufe euch mit Wasser zur Buße." Dann spricht er von Jesus: „Der nach mir kommt, ist stärker als ich. Und ich bin nicht wert, ihm die Schuhe zu tragen. Er wird euch mit dem heiligen Geist und mit Feuer taufen." (Mt 3,11). Diese Feuertaufe hat die Kirche nicht übernommen, sondern die Tradition von Johannes dem Täufer, mit Wasser zur Buße zu taufen. Bei Johannes war die Taufe also keine automatische Waschmaschine, sondern Zeichen der freiwilligen Umkehr hin zur Transformation.

F: *Da die Kinder Heiden waren, hat meine Mutter immer zu mir gesagt: „Ja, und dann trete ich vor dir an des Himmels*

Pforte, und da wird Gott zu mir sagen: ‚Monika, was hast du mit deinen Kindern gemacht? Du hast sie nicht dazu erzogen, dass sie ihre Kinder taufen lassen!'" Das konnte sie sehr theatralisch vermitteln. Das sind schon Worte, die tief sitzen, und an die ich mich sehr gut erinnere: Das Jüngste Gericht, Rechenschaft darüber ablegen, welchen Weg man im Leben eingeschlagen hat, was man alles Gutes gemacht hat.

P: Dieses Bild ist ein Archetyp. Du findest es in fast allen Kulturen, auch im Tibetischen, zum Beispiel im Totenbuch, dem Bardo Thödol: Wenn du gestorben bist, begegnest du irgendwann dem Herrn des Todes. Dann sammelt das Gewissen in dir all deine guten Taten und zählt sie mit weißen Kieselsteinen, und sammelt all deine schlechten Taten und zählt sie mit schwarzen Kieselsteinen. Du wirst versucht sein zu lügen und zu sagen „Ich habe nicht gesündigt". Daraufhin wird der Herr des Todes in den Spiegel des Karmas sehen und all deine Sünden und Tugenden werden klar und deutlich erscheinen. Und du betrachtest dein Leben und siehst, was gut und was böse war. Wir haben vom Baum der Erkenntnis gegessen. Wir kommen nicht zurück ins Paradies, indem wir sagen, dass es Gut und Böse nicht gibt. Wir haben von diesem Baum gegessen, und das ist okay. Das beinhaltet natürlich auch Verantwortlichkeit, die mit dem Tod dieses Körpers nicht aufhört. Gute Ursachen haben gute Folgen, schlechte Ursachen haben schlechte Folgen.

Wie man das dann formuliert oder in welche Bilder man das kleidet, ist verschieden. Wir entkommen dem nicht, und das ist auch gar nicht nötig. Und selbst wenn es so etwas wie Karma nicht geben sollte, also nichts nach deinem Tod auf dich zurückfällt – deine Taten wirken länger als du lebst!

Jesus sagt wie Johannes immer wieder: „Kehrt um!" Das heißt, etwas ist nicht in Ordnung in eurem Leben. Das nennt man „Sünde". Und die beiden sagen: „Kehrt um!" Dieses Umkehren wird mit „Reue" übersetzt. Das ist große Medizin. Johannes sagt: „Tut Buße, kehrt um! Bereut! Kommt zurück!

Schaut, was wirklich wesentlich ist!" – und in *diesem* Kontext tauft er, als ein Zeichen der Umkehr. Das ist dasselbe, was ich die „kleine 180-Grad-Wendung" nenne. Das heißt: Nicht das Überschütten mit Wasser aus einem heiligen Fluss – weder Ganges noch Jordan – bewirkt etwas, sondern die Reinigung im Geist mit einem ganz anderen Wasser – und mit Feuer!

Buddha und Jesus – ein Widerspruch?

Frage: Ich merke, dass ich die Geschichten von Buddha gut annehmen kann, sie aber aus einem fremden Kulturkreis stammen. So kehre ich immer wieder zu Jesus zurück, fühle mich dann aber schuldig, als ob ich ihn verraten hätte, weil ich mich mit Buddhismus beschäftige. Jesus – so habe ich gelernt – kann man nicht häppchenweise nehmen. Du kannst dir nicht dieses und jenes aus der Bibel aussuchen, sondern nur das ganze Paket oder gar nicht.

Pyar: Das gilt auch für Buddha und für Osho.

F: Ich wünsche mir, dass du es unter einen Hut bringst, dass ich mich nicht zwischen diesen Meistern entscheiden muss, sondern dass ich sie zusammenbekommen kann.

P: Ich weiß, dass viele dieses Gefühl haben. Ich hatte das nie. Als ich von Buddha und von anderen gelesen habe, die jetzt alle meine Freunde sind, war ich total begeistert, von Buddha genauso wie von Kabhir oder Atisha. Und ich hatte nie das Gefühl, dass Jesus jetzt eifersüchtig sein könnte. Es mögen vielleicht die Wege oder die Seiten des Berges verschieden sein, über die der eine oder der andere Weg führt. Aber zumindest was den Gipfel angeht, sind sich alle einig. „Alle Dharmas stimmen in einem Punkt überein", sagt Atisha. Dieser eine Punkt, in dem sich alle Lehren einig sind, ist die Wahrheit, die Essenz, der Gipfel. Über den Weg und die Methode kann man unterschiedlicher Meinung sein.

4. Anfang: Am Anfang war das Wort – Einheit und Vielheit

„Am Anfang war das Wort. Und das Wort war bei Gott. Und Gott war das Wort. Dasselbe war im Anfang bei Gott. Alle Dinge sind durch dasselbe gemacht und ohne dasselbe ist nichts gemacht, was gemacht ist. In ihm war das Leben und das Leben war das Licht der Menschen. Und das Licht scheint in der Finsternis und die Finsternis hat's nicht ergriffen. Es war ein Mensch, von Gott gesandt, der hieß Johannes. Der kam zum Zeugnis, um von dem Licht zu zeugen, damit sie alle durch ihn glaubten. Er war nicht das Licht, sondern er sollte zeugen von dem Licht. Er aber kam in sein Eigentum, und die Seinen nahmen ihn nicht auf. Welche ihn aber aufnahmen, denen gab er Macht, Gottes Kinder zu werden. Und das Wort ward Fleisch und wohnte unter uns und wir sahen seine Herrlichkeit. Eine Herrlichkeit, als des eingeborenen Sohnes vom Vater voller Gnade und Wahrheit. Und von seiner Fülle haben wir alle genommen Gnade um Gnade, denn das Gesetz ist durch Moses gegeben, die Gnade und Wahrheit ist durch Jesus Christus geworden." (Joh 1,1-8; 11-12; 14; 16).

Das ist eine meiner Lieblingsstellen in der Bibel. Das Neue Testament wurde in griechischer Sprache geschrieben, und Logos bedeutet „das Wort", aber mit „Wort" ist Logos eigentlich nicht zu übersetzen. Logos ist ein so schönes Wort, und ich würde sagen, seine Bedeutung entspricht ungefähr der des Wortes „Tao". Logos heißt: der Sinn, das Wort, das Sein, das Leben, die Logik – ein vielschichtiges Wort. „Am Anfang war der Logos" – das klingt schon so schön: Logos. „Und der Logos war bei Gott und Gott war der Logos." Kein Unterschied. Das ist Dharmakaya.

„Alle Dinge sind durch dasselbe gemacht und ohne dasselbe ist nichts gemacht, was gemacht ist." Hier darf man die kleine Textstelle, die wir vorhin schon gelesen haben, und die sinngemäß hierher gehört, nicht vergessen: „Und der Geist schwebte über den Wassern." Dieser Geist, der über den Wassern schwebt, ist der Geist Gottes – ist die Freude des Göttlichen, die nicht anders kann als schöpfen. In der buddhistischen Terminologie wird dies mit Sambogakaya bezeichnet. „Alle Dinge sind durch dasselbe gemacht und ohne dasselbe ist nichts gemacht, was gemacht ist." Jetzt geschieht die Manifestation – Nirmanakaya. Alles was wir sehen, alles was wir fühlen, alles was wir hören, alles was wir schmecken und ertasten oder in unserem Inneren erfahren oder auch nicht erfahren, weil es außerhalb unseres Erfahrungsbereiches existiert, all das besteht aus dem Logos, der dasselbe ist wie Gott. Bei Gott und in Gott und dasselbe wie das Göttliche. Und davon ist wirklich nichts ausgenommen. Und im Übrigen: „Alle Dinge sind durch dasselbe gemacht" steht hier in der Gegenwart. Das heißt, der Geist schwebt immer noch über den Wassern, und immer noch und ständig ist alles durch den Logos gemacht – in jedem Moment. Nicht einst in der Vergangenheit, sondern jetzt, permanent. „In ihm war das Leben, und das Leben war das Licht der Menschen." Gott ist Leben. Der Evangelist Johannes lässt so schön eins aus dem anderen tropfen. Und es ist haargenau dasselbe wie in den Upanishaden oder in den buddhistischen Sutras, es ist genau dieselbe Wahrheit. „Alle Dharmas stimmen in einem Punkt überein.", sagt Atisha. „Und das Leben war das Licht der Menschen. Und das Licht scheint in der Finsternis." Da haben wir jetzt in der Manifestation schon einen gewissen Verfestigungsgrad erreicht, die Dinge sind fest geworden, Form geworden. Das sind die Haufen, die Skandhas, die Avalokiteshvara betrachtet, als er die Bahnen der transzendenten Weisheit zieht, wie es im Herz-Sutra beschrieben wird.[1] Und in diesen Haufen mag es finster aussehen, wenn man kopf-

1 Mehr dazu in Pyar Troll: Poesie der Stille – Tanz des Lebens, Kamphausen Verlag Bielefeld, 2000.

über drinsteckt. Die „Haufen“, die Skandhas, aus denen unsere Welt besteht, sind einfach Form, Gefühle, Handlungen, Bewusstseinsinhalte, Impulse. Viele solche Häuflein, aus denen die Welt der Phänomene und die Welt unserer Erfahrungen besteht, die in ihrer eigentlichen Essenz natürlich auch nichts anderes sind als Logos. Das ist das Wunder der Vielfalt in der Einheit und der Einheit in der Vielfalt, ohne das eine oder das andere zu leugnen.

Das ist die Schilderung des ständigen Geschehens, wie die reine Natur des Geistes, wie der Logos über den Weg des heiligen Geistes Manifestation, Schöpfung hervorbringt. Gottvater, der Heilige Geist und der Sohn. Ganz einfach.

Finsternis kann das Licht nicht ergreifen

Wenn man aber – noch dazu vom Baum der Erkenntnis gegessen habend – kopfüber in einem dieser Haufen steckt, mag es einem finster erscheinen. Und deshalb steht hier geschrieben: „Das Licht scheint in der Finsternis“. Selbst mitten in der Finsternis kann man – wenn man es wagt, die Augen aufzumachen – das Licht entdecken. „Und die Finsternis hat es nicht ergriffen.“ Das hat zwei Bedeutungen: Erstens kann Finsternis das Licht natürlich nicht ergreifen. Eigentlich kann die Finsternis dem Licht noch nicht einmal begegnen, denn sobald die Finsternis dem Licht begegnet, ist sie nicht mehr. Genauso ist es, wenn das kleine Ich Gott begegnet – dann ist „Ich“ nicht mehr da. Zweitens: Gleichzeitig aber gibt es die Verfinsterung des Geistes, der sich von seiner klaren Natur, dem Logos, entfernt und nur noch die Form und die verschiedenen Haufen sehen kann. Manche dieser Haufen sehen sogar recht spirituell aus. Sie sind aber doch Form und Bewusstseinsinhalt. Wenn der Geist nur noch das sehen kann und nicht mehr in der Lage ist, sich zu seiner eigenen Natur zurückzuwenden, dann ist er selbst verfinstert, und genauso verfinstert ist er, wenn er nur noch die Einheit sieht und die Vielfalt leugnet. Und dieser verfinsterte Geist ergreift das Licht nicht. Er mag es auch gar nicht ergreifen. Dieses Ergreifen würde bedeuten: begreifen. Das heißt: Der kleine Geist, der verfinsterte, verdunkelte, verblendete Geist begreift das Licht nicht. Und dann wird er manchmal ekelhaft.

5. Anfang: Johannes der Täufer – Der Zeuge an der Schwelle eines Bewusstseinssprungs

Der Evangelist Johannes fährt dann etwas praktischer fort: „Es war ein Mensch, von Gott gesandt, der hieß Johannes." Hier spricht er von Johannes dem Täufer, von dem ich schon erzählt habe. Er ist ein Prophet, einer, der sich als von Gott gesandt versteht. Das ist auch ein interessanter Aspekt: Im Alten Testament wird von Propheten erzählt, sozusagen Sprachrohren, von denen aber keiner aus eigener Autorität spricht. Sie geben immer nur Gottes Botschaften weiter. Jesus ist in der Bibel – soweit ich das überblicke – der erste, der aus eigener Autorität spricht. Er sagt nicht: „Ich richte euch jetzt aus, was Gott mir heute Nacht gesagt hat", sondern er spricht aus sich selbst. Und das ist eine wesentliche Veränderung in der Bewusstheit. Wenn man das Ganze als eine Allegorie für die Entwicklung unseres eigenen Bewusstseins ansieht, angefangen bei Adam und Eva, von der totalen Unbewusstheit über die verbotene Frucht zum Beginn einer Bewusstheit mit viel Leiden und Kampf und Eifersucht (schon in der nächsten Generation erschlägt Kain seinen Bruder Abel), dann zieht sich durch das ganze Alte Testament eine Katastrophe nach der anderen. Und zwischendurch tauchen immer wieder Lichtgestalten auf, Engel und Propheten, die sich als Abgesandte des Einen verstehen, Abgesandte des Einen, der keinen Namen hat. Große Gestalten, sehr bewusste Menschen. Aber keiner von ihnen spricht: „Ich aber sage euch". Das kommt erst mit Jesus, und es ist ein riesiger Bewusstseinssprung. Johannes der Täufer spricht schon sehr viel mehr aus sich selbst, aber trotzdem sagt er noch: „Ich bin von Gott gesandt".

Zeuge sein

Jesus und Johannes haben dafür mit dem Leben bezahlt. Johannes der Täufer wurde geköpft, weil Salome sonst ihren Schleiertanz nicht für Herodes getanzt hätte. Die Bezahlung, die Salome von König Herodes dafür verlangte, war der Kopf von Johannes, präsentiert auf einer Silberplatte. Propheten wurden oft umgebracht. „Er war nicht das Licht, sondern er sollte zeugen von dem Licht." Wirklich zeugen kann ich aber nur von dem, was ich selbst zutiefst kenne, ansonsten kann ich es nur ausrichten, kann nur sagen: „Ich habe gehört, dass ... ". Zeugnis ablegen kann ich aber nur von dem, was mir zu Eigen ist. Da steht Johannes an einer Schwelle: Noch ist er ein Prophet, und doch schon wieder nicht mehr. Er kann aus sich selbst heraus bezeugen, er kann sagen: „Ich kenne es".

Einen Buddha aufzunehmen erfordert, vollkommen leer zu sein

Und der nächste Sprung: „Er kam in sein Eigentum, und die Seinen nahmen ihn nicht auf." Da kommt Jesus und wird nicht oder nur von wenigen gehört. Das ist meistens der Fall, und es ist noch nicht einmal abhängig von der Anzahl der Zuhörer. Osho hatte viele Zuhörer, Buddha hatte sehr, sehr viele Zuhörer. Trotzdem stellt sich die Frage, wie viele bereit oder in der Lage waren, ihn aufzunehmen. Aufnehmen heißt: Wirklich in sich hereinnehmen. Um einen Jesus oder Buddha hereinzunehmen, muss eigentlich alles Eigene verschwinden, denn sonst ist kein Platz. So ein Jesus, so ein Buddha ist groß. Da muss die Tasse leer sein, da braucht es ein leeres Haus, so wie man einen leeren Magen braucht, um essen zu können. Darüber hinaus erfordert die Begegnung mit Jesus, die Transformation tatsächlich selbst zu vollziehen.

Deshalb erschien Jesus den Menschen ein wenig sperrig, und diesen Eindruck hinterlässt er auch heute noch. Das, was die Kirche aus seiner Botschaft gemacht hat, ist leichtgängiger, quadratischer, besser in Schubladen zu packen, aber natürlich viel leidhafter: Kriege und Inquisition und so weiter. Aber für die Finsternis des Geistes ist diese Version eher zu adaptieren, da sie selbst etwas finsterer und weniger radikal erscheint. Jesus oder Buddha fordern zur Transformation heraus, Glaubenssysteme dagegen zur Adaption.

„Die ihn aber aufnahmen, denen gab er Macht, Gottes Kinder zu werden.“ Genauer: Die Macht zu sehen, dass sie Gottes Kinder sind, die Macht es zu wagen, die Finsternis hinter sich zu lassen. „Und das Wort ist Fleisch geworden.“ Der Logos ist Fleisch geworden und wird Fleisch, die ganze Zeit über, in jedem von uns. Das ist wunderbar.

Eingeboren

„Und wohnte unter uns und wir sahen seine Herrlichkeit. Eine Herrlichkeit, als des eingeborenen Sohnes vom Vater voller Gnade und Wahrheit.“

Dieses Wort „eingeboren“ ist wunderschön zweideutig. Einerseits bedeutet es: hineingeboren, also darin geboren, in Gott geboren. Andererseits bedeutet es auch: einzigartig. Einzigartig, und auch das gilt für jeden von uns. Jeder ist eine eingeborene Tochter oder ein eingeborener Sohn Gottes. In Gott hineingeboren, und völlig einzigartig.

Gnade und Gesetz

„Und von seiner Fülle haben wir alle genommen Gnade um Gnade. Denn das Gesetz ist durch Moses gegeben, die Gnade und Wahrheit ist durch Jesus Christus geworden.“

Sehr vieles von dem, was euch als Kinder oder Jugendliche verletzt hat oder immer noch verletzt, ist das Gesetz Mose, und nicht so sehr Jesus. Jesus wurde einmal gefragt: „Was ist das wichtigste Gesetz?“ Natürlich war das eine Fangfrage der Pharisäer, denn diese waren sehr gesetzestreue Menschen, und das

Gesetz war das Höchste für sie. Die jüdisch-orthodoxe Religion beinhaltet sehr viele Gesetze, wie man etwas zu machen hat, wie man den Sabbat zu begehen hat und so weiter und so weiter. Und die Schriftgelehrten liebten es, sich in Auslegungen und Debatten über das Gesetz gegenseitig zu übertrumpfen, und manchmal waren und sind sie richtige Erbsenzähler. Natürlich wollten sie Jesus aufs Glatteis führen und fragten ihn: „Was ist das wichtigste Gesetz?" Und er antwortete: „Du sollst den Herrn, deinen Gott, lieben von ganzem Herzen, von ganzer Seele und ganzem Gemüt. Dies ist das größte und höchste Gebot. Das andere aber ist dem gleich: Du sollst deinen Nächsten lieben wie dich selbst!" (Mt 22,37-39). Diese zwei Sätze sind alles, und sie reichen eigentlich auch aus. All diese Regeln wie „gehorche diesem, gehorche jenem" und so weiter stammen nicht von Jesus. Natürlich war er Jude und hat – auch nicht immer – die Gesetze eingehalten. Den Pharisäern und Schriftgelehrten ist Jesus öfters in die Quere geraten, was ihm – wie ich glaube – auch Spaß gemacht hat. „Das Gesetz ist durch Moses gegeben". Moses ist dabei absolut zu ehren, denn das ist auch eine Frage unserer Entwicklung, und zwar der individuellen Entwicklung. Ich weiß nicht, ob wir als Menschheit jetzt insgesamt so viel weiter sind wie zu Zeiten von Moses. Wir brauchen offenbar immer noch Gesetze. Aber es ist eine Frage unserer individuellen Entwicklung und Bewusstseinsentfaltung. Solange noch nicht genug Bewusstheit entwickelt wurde, sind bis zu einem bestimmten Punkt Moral, Gesetz, Strafe, Belohnung und all diese alttestamentarischen Geschichten absolut notwendig, um das Schlimmste zu verhindern und um Ethik zu ermöglichen. Aber irgendwann ist die Zeit reif für die Gnade und die Wahrheit und die Liebe, für die Bewusstheit. Und dann sind die zwei Gesetze Jesu, die ich oben zitiert habe, ausreichend. Jesus leugnet nicht den Boden, auf dem er steht, er erkennt Moses und das Gesetz als notwendige Entwicklungsstufe auf unserem Weg des Bewusstseins hin zu echter Ethik an. Aber er weist ständig über das Gesetz hinaus – hin zu unserem Potenzial der Transformation.

6. Anfang: Die Taufe Jesu – Erleuchtung

Jetzt muss ich noch einmal zu einem Anfang zurückkehren. Eines der Evangelien fängt zeitlich sehr viel später an, nämlich nicht mit dem Stammbaum Jesu, nicht mit seiner Geburt, sondern mit seiner Taufe. Jesus ist Mensch, und nur sehr wenige Bodhisattvas oder Buddhas haben ihr Menschsein so klar gezeigt wie er. Wenige waren so nah. Jesus war sehr menschlich und sehr göttlich und sehr in der Lage, dadurch Tür und Brücke zu sein. Es war seine Spezialität, die Leute immer da abzuholen, wo sie waren, natürlich sofern die Abzuholenden bereit waren, sich abholen zu lassen. Wo Jesus auf keine offenen Ohren traf, ist er ziemlich schnell weggegangen, oder er hat sich mit den Betreffenden angelegt. Wie auch immer seine Kindheit und Jugend, über die man nicht viel weiß, gewesen sein mag, mit ungefähr dreißig Jahren begegnete Jesus Johannes dem Täufer. So wie alle anderen, die an den Jordan pilgerten, um Johannes zu treffen und seinen Aufruf zur Umkehr zu hören, wollte sich auch Jesus von ihm taufen lassen. Hier zeigt sich wieder seine Menschlichkeit. Er hielt sich für nichts Besseres, trotz oder vielmehr wegen aller Weisheit und Klarheit des Geistes und des Herzens, die er zu diesem Zeitpunkt schon erlangt hatte. Als er zu Johannes kam, stand er in seiner Entwicklung, auf seinem spirituellen Weg genau an dem Punkt, bevor er als Person, als Ego verschwinden konnte. Johannes sah das, denn er war selbst ein Meister, und sagte zu ihm: „Nein, dich muss ich nicht taufen, vielmehr sollte ich mich von dir taufen lassen", worauf Jesus entgegnete: „Doch, das muss schon sein", und sich von ihm taufen ließ. Dann steht hier geschrieben: „Und alsbald da er aus dem Wasser stieg, sah er, dass sich der Himmel auftat und der Geist Gottes gleich wie eine Taube herabkam auf ihn. Und da geschah eine Stimme vom Himmel: „Du bist mein lieber Sohn, an dir habe ich Wohlgefallen." (Mk 1,10-11). Das ist eine sehr schöne, ganz einfache

Beschreibung der Erleuchtung Jesu. Der Himmel tut sich auf, der Geist fährt herab, und du stellst fest: „Ich und der Vater sind eins." Das ist der Punkt, an dem Jesus immer noch Jesus bleibt, aber Christus wird. Dies ist derselbe Punkt bei Buddhas Erleuchtung: Buddha, der vor seiner Erleuchtung Siddharta genannt wurde, betrachtete nach einer Nacht der Meditation und auch des inneren Kampfes ein Blatt an dem Pippalabaum, unter dem er saß, und er sah die Gegenwärtigkeit des Ganzen in diesem Blatt. So beschreibt es Thich Nhat Hanh. Da auch Siddharta an dem Punkt angelangt war, wo er als Ich verschwinden konnte, blieb es nicht nur bei einem kurzen Sehen der Wahrheit, sondern er war in der Lage, sich selbst als Siddharta völlig auf- und hinzugeben und zu entleeren. Dann war da immer noch Siddharta, aber nicht mehr als Siddharta. Siddharta war tot und Buddha war geboren, genau wie Jesus in seiner Taufe im Jordan. Der alte Jesus war ab diesem Moment tot. Und Christus war neu geboren.

To speak or not to speak …

Frage: Mich interessiert der Augenblick, wo Jesus sich bekennt und sagt: „Ich bin Gottes Sohn", und wo er zu sprechen beginnt. Ich frage mich, was ihn überhaupt dazu bewogen hat, zu sprechen oder sich zu bekennen. Was muss man noch tun, wenn man weiß, dass man Gottes Sohn ist? Diesen Schritt verstehe ich nicht so ganz.

Pyar: Manche sprechen, manche sprechen nicht. Die meisten sprechen nicht. Jesus gehörte zu denen, die gesprochen haben. Osho hat gesagt, von den paar Leuten, die erwachen, sterben 99 Prozent sofort. Von den Verbleibenden wiederum sprechen 99 Prozent nicht. Und es ist auch so: Zu wissen, ich bin eine Tochter Gottes, heißt noch lange nicht, dass ich die Fähigkeit habe, zu sprechen, oder die Fähigkeit habe, ein Meister zu sein oder zu lehren. Das ist nicht automatisch gegeben. Deshalb ist es gut, dass die meisten nicht sprechen und gleichwohl auf andere Art wirken.

Die Freiheit des Menschen – Göttlicher Wille und menschliche Freiheit

Frage: Können wir überhaupt etwas tun, das gegen Gottes Willen ist? Wenn wir von Gott geschaffen sind, ist dann nicht letztendlich Gott für unsere Taten verantwortlich?

Pyar: Nein, wir sind nicht geschaffen wie eine Spielzeugeisenbahn, die jemand bedient, sondern so wie ich es vorher anzudeuten versucht habe, oder wie der Evangelist Johannes es so schön beschreibt: in einem ständigen Manifestationsprozess. Und ganz wesentlich ist die Freiheit, die der Mensch hat. Wir sind in die Freiheit hineingeschaffen, haben also auch die Freiheit, uns zu entwickeln. Wenn wir uns die Bilder der Bibel ansehen, dann hat ganz offensichtlich Gott dem Menschen von vornherein die Freiheit mit eingepflanzt, sonst hätte er den Menschen ja nicht warnen müssen: „Iss nicht von diesem Baum!" Wenn es gar keine Wahl gäbe, hätte es dieser Warnung nicht bedurft. Die Freiheit des Menschen und des Geistes ist von vornherein da. Da hilft kein sich Verstecken unter den Bäumen des Paradieses.

Transformation braucht Freiwilligkeit – die Möglichkeit des Bösen

Frage: Was ist der freie Wille des Menschen? Ich bin so vielen Menschen begegnet, die kein glückliches Zuhause hatten. Ich habe niemals jemanden verurteilen können, weil ich mir immer gesagt habe: „Hätte ich eine etwas schlechtere Ausgangsposition gehabt, dann wäre ich vielleicht genauso. Was soll da also eine Beschuldigung oder Verurteilung?

Pyar: Nein, wir können keinen Menschen verurteilen. Dennoch können wir zwischen Gut und Böse unterscheiden.

F: Wir sind die Wellen auf dem Ozean, und das ist eigentlich Bewusstheit. Und man kann sich bewusst gegen Gott wenden. Dazu gehört Bewusstsein. Aber der Großteil der Menschen hat dieses Bewusstsein ja nicht. Also sind alle eigentlich im Letzten unschuldig. Und alles ist Gottes Wille. Oder allen wird verziehen.

P: Moment. „Dein Wille geschehe" kann ich aussprechen als Wunsch für das Ganze und als Ausdruck der Hingabe dieses Individuums. Ich kann es nicht sagen, wenn mein Nachbar vom anderen niedergeschlagen wird. Ich kann nicht sagen, dass das in Harmonie mit dem Göttlichen geschieht. Gott ist Liebe. Hass passt da nicht. Vergebung, Verzeihen, ja. Und natürlich: Alles hat seine Ursache, hat seine Wirkung, und ich habe keine Ahnung, warum dieser jetzt jenen niedergeschlagen hat und aus welchen Verhältnissen er kommt und so weiter und so weiter. Aber es gibt immer ein Potenzial, in jedem menschlichen Leben. Und das Potenzial ist: Zumindest einen Schritt über das hinauszugehen, was ich dachte, dass mir möglich ist. Und es gibt immer wieder und in allen Situationen Menschen, die beweisen, dass das geht. Und genau das ist die Freiheit. Das bedeutet absolut nicht, dass man deshalb verurteilen würde, überhaupt nicht. Dies miteinander zu verknüpfen ist falsch, wird aber ständig gemacht. Hast du mich verstanden?

F: *Ja, schon. Aber für mich ist trotzdem alles, was passiert, göttlicher Wille. Auch diese schlechten Taten. Ich sage immer, Gott liebt vielleicht Kriminalromane oder die Abwechslung. Also ich helfe mir dann mit der Vorstellung, dass wir uns in einem Traum befinden, den wir als Wirklichkeit sehen, der sich auflöst im Nichts, weil wir erkennen, was wirklich passiert oder wer wir wirklich sind. Wenn diese Erkenntnis passiert, dann muss das Ganze sich doch als Irrtum erweisen. Dann hat nur Liebe Platz.*

P: Ja. Und ich sitze hier in dieser Liebe, und dann erfahre ich dies und das, höre dies und das, sehe dies und das, fühle dies und das – was so passiert. Und das eine oder andere davon ist einfach schmerzhaft, ist so abstrus, ist so gegen das Leben und gegen die Liebe, oder so unbewusst oder verblendet, so sehr aus dieser Finsternis kommend, die das Licht nicht ergriffen hat. In beiderlei Sinn. Das wird wohl vom Göttlichen oder vom Logos oder vom Tao geduldet, weil die Freiheit so wichtig ist. Aber es ist nicht im *Sinne* des Göttlichen oder des Logos oder des Tao. Das Göttliche muss es dulden, weil es sonst die Möglichkeit der Transformation nicht gäbe. Transformation kann nur aus Freiwilligkeit geschehen, Hingabe kann nur in Freiheit geschehen, das echte und verbindliche und bleibende Ja erfordert die Möglichkeit, zunächst auch Nein sagen zu können. Sonst wäre kein Entschluss, keine Entscheidung möglich. Im Alten Testament gibt es die Geschichten von Sodom und Gomorrha. Diese Städte, in denen viel Übles geschah, wurden von Gott vernichtet. Das kann man auch als Bild sehen für einen Versuch, dem Üblen mit Üblem zu begegnen oder die Freiheit zu beschneiden. Und es hat nichts gebracht. Diese Bestrafung und Beschneidung der Freiheit führte nicht zu mehr Bewusstheit oder Ethik unter den Menschen. Buddha sagt: „In dieser Welt wurde Hass noch nie durch Hass vertrieben, nur die Liebe vertreibt den Hass. Dies ist das Gesetz, uralt und unerschöpflich."[2] Das ist genau die Botschaft Jesu.

Das ist ein sehr wichtiges Thema, denn wir dürfen das Potenzial der freien Entscheidung, der Freiwilligkeit in der Hingabe nicht vernichten. Die Idee eines Gottes, der das Böse, Leidverursachende liebt, weil es spannend ist, wäre fatal. Genauso fatal wäre es anzunehmen, dass wir keine Freiheit der Wahl haben, uns auf das Göttliche auszurichten, uns für das Heilsame zu entscheiden, uns um mehr und mehr Bewusstheit und wahre Liebe zu bemühen. Damit würde das ganze Potenzial, das aus dem Essen der Frucht vom Baum der Erkenntnis entsteht, vernichtet werden. Und das wäre sehr schade. Und es wäre fatal, uns in ein Paradies, in dem uns das Nein nicht möglich ist, zurückzuwünschen, denn damit versuchen

---

2 Zitiert aus: Osho, Der Weg des Buddha, Osho Verlag Köln, 1995.

wir die Notwendigkeit und manchmal auch die Schwere unserer Freiheit und Entscheidung zu umgehen. Damit verhindern wir – aus Furcht und Bequemlichkeit und aus der Weigerung heraus, Verantwortung für uns selbst zu übernehmen – Wachstum und Bewusstheit, Freiheit und Transformation. Und deshalb, weil die Freiheit der Wahl also so wichtig für Bewusstwerdung und Transformation ist – ich versuche das jetzt nur anzudeuten , wird negatives Handeln erstmal geduldet. Aber das macht es nicht besser. Übel bleibt Übel, Krieg bleibt Krieg und ist nicht gut und nicht im Einklang mit dem Tao oder dem Göttlichen. Und es führt natürlich zu karmischen Folgen. Verstehst du?

F: *Ja, ich versuche es, aber es sprengt meinen Verstand.*
Und ich entscheide für mich, ich richte mich aus, ich versuche, Gott zu leben, indem ich mich zur Verfügung stelle, ihn bzw. ES durchfließen lasse und weitergebe. Und darüber hinaus wird sich das zeigen, was sich mit dem Verstand nicht fassen lässt.

P: Genau. Ganz wunderbar.

F: *Ich bin so froh, dass ich Einheit jetzt spüren darf. Und jetzt möchte ich es nicht wieder trennen. Gott als Schöpfer oder so. Ich habe Angst, dass da irgendwie wieder etwas, das verbunden ist, auseinandergehen könnte.*

P: Nein, nein, da wird überhaupt nichts auseinanderdividiert. „Alle Dinge sind durch dasselbe gemacht, und ohne dasselbe ist nichts gemacht, was gemacht ist." Das heißt, dasselbe ist in allem.

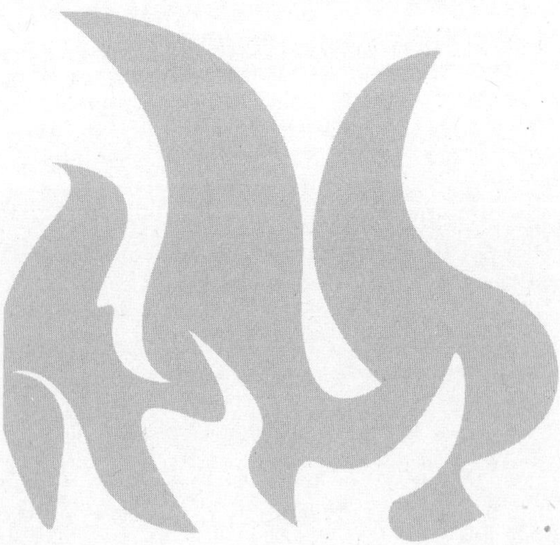

II. TEIL:

JESUS UND DIE KIRCHE

Viele von euch haben durch unterschiedliche kirchliche Lehren Verletzungen erlitten und wollten dann gar nichts mehr von Religiosität wissen, und von Jesus schon gar nicht. Ich weiß, dass da viel Heilung nötig ist. Sie ist nötig und sie ist möglich!

Thomas-Evangelium

Frage: Gibt es nicht noch andere Evangelien, die die Kirche ablehnt und die vielleicht in Wirklichkeit originaler sind als die vier offiziellen Evangelien der Bibel?

Pyar: Es gibt noch mehrere Schriften, die nicht in den Kanon der Kirchen aufgenommen wurden, unter anderem das recht bekannte Thomas-Evangelium.

Thomas sagt zum Beispiel sehr schön: „Jesus sprach: Weder erntet man Trauben von Dornen noch liest man Feigen von Disteln. Ein guter Mensch bringt Gutes aus seinem Vorrat hervor, ein schlechter Mensch bringt Schlechtes aus seinem Vorrat hervor, der in seinem Herzen ist. Und er spricht Schlechtes, denn er bringt Schlechtes aus dem Überfluss des Herzens hervor." (Thomas, Spruch 45). Das Thomas-Evangelium besteht aus 114 Sätzen oder Sprüchen, die 1945 in der Wüste bei Nag Hammadi gefunden wurden. Ob es von jenem Thomas ist, der vielleicht nach Indien reiste, weiß man nicht so genau.

Man weiß nicht einmal, ob das derselbe Thomas ist, der Jesus die Hand in die Wunde gelegt hat. Wahrscheinlich eher nicht, denn das Thomas-Evangelium wurde sehr viel später verfasst. Und über die Kirche brauchen wir eigentlich nicht zu diskutieren, um die geht es hier nicht. Dass Organisationen Religion töten, ist bekannt, und das geht sogar ziemlich schnell. Zirka dreihundert Jahre nach Christus wurde in einem Konzil festgelegt, welche Schriften in den Kanon kommen. Und schon zu dieser Zeit gab es innerhalb des Christentums heftige Auseinandersetzungen zwischen verschiedenen Sekten oder Richtungen. Die einen haben gewonnen, die anderen haben verloren. Das ist Politik und hat nichts mit Jesus zu tun.

Kirche und die Entstehung der Evangelien

Es wird sicherlich öfter vorkommen, dass ich an einer Bibelstelle sage: „Das glaube ich nicht, das klingt nicht echt, das schmeckt nicht nach Jesus …"

Ihr wisst ja sicher, dass die Evangelien erst etwa hundert Jahre nach Jesu Tod niedergeschrieben wurden. Niemand hat zu seinen Lebzeiten seine Worte mitgeschrieben. Hundert Jahre lang wurden sie mündlich weitergegeben, bevor sie aufgeschrieben wurden. Sicherlich wurde das eine oder andere weggelassen und das eine oder andere hinzugefügt.

Die vier Evangelien, die ihr in der Bibel lesen könnt, wurden also nicht von den Jüngern Jesu niedergeschrieben, sondern erst später verfasst. Auch das Thomas-Evangelium wurde wahrscheinlich erst gegen Ende des 1. Jahrhunderts oder später geschrieben und benutzt eine ältere Quelle, die man die Spruchquelle nennt – wie drei der Evangelien auch, die in der Bibel niedergeschrieben sind. Diese Spruchquelle ist verschollen. Entweder gibt es sie nicht mehr oder sie wurde noch nicht gefunden. Weder Markus noch Matthäus noch Lukas noch Thomas sind das Original, sondern sie beziehen sich bereits wieder auf diese Quelle, die uns nicht zugänglich ist. Deshalb gibt es ja so viele Wissenschaftler, die die so genannten synoptischen Evangelien – das sind Matthäus, Markus und Lukas – daraufhin untersuchen, was wirklich gleich ist, um feststellen zu können, was original Jesus-Worte sind und was nicht. Johannes fällt da ziemlich aus dem Rahmen. Das Johannes-Evangelium ist übrigens noch später geschrieben worden. Also alles, was wir vorliegen haben, geht nicht auf Menschen zurück, die Jesus noch gesehen haben. Die zeitnächsten Schriften sind die Briefe des Paulus.

Ich finde die Unterschiede im Inhalt des Thomas-Evangeliums und der anderen Evangelien gar nicht so groß. Für mich spricht da genau derselbe Jesus, den ich im Neuen Testament auch höre.

In beiden Schriften finde ich dieselbe Radikalität: „Jesus sprach: Die Pharisäer und Schriftlehrer haben die Schlüssel der Erkenntnis an sich genommen und sie versteckt. Weder sind sie selbst eingetreten noch haben sie die eintreten lassen, die wollten." (Thomas, Spruch 39).

Dasselbe steht auch bei Matthäus: „Weh euch, Schriftgelehrte und Pharisäer, ihr Heuchler, die ihr seid wie die übertünchten Gräber, die von außen hübsch aussehen, aber innen sind sie voller Totengebeine und lauter Unrat." (Mt 23, 26). Dieselbe Sprache. Ich finde das Thomas-Evangelium wunderbar, und die Kirche interessiert mich nicht. Ich bin schon lange aus der Kirche ausgetreten. Aus Jesus aber bin ich nicht ausgetreten. Die Kirche hat über die Jahrtausende als politische Organisation viel Unheil angerichtet und viel Unwahrheit verbreitet. Sie hat Menschen, die die Wahrheit sprachen, verfolgt: von Wissenschaftlern wie Galileo Galilei bis hin zu Mystikern wie Meister Eckhart. Das ist ganz klar. Allerdings hat sie es auch möglich gemacht, dass uns die Worte Jesu noch zugänglich sind. All die vielen Mönche, die wieder und wieder von Hand Schriften kopierten ...

Schlimm finde ich nur diese unselige Verknüpfung zwischen Kirche und Jesus im eigenen Geist. Eigentlich hat Jesus mit dieser Kirche nichts zu schaffen, und die Kirche hat zu großen Teilen nichts mit Jesus zu schaffen.

Petrus

Frage: Aber Jesus hat doch zu Petrus gesagt: „Du bist der Fels" ...

Pyar: Petrus war ein einfacher, gerader, wunderbarer Mensch. Einmal ist er ins Straucheln geraten, als er Jesus verleugnete, aber er ist wieder aufgestanden. Jesus hat ihn angesehen und sich gedacht: „Ihm vertraue ich. Er könnte etwas weiterführen." Nur deshalb, weil es ein paar politische oder wirtschaftlich denkende Geister in einer Organisation oder Kirche gibt, ist die lebendige Botschaft eines Buddhas wie Jesus nicht kaputt. Genau davon legen wiederum lebendige Menschen innerhalb und außerhalb der Kirchen, die Jesu Worte ernst nehmen, Zeugnis ab. Wenn wir anfangen, das eine mit dem anderen zu verquicken und zu sagen: Jesu Botschaft ist nichts wert, weil es ungute Entwicklungen in der Kirche gab, die alles kaputt machen, das wäre einfach nicht die Wahrheit.

Das Feuer muss in lebendigen Menschen brennen

Es gab in all den Jahrtausenden innerhalb und außerhalb der Kirche Menschen, die das Feuer, mit dem Jesus taufte, weiter trugen und davon zeugten. Und das finde ich unglaublich kostbar. Das Feuer, das Leben, die Botschaft, die Liebe kann sich nie in einer Organisation widerspiegeln, sondern es muss immer in lebendigen Menschen brennen. Es kann nie von einer Organisation getragen werden. Eine Organisation könnte solchen Menschen höchstens dienen. Das Problem ist, dass Organisationen und Menschen, die Organisationen leiten, im Allgemeinen nicht zum Dienen taugen. Deshalb sind so oft die Falschen an den falschen Plätzen.

Das ist wichtig, denn das macht sehr viel der Verwundung aus, zu deren Heilung ich gerne beitragen würde. Dass diese Wunde heilt, ist deshalb so wichtig, weil ich glaube, dass für sehr viele von euch als Kind Jesus der erste spirituelle Freund war und der erste Zugang zu dem, was über die Form hinausweist. Wir können natürlich über die Kirche wettern, und das ist alles richtig und gut, aber das bringt uns keinen Schritt weiter, sondern führt uns immer wieder in denselben Hader, und es hilft nicht. Ja, es sind sehr viele Verbrechen begangen worden, die wir als solche erkennen können, da wir ja vom Baum der Erkenntnis gegessen haben und Gut und Böse unterscheiden können.

Jesus und Buddha – Groll auf die Kirche

Frage: Könnte das Thomas-Evangelium eine Brücke zwischen Buddhismus und Christentum sein?

Pyar: Es gibt ja viele Geschichten. Die einen erzählen, Jesus selbst hätte in Indien Buddhismus studiert. Andere sagen, er hätte in der Zeit einfach das Zimmermannshandwerk gelernt. Über die meisten Jahre im Leben dieses Mannes wissen wir nichts. Jeder kann sich seine Version zurechtlegen. Manche sagen, er war bei den Essenern und erhielt dort eine spirituelle Ausbildung, oder er war in Ägypten oder in Kashmir. Auch da wird versucht, eine Brücke herzustellen. Das ist aber gar nicht notwendig, denn, wie Atisha sagt: „Alle Dharmas stimmen in einem Punkt überein." Jesus muss keine Buddhisten getroffen haben, um dieselbe Wahrheit wie Buddha zu sprechen. Er spricht einfach *aus* derselben Wahrheit wie Buddha, wie Osho, wie ich und Atisha und Milarepa und der ganze Haufen. Die Brücke ist viel, viel weiter und viel, viel tiefer als irgendeine geschichtliche Brücke sein könnte. Also sind alle diese hypothetischen Geschichten nicht notwendig. Und es kann ja sein, vielleicht war Thomas ja in Indien.

F: *Aber im Thomas-Evangelium steht meines Wissens das mit der Wiedergeburt drin. Und das würde wohl ja tatsächlich den ganzen Kanon der Kirche von Grund auf über den Haufen werfen.*

P: Ehrlich gesagt ist mir der Kanon der Kirche egal. Jesus höchstpersönlich würde den Kanon der Kirche über den Haufen werfen! Der Gedanke an Wiedergeburt war genauso wie die Priesterheirat lange Zeit auch im Christentum weit verbreitet. Was ist dein eigentliches Anliegen? Was lässt dein Herz so stark schlagen?

F: *Ich denke, dass hierin wirklich eine Botschaft der Freiheit liegt. Ich werde wütend, wenn ich fühle, dass die Kirche etwas sehr Wichtiges verleumdet.*

P: Da ist sehr viel Groll in dir, und das ist giftig für dich. Und ich meine, wenn du darauf hinweisen möchtest, dann müsstest du eigentlich innerhalb der Kirche darauf hinweisen, was aber andererseits nicht wirklich möglich sein wird, weil dir da keiner zuhört.

Aber hier ist es so, als ob du an Türen klopfst, die gar nicht verschlossen sind. Und mir geht es um dich, jetzt, um dich als eingeborenen Sohn. Deshalb frage ich so nach. Mir geht es immer um euch als eingeborenen Sohn und eingeborene Tochter. Mir geht es viel mehr um euch als um irgendeine so oder so geartete Philosophie. Die Philosophien sind uninteressant. Manchmal sind sie nützlich, um auf irgendetwas hinzuweisen, aber es geht um euch, und jetzt geht es um dich. Und da spüre ich ein ganz großes Herz und sehr viel Begeisterung und Freundlichkeit, dann aber auch Groll. Der Groll tut dir vielleicht manchmal weh.

F: *Ich würde es eher Angst nennen, die ganze Angst, die diese Kirche mir vermittelt. Die Apokalypse und das Tier und der Teufel und die ewige Verdammnis und so weiter und so weiter.*

P: Aber in der Apokalypse stehen auch schöne Sachen. Da gibt es zum Beispiel das Bild eines wunderschönen, neuen Jerusalems. Manchmal ist es ja auch der kleine Geist, der immer seine Freude an den schrecklichen Dingen hat, gerne immer nur das Finstere sieht – vielleicht weil er da zu Hause ist.

Wahrheit sieht Wahrheit

Frage: *Der Katholizismus ist ja damit verknüpft, das Potenzial, von dem du vorhin sprachst, abzugeben, insbesondere an den Papst, und deshalb ist es noch schwieriger, das eigene Potenzial zu gebrauchen, wenn es schon im Voraus abgegeben wurde.*

Pyar: Dann holt es euch wieder zurück. Die beste Übung dafür ist, hören zu lernen, wann und wo etwas, das aus meinem eigenen Mund herauskommt, komisch klingt. Wenn ich das halbwegs kann und damit ehrlich bin, ist mein Unterscheidungsvermögen geschärft. Es ist immer so: Licht sieht Licht und Wahrheit sieht Wahrheit. Liebe sieht Liebe. Und je weniger unsere eigene Zunge gespalten ist, umso weniger kann man uns anlügen. Das hängt direkt zusammen. Und da ist auch die Möglichkeit der Übung. So wird unser Hören feiner, und gleichzeitig ist die Gefahr dann nicht so groß, dass wir auf unser eigenes inneres Geschwätz reinfallen. Denn das ist die andere Seite: Wenn ich Sutras lese und spüren will, ob sie echt oder nicht echt sind, dabei aber selbst noch ziemlich benebelt oder entfremdet bin, dann ist die Gefahr groß, dass ich das, was mir nicht passt oder was unbequem oder gefährlich ist, aussortiere. Dann falle ich auf mein eigenes Geschwätz herein. Das heißt: Ich muss erst mein eigenes Geschwätz stoppen, bevor ich sagen kann: „Das hört sich nicht nach Jesus an." Das ist eine Messers Schneide.

Dass jeder sich das rauspickt, was ihm passt, und weglässt, was ihm unangenehm ist, das wird ja auch mit Oshos Worten gerne gemacht ...

Himmel und Hölle sind jetzt

Ich glaube, ich war nie wirklich katholisch, bin aber sehr katholisch erzogen worden. Ich kann mich aber nicht erinnern, dass ich Angst vor der Hölle oder vor der Apokalypse gehabt hätte.

In diesem Zusammenhang möchte ich einen wunderschönen Text zitieren. Er ist nicht christlich, sondern stammt von Rabia, einer großen islamischen Mystikerin, die im 8. Jahrhundert lebte. Sie schreibt: „Ich will Feuer an das Paradies legen und Wasser in die Hölle gießen, damit diese beiden falschen Ziele verschwinden und niemand mehr Gott anbetet aus Sehnsucht nach dem Paradies oder aus Höllenfurcht, sondern einzig und allein aus Liebe zu ihm." Ja, sowohl die Furcht vor Strafe als auch die Gier nach Belohnung hindern euch wirklich zu beten, hindern euch, in der Gegenwart Gottes zu sein. Also lasst uns Feuer ans Paradies legen und die Hölle mit Wasser füllen. Beide sind ja

Vorstellungen über eine Zukunft, und diese Vorstellung findet in eurem Geist statt. In Wirklichkeit ist es so:

Himmel und Hölle sind hier und jetzt. Und ob du im Himmel oder der Hölle bist, entscheidet sich aufgrund deiner Sichtweise, deiner Haltung, deiner Liebe oder deines Hasses, entscheidet sich dadurch, wie du siehst. Und das ist jetzt. Angenommen, es gibt dann noch so etwas wie Hölle oder Ähnliches in der Zukunft: Wenn ich jetzt eine Sichtweise einnehme, die aus der Mitte und aus der Liebe schaut, und ich dann nach meinem Tod in die Hölle komme, dann habe ich die besten Voraussetzungen, mit dem, was mir dort begegnet, umzugehen. Das heißt, wie auch immer man das dreht und wendet, man kommt immer wieder dahin, jetzt da zu sein und zu üben und irgendwann die Angst hinter sich zu lassen. „Fürchtet euch nicht", sagte Jesus ständig zu seinen Jüngern.

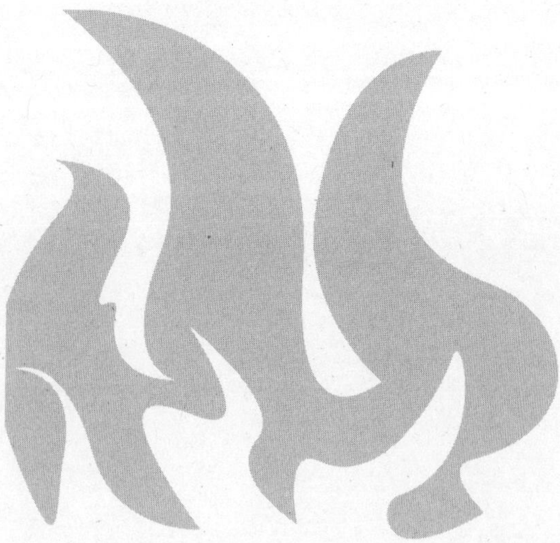

III. TEIL:

ENTFREMDUNG ÜBERWINDEN UND FREUNDSCHAFT SCHLIESSEN

Das Leid der Entfremdung überwinden

Mit dem Essen der verbotenen Frucht ist eine gewisse Entfremdung eingetreten. In dieser beginnenden Bewusstwerdung – oder mit diesem Schritt vom gänzlich Unbewussten und unbewusst Unschuldigen hin zum etwas Bewussteren, aber nicht mehr ganz so Unschuldigen – geschieht zugleich eine Entfremdung. Der Mensch ist sich dabei seiner selbst fremd geworden, ist sich der anderen Menschen fremd geworden, ist sich der Existenz fremd geworden und ist sich Gottes fremd geworden. Das Bild des verschlossenen Tores zum Paradies, vor dem ein Erzengel mit feurigem Schwert Wache hält, symbolisiert dies.

Jemand sagte zu mir: „Ich halte mich selbst nicht aus." Das ist Ausdruck dieser Entfremdung. Diese Entfremdung wird im Allgemeinen unterdrückt – wir versuchen, ihr nicht zu begegnen, sie nicht zu erfahren. Und genau dadurch verhindern wir, wieder Freundschaft zu schließen. Mit allen möglichen Beschäftigungen, Zielen, Wünschen, Trostpflastern und Ablenkungen jeder Art überdecken wir diese Entfremdung. Und wenn dann die Ablenkung wegfällt und man sich dadurch auf einmal ein wenig selbst begegnet, kann man feststellen: „Oh, ich halte mich selbst nicht aus." Das festzustellen ist sehr unangenehm, aber auch sehr heilsam. Das Heilsame daran ist trotz dieser Feststellung Bekanntschaft mit sich zu schließen. Da ist wieder das Zauberwort „trotzdem", das ihr von mir schon kennt. Und in diesem Prozess kommen natürlich erst einmal eine Menge unterdrückter Dinge hoch, mit denen man nicht so gerne Bekanntschaft schließen wollte, all das, was einfach oft so gut versteckt und verdeckt war. Manchmal kommen auch Dinge hoch, mit denen man schon längst in Kontakt war und sich gedacht hatte, es wäre jetzt genug mit dieser Bekanntschaft. Das kommt auch vor.

Die Entstehung des Ego

Diese Entfremdung führt zu Abgrenzung, zu Angst, zu Unsicherheit, führt auch dazu, „einfach nicht zu Hause zu sein" in dieser Welt und in der Existenz. Irgendwie fühlt man sich wie aus der Existenz herausgefallen, was natürlich nicht geht! Niemand kann aus der Existenz herausfallen. Wohin sollte man fallen? Aber in solchen Momenten weiß man das nicht mehr, und das ist Verblendung. So muss man alles Mögliche unternehmen – oder man denkt, man müsste alles Mögliche unternehmen –, um sich und sein kleines Ich zu schützen und zu nähren, in der Illusion, wir würden damit unser eigentliches Wesen schützen und nähren.

Man beginnt Mauern aufzubauen, die man dann noch befestigt und verstärkt und bewaffnet. Und die anderen Menschen tun natürlich dasselbe. Man hat furchtbare Angst. Nach einer Weile hat man sogar vergessen, dass es jenseits dieser Mauern noch etwas anderes gibt. Man hat sogar vergessen, dass da ein offener Himmel ist. Und man hat vollkommen vergessen, dass man aus der Existenz überhaupt nicht herausfallen kann. Durch diese Entfremdung sich selbst, der Existenz und dem Logos, dem Göttlichen gegenüber, entsteht der ganze Schlamassel – so entsteht das Ego. Und so funktioniert das Ego und schafft höchst komplexe Strukturen, die wie ein Gefängnis sind.

Ich stehe dazu, dass es trotzdem sehr gut war, dass wir die verbotene Frucht gegessen haben. Und wir können nicht mehr zurück, sondern nur vorwärts. Wir können darüber hinausgehen. Und das erfordert Freiwilligkeit. In der absoluten Unbewusstheit – bevor wir vom Baum der Erkenntnis gegessen hatten – gab es keine Freiwilligkeit. Man war wohl in der Existenz, im Fluss des Lebens und im Göttlichen geborgen, aber man hatte keine andere Wahl. Es gab keine andere Möglichkeit als innig zu sein. Jetzt ist Freiheit und Freiwilligkeit möglich. Es braucht die Freiwilligkeit, die Mauern niederzureißen und sich wieder mit sich selbst, der Existenz und dem Göttlichen anzufreunden.

Transformation statt Regression

Ein zweiter Grund, warum es so wichtig war und ist, in diese Frucht vom Baum der Erkenntnis zu beißen, ist Folgender: Was wir als paradiesischen Zustand in der Bibel finden, und wonach sich der eine oder andere vielleicht zurücksehnt, was vielleicht sogar fälschlicherweise als Erlösung oder Nirvana begriffen wird, ist nichts anderes als ein Zustand tiefer Unbewusstheit, einer Unbewusstheit, die nicht in der Lage ist, im Reich der Phänomene zwischen Hier und Dort, zwischen Ich und Du zu unterscheiden. In diesem paradiesischen Zustand fühlten wir uns wie Babys, aber wir waren dabei unfrei und unwissend. Wir hatten noch nicht einmal ansatzweise das Potenzial des Denkens und der unterscheidenden Weisheit entwickelt. Wir waren zwar außerhalb des Verstandes, aber waren nicht darüber hinausgegangen, sondern in unserer Entwicklung vielmehr noch vor dem oder unter dem rationalen Verstand. Der Weg, die Entwicklung führt sehr wohl aus dem Rationalen heraus, jedoch nicht unter das Rationale, sondern über das Rationale hinaus. Das nennt man Transzendenz. Und dazu ist es unabdingbar, zunächst tief in das Reich des Rationalen mitsamt den damit verbundenen Unannehmlichkeiten einzutauchen, um dann darüber hinausgehen zu können. Wir müssen in unserer Sehnsucht nach Glückseligkeit, nach Transzendenz, nach Nicht-Verstand sehr achtsam sein, diese scheinbar paradiesischen Zustände des „Vor-Verstandes" nicht mit wahrer Transzendenz zu verwechseln. Deshalb sage ich immer wieder: Wir können nicht zurück, sondern nur darüber hinaus. Leider stimmt das so nicht ganz, denn wir können sehr wohl zurück, und das geschieht auch immer wieder, aber das ist weder heilsam noch spirituell, sondern Regression, die sich als Spiritualität verkleidet.

Jesus tauft mit Feuer

Alle Meister, alle Buddhas und Bodhisattvas sind radikal, auch Jesus. Organisationen jeglicher Art fürchten diese Radikalität der

Wahrheit und der Liebe, und zwar sowohl die Organisationen im Außen wie auch ganz besonders die Organisation im eigenen Inneren. Diese Organisation im Inneren nennt Osho Mind, Jesus nennt sie Satan, und sie ist voll von Konzepten, Anhaftungen, Ängsten, voll von Regeln und Moral. Jeder hat so seine eigene Version davon. Es gibt auch eine Moral der Revolution, die Moral zum Beispiel, immer dagegen zu sein. Die Organisation tauft mit toten Worten und im besten Fall mit Wasser. Das ist nicht endgültig, denn man kann sich ja immer wieder dreckig machen. Da bleibt immer ein Hintertürchen offen. Jesus ist radikal, das heißt an die Wurzel gehend, und Johannes sagt von ihm, er taufe mit Feuer. „Ich taufe euch mit Wasser zur Buße; der aber nach mir kommt, ist stärker als ich, und ich bin nicht wert, ihm die Schuhe zu tragen; der wird euch mit dem Heiligen Geist und mit Feuer taufen." (Mt 3.11). Das ist natürlich gefährlicher, denn was verbrannt ist, ist verbrannt. Da gibt es kein Zurück. Dieses Feuer ist ein Feuer der Wahrheit, ein Feuer der Liebe und der Eins-Gerichtetheit. Und dieses Feuer will anstecken, will sich verbreiten, wie Feuer das so an sich hat. Es ist sehr unmittelbar, es braucht keine Vermittlung – Feuer zu Feuer. Es gibt den nicht unerheblichen Ansteckungsfaktor. Damit etwas in uns in Brand geraten kann, muss man aber bereit sein, in das Feuer hineinzugehen. Jegliche Organisation im Innen und im Außen versucht, sich vor dem Feuer, vor dem Risiko, vor der Wahrheit, letztlich vor dem Tod des Ego und vor echter Transformation zu schützen. Um ins Feuer zu geraten, ist Hören sehr hilfreich – direktes unmittelbares Hören. Es geht darum, die Buddha-Natur in euch, das Christusbewusstsein in euch zu entschleiern. Es geht darum, dieses Leid der Entfremdung zu überwinden. Das ist es, was Jesus will, was ich will und alle Buddhas wollen.

Und dann stellt sich natürlich die Frage – die einzig relevante Frage: „Wie geht das?" „Wie ist Transformation möglich?" Oder wie es die Jünger formulieren: „Weise uns den Ort, an dem du bist, denn wir müssen ihn suchen!" (Thomas, Spruch 24). Jesus gibt darauf viele Antworten oder Schlüssel, die ich im Folgenden ansprechen möchte. Zunächst besprechen wir einige Schlüssel, die die Grundlage bilden, dann Schlüssel, die helfen, die Entfremdung zu überwinden und Freundschaft zu schließen mit der Existenz, mit sich selbst, mit anderen und mit Gott.

Grundlegende Schlüssel

1. Schlüssel: **Hören**

Im Thomas-Evangelium steht in Spruch 24: „Seine Schüler sprachen zu ihm: ‚Weise uns den Ort, an dem du bist, denn wir müssen ihn suchen.' Er sprach zu ihnen: ‚Wer Ohren hat zu hören, der höre!'" Die Jünger stellen eine gute Frage. Sie fragen eigentlich nach sich selbst, denn da wo Er ist, da bist du, da ist kein Unterschied. Aber für die Schüler ist Jesus eine Tür, eine Brücke, ein Meister, ein Spiegel, und deshalb fragen sie: „Wo bist du?" und „Wer bist du?", und sie wollen diesem Menschen Jesus begegnen, aber sie stellen immer wieder fest: Sie stoßen an, sie können ihn nicht ganz sehen. Nicht deshalb, weil Jesus sich nicht zeigen würde, sondern weil sie eben nicht ganz schauen können, und sie fragen: „Wie kann ich schauen lernen?" und „Wie finde ich den Ort, an dem du bist?", weil sie in ihrem Herz ahnen und fühlen, dass sie sich dort selbst in derselben Glorie finden, die sie an diesem Menschen erahnen, der ihnen zu einer Tür geworden ist. „Weise uns den Ort, an dem du bist, denn wir müssen ihn suchen". So direkt. Nicht: „Wir wollen ihn irgendwann einmal suchen oder wir könnten suchen, oder vielleicht sind wir irgendwann in der Lage, ihn zu suchen" – sondern: „Wir *müssen* ihn suchen", da ist das Feuer schon enthalten, die Feuertaufe hat bei ihnen schon gewirkt, da ist Dringlichkeit: „Wir müssen". Es ist kein „Müssen", das von außen kommt. Es ist kein Müssen des Gesetzes, kein Müssen von Moses, sondern ein Müssen aus dem Herzen. Du kannst nicht anders. An irgendeinem Punkt fängt man

Feuer, und dann taucht dieses Müssen auf, das ein ganz wunderbares Müssen ist. Ein neues Müssen, ein echtes Müssen, das dem Herzen, dem Knochenmark entspringt. Dann sagt man: „Wir müssen diesen Ort suchen". Und Jesus sprach zu ihnen: „Wer Ohren hat, der höre". Das hat er gerne gesagt. Warum sagt er das ständig? Man sollte annehmen, dass die meisten Menschen in Israel vor 2.000 Jahren Ohren hatten. Er sagt das, weil er sieht, dass da viele Menschen vor ihm sitzen und alle zwei Ohren haben, große oder kleine. Und trotzdem muss er feststellen, dass so oft nichts hineindringt. Es geht nicht durch, geht nicht durch diese Organisation im Inneren hindurch, durch die innere Kirche. Diese Kirchen haben oft dicke Mauern, und jeder baut sich seine Kirche um sein Ich herum, und dieses Ich und seine Ideen und Konzepte werden in einem inneren Tabernakel verehrt. Dann sind da zwar Ohren, aber das Hören ist behindert. Deshalb sagt Jesus immer wieder, wer Ohren hat, verdammt noch mal, der sollte einfach auch hören. Was weder bei Thomas noch bei Magdalena noch bei Matthäus niedergeschrieben ist, sind die Lücken zwischen den Worten, wo das Hören besonders kostbar ist. Eigentlich geht es um die Lücken – die Worte dienen dazu, die Lücken hörbar zu machen.

Ihr erinnert euch: „Denn das Gesetz ist durch Moses gegeben, die Gnade und Wahrheit ist durch Jesus Christus geworden". Um nach dem Gesetz zu leben, muss man nicht sehr gut hören können, denn Gesetze sind sehr laut und sehr weit außen, da gibt es klare Regeln: „Du sollst deine Eltern ehren, du sollst am Sabbat Ruhe geben", und alle möglichen mehr oder weniger essenziellen Gesetze. Das ist ein ziemlich einfaches Regelwerk, hinter dem man sich in einer gewissen Bravheit oder sogar hinter seinem Gehorsam ganz gut verschanzen kann. Das ist ein Gehorsam, der nicht den Lücken gilt, sondern dem Wort, das nicht Logos ist, sondern einfach nur Wort. Und die Aufforderung und Herausforderung dieses Menschen Jesus ist, sich nicht unterhalb des Gesetzes zu begeben, nicht gesetzlos oder gar kriminell zu werden, sondern darüber hinauszugehen. In diesem Darüberhinausgehen entdecken wir wieder, woraus auch Mose Gesetz ursprünglich kam. Es begann ja auch mit Feuer, mit dem brennenden Dornbusch. Für Moses begann es mit Feuer, und die Gesetzestafeln kamen erst später. In dem Darüberhinausgehen müssen wir die Essenz wiederentdecken, die Bewusstheit erfahren und aus Liebe handeln. Und wir müssen zulassen, dass in diesem Feuer alles an Ego-Haftigkeit verbrennt. Damit erübrigen sich 100.000 Gesetzesparagrafen. Wenn dieses Wiederentdecken und vor allem das Leben daraus, das Umsetzen dessen aber nicht möglich ist, dann sind Paragrafen nötig. Aber die Liebe steht über dem Gesetz. Damit ist nicht die Verliebtheit gemeint, sondern die Liebe.

2. Schlüssel: **Widerstehen – Treue**

Versuchung in der Wüste

Ihr erinnert euch an die Geschichte der Taufe Jesu? Damit ist die Angelegenheit aber noch nicht erledigt, es geht weiter, und ich mag diese Geschichte: „Da wurde Jesus vom Geist in die Wüste geführt, auf dass er vom Teufel versucht würde. Und da er vierzig Tage und vierzig Nächte gefastet hatte, hungerte ihn.“ (Mt 4,1-2). Da geschieht Erleuchtung und auch die Bestätigung, und Jesus geht danach für vierzig Tage in die Wüste, um zu meditieren, zu beten und um allein zu sein. Was für eine Schönheit und Gründlichkeit! Frappierend ist für mich auch, dass da geschrieben steht: „Auf dass er vom Teufel versucht würde.“ Ja, das Gold muss geprüft und geläutert werden und dazu ist es notwendig, dass Jesus der Versuchung ausgesetzt wird und dass er ihr widersteht. Dasselbe gilt für jeden von uns. „Und da er vierzig Tage und Nächte gefastet hatte, hungerte ihn.“ Jetzt meldet sich die innere Organisation, die Versuchung: „Und der Versucher trat zu ihm und sprach: ‚Bist du Gottes Sohn, so sprich, dass diese Steine Brot werden.’ Er aber antwortete und sprach: ‚Es steht geschrieben, der Mensch lebt nicht vom Brot allein, sondern von einem jeden Wort, das aus dem Munde Gottes geht.'" (Mt 4,3-4). Was geschieht da in der Wüste? Die innere Organisation, der kleine Geist, die alten Regeln, die alten Wünsche, die alten Gewohnheiten, ja, alle Reste von Ichhaftigkeit, die da noch sein mögen, zeigen sich und fordern Jesus heraus. Buddha hat das in allen möglichen Variationen auch mit Mara (so heißt der Teufel in der buddhistischen Sprache) erlebt. Mara sandte ihm schöne Mädchen, die ihn verführen sollten, und Wesen, die mit Steinen und Schmutz nach ihm warfen und ihn dazu bringen sollten, in Hass zu geraten. Ähnliches wird von vielen Meistern beschrieben. Das ist allgemein gültig und gilt auch für uns, und es erfordert ein gutes Feuer und ein scharfes Schwert. Deshalb sagt Jesus: „Ich bin nicht gekommen, Frieden zu bringen, sondern das Schwert" (Mt 10,34), und an anderer Stelle: „Ich habe ein Feuer auf die Welt geworfen, und seht, ich hüte es, bis es auflodert." (Thomas, Spruch 10).

Der Teufel, die Versuchung kommt und lockt: „Schau Mensch, du sagst, du seiest erleuchtet oder Gottes Sohn. Wenn das so ist, dann mach doch Brot aus diesen Steinen! Warum rennst du denn so hungrig in der Gegend herum? Du kannst doch deinen Hunger stillen." Und Jesus sagt: „Das ist doch gar nicht wichtig. Irgendwie werde ich schon etwas zu Essen finden, aber es ist völlig unerheblich und uninteressant für mich, Steine in Brot zu verwandeln. Meine Nahrung, meine echte Nahrung sind die Worte, die aus dem Munde Gottes kommen. Meine Nahrung ist Wahrheit, meine Nahrung ist Stille, meine Nahrung ist Liebe." Welche Klarheit! Selbst mit Hunger nach vierzig Tagen Fasten weicht er keinen Fußbreit von der Wahrheit und seinem Erkennen ab, dass die Wahrheit, die Worte aus dem Munde Gottes, die wahre Nahrung sind. Er lässt sich nicht verführen, folgt nicht der Verlockung. „Da führte ihn der Teufel mit sich in die Heilige Stadt und stellte ihn auf die Zinne des Tempels und sprach zu ihm: ‚Bist du Gottes Sohn, so wirf dich hinab, denn es steht geschrieben, er wird seinen Engeln deinetwegen Befehl geben und sie werden dich auf den Händen tragen, damit du deinen Fuß nicht an einen Stein stößt.'" (Mt 4,5-6). Die innere Organisation, der kleine Geist, ist sehr raffiniert. Im Zweifelsfalle zitiert er sogar die Bibel, ein Sutra Buddhas oder eine Textstelle von Atisha. Er tut es, um seine Absicht zu verschleiern. Aber er benutzt diese Worte auf eine leicht verdrehte Art, so dass sie nicht mehr stimmen. Er sagt quasi: „Schau, das steht sogar in der Bibel" oder „auch Osho hat gesagt"... Hier ist unterscheidende Weisheit notwendig, um den Klang der Stimme zu erkennen. Was der Teufel spricht, klingt ja eigentlich recht gut. „Da sprach Jesus zu ihm: ‚Wiederum steht auch geschrieben, du sollst den Herrn, deinen Gott nicht versuchen.'" (Mt 4,7). Eine gute Antwort! Es steht in einem Psalm geschrieben, dass Gott und die Engel dich auf Händen tragen werden und du keine Angst haben musst, deine Füße werden sich nicht an Steinen stoßen. Das heißt aber nicht, dass man sich mutwillig von irgendwelchen Höhen stürzt und darauf vertraut, dass einen die Engel retten. Das würde bedeuten, das Schicksal zu versuchen, Gott zu versuchen, das wäre einfach mutwillig. „Und darauf führte ihn der Teufel mit sich auf einen sehr hohen Berg und zeigte ihm alle Reiche der Welt und ihre Herrlichkeit und sprach zu ihm: ‚Das alles will ich dir geben, wenn du niederfällst und mich anbetest.' Da sprach Jesus zu ihm: 'Weg mit dir, Satan! Denn es steht geschrieben, du sollst anbeten den Herrn, deinen Gott und ihm allein dienen.' Da verließ ihn der Teufel, und Engel traten zu Jesus und dienten ihm." (Mt 4,8-11). Das Versprechen des kleinen Geistes, des Ego, des Teufels ist, zu herrschen, sich ein Reich zu schaffen oder ein Reich zu haben oder am besten alle Reiche, oder eine Sicherheit auf irgendeiner Ebene. Als Preis dafür unterwirft man sich dem kleinen Geist, dem Dualistischen, Vergänglichen, dem letztlich Leidvollen, und betet es an. Die Versprechen des kleinen Geistes können groß und raffiniert sein. Jesus antwortet in seiner sehr geraden und ganz wunderbar einfachen Art: „Du sollst anbeten den Herrn, deinen Gott, und ihm allein dienen." Da gibt es keine Alternative und keine Hintertür. Er ist wirklich radikal. Da ist Feuer. Das nenne ich

Ausgerichtetheit oder Treue. Und er sagt: „Weiche von mir!" oder wie hier steht: „Weg mit dir!" Jetzt hat er die Nase voll, er mag nicht mehr. Und es ist möglich zu sagen: „Weg mit dir!" Das ist die notwendige Zurückweisung.

Die Kraft des Widerstehens

Frage: Allmählich bekomme ich Zugang zum Geistesgift der Gier. Wenn ich tiefer forsche, spüre ich so etwas wie einen Sog oder Drang, und ich finde es befreiend, einfach diesen Drang selbst zu fühlen. Dabei ist mir klar geworden, dass es nicht um die Dinge geht, nach denen ich giere, sondern darum, dass da ein Drang ist, etwas perfekt in den Griff zu kriegen.

Pyar: Wunderschön! Wenn dieser Sog auftaucht, der Wunsch, die Gier, die Sehnsucht, das Unerfüllte, das wie Vakuum saugt, dann entsteht der Impuls, erst die Aufmerksamkeit einmal auf Objekte, die das Vakuum füllen könnten, zu richten. Man sieht auf das Objekt oder die Objekte der Begierde. Das ist die Versuchung mit dem Brot. Wenn man aber den Sog selbst fühlt und nicht die Projektion davon, nicht die Gedanken dazu, nicht die Objekte, auf den er sich richtet, oder die Hoffnung auf Erfüllung, dann löst sich das auf.

Das heißt, du spürst eigentlich Gier, Vakuum, Unerfülltheit, Wunsch, und in dem Moment, in dem du dich nicht nach außen auf das Objekt des Wunsches richtest, sondern dich zurückwendest, umkehrst, hin zu der Wunschhaftigkeit selbst oder dem Sog oder dem Loch, dann entdeckst du Überfließen – Fülle. Es ist wie im ersten Teil der Geschichte von der Versuchung Jesu, wo der Teufel mit den äußeren Objekten lockt: „Du hast Hunger und du hast große Kräfte, du bist ein großer Yogi. Folge doch deinem Hunger, deinem Wunsch. Fülle doch deinen Bauch. Nimm dir, was du gerne hättest." Natürlich hat Jesus diese Kräfte und bewies sie später auch. Er hat Brot vermehrt und viele solcher Dinge getan. Aber der

Teufel versucht ihn nach außen zu locken, ihn aus seiner Innigkeit herauszuholen, ihn aus seiner Meditation zu holen. Er sagt: „Du hast jetzt Hunger, da sind Steine, und du hast Kraft. Verwandle doch die Steine in Brot und lass es dir gutgehen!" Jesus sagt: „Nein, ich bleibe mit DEM, ich finde die Fülle in jedem Wort, das aus dem Mund Gottes kommt." Er bleibt inwendig, bleibt in sich gesammelt, er lässt sich nicht hierhin und nicht dorthin ziehen, lässt sich nicht verführen und findet die Fülle – eine wesentlich größere Fülle – ohne Objekte. Die Objekte der Wünsche ziehen euch hierhin, dahin, dorthin. Ihr springt rechts und links und oben und unten und vorwärts und rückwärts in der Zeit und seid nicht da, wo ihr seid, sondern seid getrieben von diesem und jenem. Dabei braucht es nur so eine kleine Umwendung! Deshalb sind Widerstehen und Zurückweisung so wichtig. Atisha nennt das die Kraft der Zurückweisung.

3. Schlüssel: **Totalität**

Jesus spricht viel von der Notwendigkeit der Totalität. „Und ein anderer sprach: Herr, ich will dir nachfolgen; aber erlaube mir zuvor, dass ich Abschied nehme von denen, die in meinem Haus sind. Jesus aber sprach zu ihm: Wer seine Hand an den Pflug legt und sieht zurück, der ist nicht geschickt für das Reich Gottes." (Lk 9,61-62). Vielleicht erinnert ihr euch auch an den Spruch aus der Offenbarung des Johannes: „Ich weiß deine Werke, dass du weder kalt noch warm bist. Ach, dass du kalt oder warm wärest! Weil du aber lau bist und weder kalt noch warm, werde ich dich ausspeien aus meinem Munde."(Offb 3,15-16).

In George Harrisons Lied „My sweet Lord" heißt es so schön: „I *really* want to see you." Nicht: „I want to see you", sondern: „I *really* want to see you." „Ich möchte dich *wirklich* treffen, ich möchte dich *wirklich* sehen". In diesem „Ich möchte dich *wirklich* sehen" liegt die Kraft. Das ist das Feuer, das ist die Entschlossenheit. Wenn das *wirklich* eure letzte Begierde, euer letzter Wunsch ist, dann sind alle Türen offen. Und dieser Wunsch erfüllt sich selbst, wenn er wirklich der letzte ist und da nichts anderes mehr ist. Nicht unbedingt sofort, aber er ist selbsterfüllend. Aber die Betonung liegt auf „really", und nicht nur sonntagnachmittags, sondern wirklich durch und durch und immer. Darunter geht nichts. Es geht nur mit Haut und Haar.

Der Feigenbaum – wir können nicht ewig zögern

„Er sagte ihnen aber dies Gleichnis: Es hatte einer einen Feigenbaum. Der war gepflanzt in seinem Weinberg. Und er kam und suchte Frucht darauf und fand keine. Da sprach er zu dem Weingärtner: „Siehe, ich bin nun drei Jahre lang gekommen und habe Frucht gesucht an dem Feigenbaum und finde keine, so hau ihn ab, sonst nimmt er dem Boden die Kraft." Der Weingärtner aber antwortete und sprach zu ihm: „Herr, lass ihn noch dies Jahr, bis ich um ihn grabe und ihn dünge. Vielleicht trägt er doch noch Frucht. Wenn aber nicht, so hau ihn ab." (Lk 13,6-9). Eine schöne Geschichte, denn es ist beides enthalten: Da ist der Feigenbaum und da ist das Potenzial, Feigen zu produzieren, Frucht zu tragen. Und der Feigenbaum kann nicht ewig warten. Die Existenz gibt eine gewisse Zeit, und dann gibt sie nochmal was drauf, und es wird nochmal gedüngt und nochmal umgegraben. Irgendwann aber, wenn alles nicht fruchtet, hauen wir den Feigenbaum um. Das macht jeder in seinem Garten mit Apfelbäumen, Feigenbäumen und Orangenbäumen. Ich hatte einen Apfelbaum, der sieben Jahre lang keine Frucht getragen hat. Dann bin ich umgezogen, und der Hausbesitzer hat ihn gefällt. Aber im nächsten Jahr hätte ich ihn auch entfernt.

Gurdjieff und der Walnussbaum

Ich bin gerade dabei, das Buch „Eine Kindheit mit Gurdjieff" zu lesen. Es erzählt von einem Jungen, der mit elf Jahren zu Gurdjieff kam, was er dort alles erlebte und was ihm Gurdjieff erzählte. Eines Tages standen der Junge und Gurdjieff am Fenster, vor dem ein Walnussbaum wuchs. Gurdjieff fragte den Jungen: „Schau dir den Baum gut an. Was siehst du da?" „Einen Walnussbaum."

Gurdjieff fragte weiter: „Ja, und was siehst du noch?" „Walnüsse." „Was schätzt du, wie viele Walnüsse an dem Baum sind?" Der Junge antwortete: „Tausend vielleicht." „Ja, kann gut sein. Und was glaubst du, wie viele der Walnüsse neue Bäume werden? Wie viele werden keimen?" Da erwiderte der Junge: „Eine, vielleicht zwei, vielleicht fünf." Gurdjieff fügte hinzu: „Ja, so ist das. Und so ist das auch mit dem Menschen. In jedem Menschen liegt die Nuss, das Potenzial, aber nicht jeder geht auf. Und die, die nicht aufgehen, werden Dünger für die, die aufgehen."

Bei Walnussbäumen ist es offensichtlich so. Gurdjieff sagt auch, der Mensch sei nur mit dem *Potenzial* einer Seele geboren. Diese Seele müsse er sich erst verdienen, er müsse sich erst wieder anfreunden. Und das ist richtig. Von diesem Potenzial sprechen die Buddhas, wenn sie euch in eurer Buddha-Natur ansprechen. Aber ihr müsst wachsen, ja. Und das Wachsen sieht für so eine Walnuss erst einmal ein bisschen ängstigend aus.

Bereit sein, den Preis zu zahlen

Frage: Für mich ist Totalität das Tor zur Freiheit. Aber es gibt ganz oft Momente, wo die inneren oder äußeren Kontrolleure die Totalität abschneiden. Meine größte Sehnsucht ist, sie loszuwerden, dann wäre alles einfach. Aber ich kann verstehen, dass das die Normalität ist, dass wir so sind.

Pyar: Nein, das ist eben nicht die Normalität, sondern die Krankheit! Es ist als ob wir eine Grippe-Epidemie hätten, und die Menschen nach einer Weile so fest an diese Grippe glauben würden, dass sie sich nicht mehr heilen lassen wollten und behaupten, dass es doch ganz normal sei, Fieber zu haben. Aber ich als Ärztin muss dann sagen: „Nein, das ist nicht normal, sondern das ist die Krankheit." Wir benutzen das Wort „normal" oft im Sinne von „üblich" oder im Sinne von „mehr als fünfzig Prozent sind auch so", aber das ist doch kein Beweis für was auch immer. Wenn das ein Beweis für etwas wäre, dann würde es schlecht um uns bestellt sein.

F: *Ich habe beobachtet, dass ich bei Dingen, die ich mag, ganz bei der Sache bin, total sein kann. Wenn ich allein bin, ist es kein Problem, aber sobald noch andere Menschen da sind, kommt von irgendeiner Instanz eine Art Einrahmung, wie ich zu sein habe. Ich weiß, dass die Instanz lügt, aber sie verspricht mir, dass ich dann in Ordnung bin, so gemocht werde.*

P: Und ist dir klar, welchen Preis du dafür bezahlen musst?

F: *Ja, absolut. Die Lebendigkeit.*

P: In dieser Richtung kostet es dich das Leben, klar, aber auch das Aufgeben dieser Einrahmung und dieser Instanz kostet dich etwas, es gibt nichts umsonst. Es herrscht die weit verbreitete Illusion, dass es im Spirituellen etwas umsonst gäbe. Wir müssen schon einen Preis zahlen. Es ist sehr praktisch, da genau hinzusehen – so wie ich es gerade mit dir mache – und herauszubekommen, was dir diese Instanz, die dich wieder in eine Art von Gefängnis bringt, verspricht. Der Preis, den du zu zahlen hast, ist genau das, was dir diese Instanz verspricht. Wenn du aus diesem Gefängnis heraus willst, und das nicht nur in Ausnahmesituationen, sondern auch im Alltag, dann musst du dazu bereit sein, nicht in Ordnung zu sein, nicht gemocht zu werden, anzuecken, unmöglich zu sein. Das ist knallhartes Leben. Ich habe schon Leute aufgefordert, sich zwei verschiedene Socken oder zwei verschiedene Schuhe anzuziehen und damit in ein gutes Restaurant zu gehen, aber bei dir meine ich das jetzt nicht. So etwas machst du mit links. Ich meine das wirklich in deinem Arbeitsumfeld. Hör auf, gut sein zu wollen, gib auf, dir Anerkennung, Lob verdienen zu wollen. Ich glaube, dass gerade in deinem Arbeitsumfeld bei deinen Kolleginnen viele Haken in dieser Richtung ausgefahren werden: Du musst so und so sein, dann gehörst du dazu, und du musst so und so sein, dann darfst du in den Fortgeschrittenen-Kurs, und du musst dies und das leisten und dieses und jenes. Du hast da ein gutes Übungsfeld, wenn du bereit bist, für die Freiheit zu zahlen.

4. Schlüssel: **Bereitschaft zu sterben – Furcht überwinden**

Dazu eine Geschichte, die ihr sowohl bei Thomas wie auch in den anderen Evangelien finden könnt:

„Die Schüler sprachen zu Jesus: Sage uns, wem das Reich der Himmel gleicht. Er sprach zu ihnen: ‚Es gleicht einem Senfsamen, der kleiner ist als alle Samen. Wenn er aber auf einen bearbeiteten Acker fällt, bringt er eine große Pflanze hervor und wird zur Zuflucht für die Vögel des Himmels.'" (Thomas, Spruch 20).

Jesus spricht vom Himmelreich in euch. Der Logos, Gott ist riesig. Aber das Himmelreich im Menschen ist zwar in jedem vorhanden, zunächst aber nur als Same, und zwar als kleiner Same. Im Samen ist alles enthalten, ist der Baum als Potenzial enthalten.

Wir sind immer noch bei der wichtigen Frage: „Wie können wir dich finden?" Und wie können wir die Entfremdung von uns selbst, von der Existenz, von den anderen und von Gott überwinden? Jesu Antworten bisher waren das Hören, das Widerstehen, die Treue, die Totalität, und jetzt als weitere Antwort dieses Gleichnis. Es ist auch Antwort auf die Frage: „Ich möchte dich wirklich sehen. Ja, aber wie?" Der Same ist da, und vielleicht ist sogar noch mehr da. Aber zumindest der Same ist ausnahmslos in jedem da, trotz aller Entfremdung und aller Furcht, trotz aller Befestigungen der Ego-Burg und aller Kriege ist in jedem Menschen der Same des Himmelreichs vorhanden. Aber der Same allein reicht nicht aus. Er muss aufgehen, muss ein Baum werden. Und das ist ein Punkt, an dem viele Samen ängstlich werden. Vielleicht haben sie schon gehört, dass es Bäume gibt. Sie müssten sogar wissen, dass es Bäume gibt, denn sie kommen ja von Bäumen. Und trotzdem kann der Same sich überhaupt nicht vorstellen, wie er ein Baum werden soll. Für den Samen bedeutet das ganz einfach: „Kopf ab!" Von dem Samen bleibt nichts. Und der Same erlebt den Baum nie, denn der Baum kommt erst hervor, wenn der Same tot ist. Deshalb ist es auch sinnlos, auf irgendwelche Belohnungen, auf irgendein zukünftiges Paradies oder auf den Himmel zu setzen, denn da, wo der Himmel ist, kommt der, der auf Belohnung setzt, nicht hin. Nie. Ego und Himmelreich können sich nicht begegnen.

Ego und Himmelreich können sich nicht begegnen

Der Same kann dem Baum nicht begegnen. Die Finsternis kann dem Licht nicht begegnen. Und „Ich" kann Gott nicht begegnen. Wenn ich Gott wirklich sehen will, dann geschieht das wohl, aber mich gibt es dann nicht mehr. Der Same stirbt. Deshalb versuchen viele Samen, ihre Schale ganz fest zu halten. Denn ob das mit dem Baum etwas wird, weiß man nicht, und kann es als Same auch nicht wissen. Die Samen versuchen immer, es herauszubekommen, aber sie schaffen es nie. Dann versuchen sie, die Schalen ganz hart zu machen wie die einer Kokosnuss. Versuchen, sich noch fester zu machen, noch abgetrennter, noch entfremdeter, weil da die große Furcht ist, zu verschwinden, die große Furcht herrscht, zu sterben. Deshalb wird aus manchen Samen eben nichts, weil sie so lange an ihrer Schale festhalten, bis sie nicht mehr keimfähig sind. Das kommt vor.

Was kann der Same jetzt machen? Er weiß nichts vom Baum. Er weiß wohl, dass er von einem Baum kommt, aber er weiß nicht, wie es sein wird, wenn er tot ist und der Baum wächst, wie es sein wird, wenn da kein Same mehr ist, sondern ein Keimling oder ein Baum. Da hilft nur Vertrauen und Liebe, Liebe zum Nicht-Gewussten, Liebe zum Unbekannten. Und diese Liebe, dieses Vertrauen befähigt den Samen zu sagen: „O.k., dann verschwinde ich, keine Ahnung, was passiert." Das ist radikal und erfordert das Loslassen von wirklich allem, und zwar nicht theoretisch, sondern praktisch. Und in dem Loslassen, in diesem Sterben hört jede Entfremdung auf. Aber das weiß man vorher nicht.

Dieser Sprung vom Samen zum Baum ist Jesus mit der Taufe im Jordan geschehen, ist mit Buddha unter dem Pippalabaum passiert, als der Morgenstern aufging. Und alle – Buddha,

Milarepa, Osho, Ramana, Jesus – waren bereit, den Preis zu zahlen. Und der Preis ist der Tod des Samens.

Sterben als Same und Leben als Baum

Frage: Gott müsste doch gewollt haben, dass die verbotene Frucht gegessen wird. Er kann doch nicht gewollt haben, dass dieser unbewusste Zustand bleibt. Es wäre ja auch unglaublich langweilig für ihn gewesen.

Pyar: Sich darüber Gedanken zu machen, was Gott sich gedacht haben könnte, ist nicht unsere Angelegenheit. Unsere Angelegenheit ist es, als Samenkorn zu sterben und als Baum zu leben. Unsere Angelegenheit ist es, die Mauer niederzureißen. Unsere Angelegenheit ist es, die Entfremdung aufzugeben, den Schutz aufzugeben, das Verstecken aufzugeben, das Gift aufzugeben, die gestörten Emotionen aufzugeben und zu lernen, mit dem Fluss zu fließen. Unsere Angelegenheit ist, uns selbst ein Licht zu sein, bewusst und liebevoll zu sein. Unsere Angelegenheit ist nicht, was Gott sich vor fünf Millionen Jahren gedacht haben mag, als die Menschen anfingen, bewusstes Denken zu entwickeln.

Wenn wir diese metaphysischen Gedankenspiele weglassen, sparen wir einfach Energie, die wir benutzen können, um das Feuer zu schüren. Manchmal sind metaphysische Spiele ja ganz nett, aber sie sind auch ein Versuch, sich das Scharfkantige der Realität vom Leib zu halten. Und es ist auch ein Versuch des Samens, seinem Sterben auszuweichen, wenn er sagt: „Wenn ich es denn verstehen würde" – was sowieso nie geht –, „dann könnte ich vielleicht Baum werden." „Wenn ich nur verstehen würde, wie das geht mit dem Baum-Werden, dann könnte ich vielleicht Baum werden, ohne als Same zu sterben." Ich glaube, dass das oft der geheime Gedanke dahinter ist. Aber ihr kommt nicht am Sterben vorbei.

Die Entfremdung gegenüber der Existenz überwinden

Ihr seid das Salz der Erde

Jesus sagte zu seinen Jüngern: „Ihr seid das Salz der Erde.“ (Mt 5,13). Bereits wenig Salz verändert den Geschmack einer Speise. Salz können wir schon in sehr geringer Konzentration schmecken. Dieses Salz ist außerhalb der politischen oder gesellschaftlichen Formen, auch wenn es dann Auswirkungen auf Politik oder Gesellschaft haben sollte. Aber sobald wir dieses Salz nehmen und daraus ein neues System machen, eine neue Struktur daraus schaffen, ist es kein Salz mehr, sondern ist das Alte in neuem Gewand. Das ist eine leidige Entwicklung, und gleichzeitig eine Entwicklung, die ständig passiert. Und dann verlässt man die Direktheit der Wahrheit und der Liebe und kommt letztlich wieder zu den Gesetzen zurück. Was zum Schluss wieder übrig bleibt, ist eine handvoll Gesetze, die man dann Dogmen oder Regeln nennt. Dann ist wohl immer noch die Essenz spürbar oder erkennbar, sie schimmert immer noch durch, aber die Verfestigung in der moralischen Form verschleiert sie erst mal wieder. Und das war überhaupt nicht die ursprüngliche Botschaft. Die ursprüngliche Botschaft war ein Hinauswachsen über das Alte, ohne den Wert des Alten zu zerstören, war, die moralische Enge abzulegen, ohne in Lieblosigkeit, Gleichgültigkeit oder Beliebigkeit zu verfallen.

Die ursprüngliche Botschaft ist so einfach

Die ursprüngliche Botschaft ist so einfach. Sie ist zunächst einfach das Zeugnis eines Menschen, der ein Sohn der Menschen und ein Sohn des Göttlichen ist, von beidem zutiefst weiß und aus beidem zutiefst lebt. Natürlich ist jeder ein Kind des Menschen und ein Kind Gottes. Aber Jesus ist ein Mensch, der zutiefst daraus und darin lebt und spricht, und dem alles andere egal ist. Er legt Zeugnis ab von der realen Möglichkeit, über das Gesetz hinaus zu gehen. Er legt Zeugnis ab von der realen Möglichkeit, die Entfremdung hinter sich zu lassen. Er legt Zeugnis ab von der realen Möglichkeit, ins Göttliche hinein zu werden. Er legt Zeugnis ab von der Möglichkeit, ein eingeborener Sohn oder eine eingeborene Tochter zu sein. Das ist gleichzeitig Geburtstag und Todestag. Ihr bekommt ein paar Hinweise, was dafür nötig ist oder wie das gehen könnte, oder wie sein Erfahren davon ist. Meist spricht er in Bildern, die er Gleichnisse nennt. An einer Textstelle des Markus-Evangeliums steht: „Und durch viele solche Gleichnisse sagte er ihnen das Wort so, wie sie es zu hören vermochten. Und ohne Gleichnisse redete er nicht zu ihnen; aber wenn sie allein waren, legte er seinen Jüngern alles aus." (Mk 4,33-34).

5. Schlüssel: **Lilien auf dem Felde – Sich nicht sorgen – Freundschaft mit der Existenz schließen**

„Niemand kann zwei Herren dienen. Entweder er wird den einen hassen und den anderen lieben oder er wird an dem einen hängen und den anderen verachten. Ihr könnt nicht Gott dienen und dem Mammon. Darum sage ich euch, sorgt euch nicht um euer Leben. Was ihr essen und trinken werdet. Auch nicht um euren Leib, was ihr anziehen werdet. Ist nicht das Leben mehr als die Nahrung und nicht der Leib mehr als die Kleidung? Seht die Vögel unter dem Himmel an. Sie säen nicht, sie ernten nicht, sie sammeln nicht in die Scheunen, und euer himmlischer Vater ernährt sie doch. Seid ihr denn nicht viel mehr als sie? Wer ist unter euch, der seines Lebens Länge eine Spanne hinzusetzen könnte, wie sehr er sich auch darum sorgt? Und warum sorgt ihr euch um die Kleidung? Schaut die Lilien auf dem Feld an, wie sie wachsen. Sie arbeiten nicht, sie spinnen nicht. Ich sage euch, dass auch Salomon in all seiner Herrlichkeit nicht gekleidet gewesen ist wie eine von ihnen. Wenn nun Gott das Gras auf dem

Feld so kleidet, dass doch heute steht und morgen in den Ofen geworfen wird, wird er das nicht auch für euch tun, ihr Kleingläubigen? Darum sollt ihr euch nicht sorgen und sagen: Was werden wir essen, was werden wir trinken? Womit werden wir uns kleiden? Nach dem allen trachten die Heiden. Denn euer himmlischer Vater weiß, dass ihr all dessen bedürft. Trachtet zuerst nach dem Reich Gottes und nach seiner Gerechtigkeit. So wird euch das alles zufallen. Darum sorgt nicht für morgen. Der morgige Tag wird für das Seine sorgen. Es ist genug, dass jeder Tag seine eigene Plage hat." (Mt 6,24-34).

Irgendwie ist es erstaunlich, dass es notwendig ist, das zu sagen. Wir sind Teil der Existenz in unserer Form, und wir sind gemacht aus Logos. Da fehlt nichts, und das war schon immer so. Natürlich werden diese Körper verfallen, aber das macht nichts. Sie werden Erde, Apfelbäume und Lilien auf dem Feld, Vögel, Senfbäume, Walnussbäume. Und so lange der Körper lebt, lebt er. Wir erstellen so eine eigenartige Verknüpfung in unserem kleinen Geist. Irgendwann haben wir angefangen uns zu sorgen. Aufgrund der Entfremdung, aufgrund des sich nicht mehr zu Hause Fühlens in der Existenz, hat man irgendwann das Gefühl, man müsste sich sorgen, sich um dieses und jenes sorgen und sich sichern, horten, verteidigen. Im Allgemeinen der eine gegen den anderen.

Horten ist eine eigenartige Sache, weil die Gesamtmenge an Schätzen in der Natur nicht zunimmt, sondern immer gleichbleibt. Die Menge an Gold, die Menge an Luft, die Menge an Wasser und an Land auf diesem Planeten ist immer gleich. Und immer wenn wir versuchen, uns etwas für morgen zu sichern, dann ist das ganz einfach anderswo nicht da. Wir können nichts vermehren. Es gibt in diesem Sinne kein Wachstum.

Und wir machen eine eigenartige Verknüpfung zwischen dem, was ich tue, was ich arbeite oder was ich beitrage und der

Sicherung des Lebens oder dem Reichtum, den wir ansammeln. Mir ergeht es so: Ich kann so eine Verbindung gar nicht mehr herstellen. Ich erinnere mich von früher daran, da habe ich mir auch noch Sorgen gemacht. Jetzt ist es eigentlich eher so: Ich tue, was ich tue oder was ansteht, und der Rest ist Geschenk. Ich habe überhaupt nicht das Gefühl, irgendetwas zu verdienen. Ich betrachte alles, was ich esse oder was ich anziehe, wo ich wohne, all die Schönheit und all den Reichtum als absolutes Geschenk und überhaupt nicht als Verdienst. Wir können gar nichts verdienen. Wir können schenken und wir können empfangen und wir können dankbar sein und wir können entspannen und sehen: Es ist alles da, jetzt. Und was morgen ist, weiß ich sowieso nicht. Wir können dieses Geschenk sehen, wenn wir aufhören zu fordern und anfangen großzügig zu sein. Wir müssen nichts mehr festhalten. Wir können es sowieso nicht festhalten, niemand kann irgendetwas wirklich halten. Niemand kann etwas wirklich besitzen, denn Besitzen definiert sich meiner Meinung nach dadurch, dass ich sagen könnte: Ich habe wirklich Macht über etwas. Ich kann damit machen, was ich will, und zwar immer. Und es gibt nichts, was ich auf diese Art besitzen könnte, weil mir alles irgendwann zwischen den Fingern zerrinnt. Also kann sowieso niemand irgendwas besitzen. Das ist reine Illusion.

Die Menschen denken zwar, dass sie die Macht hätten über das, was sie zu besitzen glauben, aber es stimmt nicht. Spätestens wenn man stirbt, kann man bekanntlich nichts mitnehmen. Dann ist Schluss mit der Macht über alles, was ich glaube, besessen zu haben, bis hin zu meinem Körper. Und wenn ich es im Tod nicht retten oder halten kann, kann ich es überhaupt nicht. Nur das, was bleibt, hat Wert. Deshalb sagt Jesus: „Niemand kann zwei Herren dienen." Und: „Trachte zuerst nach dem Reich Gottes." Und dieses Reich Gottes ist nicht irgendwo, sondern es ist die ganze Zeit mitten in eurem Herzen. Es ist das Göttliche, das überall ausgebreitet ist. Es ist ein unendliches Mysterium, das die Existenz durchwebt, durchdringt, nährt, in jedem Moment neu schafft und weit, weit darüber hinausgeht, davor und danach und darüber und darunter, und das nicht zu erschüttern ist. Wenn wir uns darauf ausrichten, können wir uns eigentlich nicht sorgen. Das unterscheidet die Menschen des Wegs, würden die Zen-Leute vielleicht sagen, von anderen Menschen, die diesen Weg nicht für sich wählen. Und da spricht Jesus von Heiden. Das ist wirklich die Unterscheidung, die im Herzen und im Leben geschieht. Es ist keine Frage der Zugehörigkeit zu irgendeiner Organisation, keine Frage von irgendeinem Ritus, keine Frage von Struktur, sondern eine viel, viel tiefere, viel, viel essenziellere, existenziellere Frage.

Wenn wir beginnen uns nicht mehr zu sorgen, dann ist das auch eine der Umkehrungen dessen, was als Nebenwirkung des Essens vom Baum der Erkenntnis passiert ist. Du empfindest dann die Welt, die Existenz nicht mehr als fremd oder feindlich. Da ist nicht mehr „ich und etwas anderes", keine Feinde, sondern *ein* Leben. *Ein* Atem. Und wenn da keine Feinde sind und wenn nichts zu sichern und zu horten ist, wenn sich um nichts zu sorgen ist, dann ist da einfach der Tanz des Lebens und eine große Friedlichkeit. Und dann ist da Gebet, ein Gebet, das nicht bettelt, sondern einfach ist. Und dann ist da das Himmelreich genau jetzt, und auch das nicht als Verdienst für irgendwas – das ist ein Missverständnis –, sondern einfach weil es so ist.

Das ist die nächste Antwort auf das „Wie", wenn die Jünger fragen: „Weise uns den Ort, denn wir müssen ihn suchen". „Wo bist du?" Oder: „Wo ist dieses Himmelreich?" Oder: „Wie kommen wir da hin?" Es sind ganz simple, einfache Antworten. Jesus ist kein Mann der Technik, sondern ein Mann der Liebe. Und Liebe ist keine Technik, sondern ist einfach. Ohne Grenzen.

Du kannst nicht zwei Herren dienen.

Und es passiert oft, sei es im Tagesverlauf oder im Verlauf einer Woche oder zwischen zwei Retreats oder im Verlauf einer

Beziehung: Auf einmal kippt es und du erachtest irgendetwas als wichtiger als das Reich Gottes. Und sobald du etwas als wichtiger erachtest, fesselt es dich. Das heißt nicht, dass man nicht all die Dinge tun könnte, die zu tun sind. Aber die Frage bleibt: „Welchem Herren diene ich?" Und in dem Moment, wo du irgendetwas als wichtiger erachtest als das Reich Gottes, es also darüber stellst – sei es das Geld, sei es selbst dein Baby – fesselt dich das. Dann kommt als nächstes die Sorge, dann kommt als nächstes der Zweifel, dann kommt der Frust, dann kommt der Ärger, dann kommt der Zorn, dann kommen all diese Verstrickungen. Aber du kannst auch all deine Arbeit, alles was untertags geschieht Gebet sein lassen. Du bist vom Leben gefordert, die Einsicht im Alltag umzusetzen und gleichzeitig im Gebet zu bleiben, in der Meditation zu bleiben. Es ist Übung.

Was sind Heiden?

Frage: Ich habe eine Frage zu den Heiden. Als Jesus seine Jünger losschickt, um seine Lehre zu verbreiten, sagt er: „Geht aber nicht zu den Heiden und nicht zu den Samaritern." Und hier sagt er, dass wir vertrauen sollen, dass wir uns nicht um das Morgen sorgen sollen, und dass wir uns nicht um unsere Kleidung kümmern müssen, denn wir werden wie die Vögel versorgt werden. Und dann sagt er: „Nur die Heiden trachten danach." Was bedeutet das? Sind die Heiden die Nichtgläubigen? Sind die Heiden die Juden? Wer sind sie denn eigentlich genau?

Pyar: Die Heiden sind immer die anderen. Für die Juden waren alle anderen die Heiden. Für die Christen sind die Juden und alle nicht getauften Menschen Heiden. Für Moslems sind alle Nicht-Moslems Heiden. Die Heiden sind immer die, die nicht das glauben, was ich glaube.

F: Aber Jesus schickte seine Jünger doch aus, damit gerade die Nicht-Gläubigen bekehrt werden. Die Kirche hat über die ganze Zeit in der ganzen Welt missioniert und alle Heiden zum Christentum bekehren wollen. Dies war ja eine ganz zentrale Aufgabe des Christentums.

P: Natürlich. Es gibt viele solcher Stellen mit ständigen Widersprüchen. Und diese Widersprüche können meines Erachtens nur durch spätere Ergänzungen zustande gekommen sein. In den Schriften findet man unterschiedliche Betrachtungsweisen, was Missionierung, Bekehrung und so weiter angeht. An einer Stelle sagt Jesus – soviel ich weiß, im Thomas-Evangelium – man solle einfach nur Menschen heilen, nur das essen, was einem vorgesetzt wird und sich ansonsten nicht viel Gedanken machen, und nicht so viel missionieren. Fragen wie „wer sind die Heiden?" sind für mich gar nicht so essenziell, aber merkwürdigerweise sind das die Stellen, die den kleinen Geist interessieren. Was sind jetzt Heiden oder Nicht-Heiden? Was hat das mit mir zu tun? Oder mit dir?

Die andere Bibel-Stelle, die du zitierst über das Sich-Nicht-Sorgen um Essen, Trinken und Kleidung, halte ich in diesem Zusammenhang für viel treffender. Wenn Jesus da sagt, nur die Heiden machen sich Sorgen um so etwas – das trifft doch eher zu, denn da trifft es Gesinnung oder Haltung und nicht Glaubensbekenntnis oder Religionszugehörigkeit. Da spricht Jesus: Die Menschen, die vertrauen, die Menschen, die wissen, wo ihr Schatz ist, und sich um den Rest nicht so viel Sorgen machen, die wollen wirklich Gott sehen. Und die Menschen, die sich immer nur um Essen und Trinken und Schlafen und all das Sorgen machen, wollen eben all dies Materielle sehen, und diese Menschen nennt er Heiden. Und das zieht sich durch alle Völker, durch alle Religionszugehörigkeiten, durch alle Sanghas. Da ist der Scheideweg, darum geht es, und nicht darum, ob du Jude, Christ, Moslem, Buddhist oder Sannyasin bist.

Gehet hin und lehret alle Völker

Frage: „Gehet hin und lehret alle Völker" ... und „Tauft sie im Namen des Vaters ..." Aber „mit Gewalt" hat Jesus nicht gesagt. Das ist mir oft aufgestoßen und verursachte Wut in mir. Welche Arroganz, zu sagen, alle anderen sind Heiden und müssen jetzt das Christentum übergestülpt bekommen.

Pyar: „Tauft sie" kann eigentlich nicht von Jesus stammen, weil er selbst nicht getauft hat. Und von Gewalt hat er bestimmt nichts gesagt.

„Lehret alle Völker" war von Jesus anders gemeint. Jesus hatte einen Schatz gefunden, und er versuchte, ihn anderen Menschen zu zeigen und forderte sie auf: „Sagt es weiter!" Sagt allen: „Samenkörner müssen sterben, damit Bäume wachsen." Oder: „Das Himmelreich ist hier." Oder „Liebe deinen Nächsten wie dich selbst". Oder „Selig die Armen im Geiste". „Sagt es weiter!"

Jesus befand sich damals in einer völlig anderen Situation als wir in unserer Zeit. Er lebte in Israel vor 2.000 Jahren, und ihm war etwas Unglaubliches geschehen. Er war hinübergegangen, heimgegangen. Und er hatte nicht viele Möglichkeiten, in Schriften anderer zu lesen und festzustellen: „Oh, das hat Buddha ja auch gesagt." Er war ziemlich allein auf weiter Flur und sagt dann seinen Freunden natürlich: „Sagt es weiter! Da gibt es ein Potenzial. Das Samenkorn muss nicht Samenkorn bleiben. Es kann sterben, und dann wird es zu einem Baum."

Zusätzlich wurde seine Arbeit durch die damals herrschende Geisteshaltung erschwert. Wir haben den eifersüchtigen jüdischen Gott, und wir haben den ganzen Haufen römischer und griechischer Götter, die ständig irgendwelche Scharmützel gegeneinander führten, und dann noch diverse andere Systeme in den Ländern rund um das kleine Palästina. Und Jesus hat so etwas ganz anderes, Tieferes erfahren, das er „Vater" nennt, weil ihm kein besseres Wort einfällt. Und es gibt ja auch kein Wort dafür. Das war völlig neu und so völlig revolutionär, dass er natürlich seinen Freunden sagt: „Sagt es weiter! Da gibt es mehr." So sehe ich das.

F: *Ich muss jetzt daran denken, dass ich in meiner Begeisterung auch manchmal versucht habe, es weiterzusagen. Zuweilen kommt es an, und manchmal klingt es irgendwie leer und schal. Dann schmeckt es mir selbst nicht mehr.*

P: Das ist genau das, was ich vorhin gesagt habe. Wenn du merkst, es schmeckt nicht, es stimmt nicht, was aus deinem Mund kommt, dann sprichst du entweder am falschen Ort oder zur falschen Zeit oder zu den falschen Leuten, oder du sprichst nicht die direkt erfahrene Wahrheit oder sprichst aus einer falschen Motivation. Dann halte an und halte den Mund.

Eine Haltung der Fülle einnehmen

Die Wahrheit ist, dass in deinem Leben genug vorhanden ist. Es ist genug Futter da, selbst wenn du einmal nichts zu Essen bekommst. Und auch wenn du zwei- oder dreimal nichts zu Essen bekommst – das macht überhaupt nichts. In deinem Leben gibt es genug zu essen, genug Geld, genug Zeit, genug Liebe, da ist Reichtum aller Orten. Das gilt leider nicht für alle Menschen, aber im Leben aller, die hier sitzen, ist Reichtum. Jeder von uns hat zu essen, oder? Jeder von uns hat ein Dach überm Kopf. Ein Mann, der überhaupt kein Geld besitzt, sagte einmal zu mir: „Was ich mir wirklich wünsche, ist, immer dort zu sein, wo ich gebraucht werde." Das ist ein Mann des Reichtums. Aber du kannst noch so viel äußere Fülle in deinem Leben haben – 25 Häuser und 23 Villen, sechs Jachten und viel Zeit – und gleichzeitig kannst du so arm sein und kannst jammern: „Es reicht nicht. Es reicht hinten und vorne nicht." Es kommen so oft Leute zu mir, die ein oder mehrere Häuser haben, und denen das Geld nicht reicht. „Ich muss ja ein Dach decken lassen und ..." Dann sage ich: „Ja verdammt noch mal, Sie haben doch ein Haus!" „Ja, aber das kostet ja nur!" Je mehr du hast, desto ärmer wirst du oft. Je mehr

Zeit du hast, umso mehr hast du das Gefühl, keine zu haben. Schaue dir manche Rentner an, die immer in Hetze und in Eile sind und an der Kasse am meisten drängeln. Ich will damit nur sagen: Das Äußere macht es nicht aus. Weder bei der Zeit noch beim Geld. Ich habe das Gefühl, ich habe sehr viel Zeit. Das ist eine Haltungsfrage.

Das Wichtigste ist, zu wissen was ich will. Was ich wirklich, wirklich, wirklich will. Dann sortieren sich die Dinge besser, ganz von selbst. Der Druck lässt nach, denn wenn ich das Reich Gottes will, dann ist es nicht so wichtig, wie viel auf dem Konto liegt, was schon wieder Stress erspart. Und die Haltung ist auch das „Wie." „Wie" wiederum bewirkt etwas mit der Effektivität. Wenn ich ganz da bin, bin ich viel schneller. Dann kann ich auch zwei Essen gleichzeitig kochen. Das „Wie" ist ganz wesentlich. Aber ohne zu hetzen. Es ist ein Tanz. Benötigt wird eine Haltung der Großzügigkeit und der Dankbarkeit, des Bewusstseins und des Wissens über so viel Geschenk. So viel Fülle. Und selbst wenn an einem Tag einmal gerade keine Fülle an Zeit ist, weil sehr viel los ist, bin ich nicht bereit, deswegen die Haltung der Fülle aufzugeben. Und es ist immer Zeit, inne zu halten, und es ist immer Zeit für das Göttliche, immer Zeit für Liebe.

Alles ist Geschenk – Sich Sorgen machen und die Kunst zu nehmen

Eine wesentliche Kunst, die ebenfalls benötigt wird, ist, nehmen zu lernen. Ich beobachte öfter, dass gerade Menschen, die sich Sorgen machen, dass irgendetwas irgendwo nicht reichen könnte, gleichzeitig oft Schwierigkeiten haben, etwas anzunehmen, wenn sie es geschenkt bekommen. Sie haben ein Muster: „Ich verdiene es nicht, oder ich müsste es verdienen. Geschenkt geht nicht." In Wirklichkeit ist aber sowieso alles Geschenk, selbst das, von dem ihr glaubt, dass ihr es verdient hättet. Insofern ist es doch völlig egal. Man darf Geschenke annehmen. Das ist eine gute Sache. In der Existenz herrscht die ganze Zeit ein großes

Geben und Nehmen, nur wird in der Existenz nicht so zeitnah Buch geführt. Aber irgendwie kommt alles wieder zurück. Es ist nicht immer so, dass man zwei Stunden arbeitet und entsprechend viele Euro auf die Hand bekommt. Vielleicht ist man sauer, wenn man mal kein Geld bekommt oder zu wenig, oder man denkt, man habe für das wenige Geld zu viel gearbeitet. Gleichzeitig liegen Geschenke herum, die man nicht zu nehmen wagt. So behindern wir eigentlich den Fluss der Existenz. Wir fordern, wo wir gar nichts zu fordern haben, aber denken, wir könnten und sollten fordern, und nehmen Geschenke nicht an, wo sie für uns bereit liegen. In beiden Fällen ist es eine geschlossene Hand, eine Faust: Das Fordern ebenso wie das „Ich nehme nichts". Oder: „Ich traue mich nicht, zu nehmen oder mir etwas schenken zu lassen". Die Existenz funktioniert einfach nicht so wie ein Wirtschaftsunternehmen: Was bekommt man für fünf Euro? Ein Los? Von der Süddeutschen Klassenlotterie einen Platz an der Sonne? Einen Platz an der Sonne bekomme ich billiger. Zum Platz an der Sonne, gibt es die Geschichte von Alexander dem Großen und Diogenes. Alexander kam bei Diogenes vorbei, der gemütlich in der Sonne saß. Alexander hatte es sehr eilig, denn er wollte gleich noch Indien erobern. Er war so richtig im Stress, aber auf einen kurzen Plausch setzte er sich doch zu Diogenes, und dieser fragte ihn: „Warum hast du es denn so eilig?" Alexander antwortete: „Ich muss Indien erobern!" Diogenes fragte weiter: „Warum denn?", worauf Alexander erwiderte: „Das muss jetzt einfach erledigt werden." Diogenes war neugierig: „Ja, und was machst du dann?" „Dann ruhe ich mich aus und setze mich in die Sonne", meinte Alexander. Und Diogenes lächelte: „Das tue ich eigentlich schon die ganze Zeit." Es gibt schon viel zu tun, man muss sein Geld verdienen usw., aber vielleicht tun wir manchmal zu viel. Und das Zuviel kommt – glaube ich – dann, wenn Angst uns besetzt, Angst um die Zukunft oder Angst, es nicht gut genug zu machen. Dann steckt man mehr Arbeit in etwas hinein als nötig wäre.

Lernt auch das Nehmen, ohne gleich zu denken: „Wie gebe ich es wieder zurück?“ und ohne zu denken: „Es steht mir zu!“ Es steht mir sowieso nichts zu. Wirklich, das meine ich ernst. Also braucht man gar nicht darüber nachzudenken, warum man etwas bekommen hat.

Uns gehört nichts

Wirklich, uns gehört hier gar nichts, nicht dem einen und nicht dem anderen. Es gehört uns nicht. Das alles sind Geschenke, und wir können alles benutzen – es ist da, um uns daran zu freuen. Der Reichtum ist nicht da, um sich darum Sorgen zu machen. Wir sind eine Art Verwalter. Es gibt viele Dinge, die uns zur Verfügung stehen und die wir nutzen, und es ist wichtig, dass wir damit gut umgehen. Am besten wäre es, wir gäben sie schöner wieder zurück, als wir sie bekommen haben. Das ist wichtig: Wie setze ich das Geld, den Reichtum, das Essen, all die Ressourcen, alles, was uns zur Verfügung steht, ein? Je weniger Sorge ich habe, je weniger ich das Gefühl habe, ich müsste abgrenzen und schützen und sammeln, desto besser kann ich es einsetzen. Wir sollten es für Freude, für Liebe, für Schönheit und für Kreativität einsetzen.

Auch Zeit ist nicht unsere Zeit, sondern steht uns nur in großzügiger Weise zur Verfügung, um sie sorgsam und freudig zu nutzen. Sie ist eine Kostbarkeit. Bei Osho habe ich einmal Folgendes gelesen: Zu der Zeit, als er noch herumreiste, besuchte er einmal Freunde, die gerade beim Kartenspielen waren, und er war sehr erstaunt und fragte: „Was macht ihr da?“ Sie erklärten: „Wir schlagen die Zeit tot!“ Da war Osho ziemlich sauer. Und ja, es könnte sein, dass selbst Menschen, die das Gefühl haben, sie hätten zu wenig Zeit, auf der anderen Seite dann doch wieder Zeit totschlagen. Das ist kein guter Gebrauch von Zeit. Oder man fürchtet die Langeweile, die lange Weile, hat manchmal auch Angst vor der Lücke, vor wirklicher Pause – nicht mit Musik oder Fernsehen gefüllt, wirklich Pause, Lücke. Wir müssen mit all dem Reichtum und all der Fülle in der Zeit und in den Dingen und dem Raum sorgsam umgehen. Wenn ihr so lebt, seid ihr voll Dankbarkeit und Tanz, weil diese angstbesetzten Schranken immer mehr fallen. Im engen Korsett der Angst kann man nicht gut tanzen.

Das nehmen, was vorhanden ist

Es ist so viel da, aber vielleicht ist es nicht immer genau das, was wir uns einbilden, dass es sein sollte, und dann kommt Stress rein. Ein Beispiel: Ich habe Hunger, blicke in den Kühlschrank und sehe Käse, Brot und Butter. Dann aber bilde ich mir ein: Nein, das mag ich jetzt nicht, ich brauche ein Wiener Schnitzel. Eigentlich wäre ja alles, was ich wirklich brauche, da. Wenn ich mir jetzt aber einbilde, dass ich unbedingt ein Wiener Schnitzel haben will, dann muss ich erst zum Metzger laufen und Schnitzel kaufen. Wieder zuhause muss ich sie herrichten und brauche Semmelbrösel und ein Ei usw. Am nächsten Tag werfe ich den Käse weg. Das ist kein sorgsamer Umgang, und es erzeugt viel Stress und Energieaufwand. Das ist jetzt nur ein Beispiel, aber ich bitte euch, das auf das Leben als Ganzes zu übertragen. Das ständige Streben nach etwas anderem als dem, was ist, verursacht viel Gedankenarbeit. Das heißt nicht, dass man Dinge nicht ändern kann, wenn es Zeit ist, sie zu ändern. Ich glaube, da könnte für jeden sehr viel Entspannung geschehen und viel mehr Leichtigkeit, Freude, Dankbarkeit und Großzügigkeit entstehen. Die Zeit ist einfach auch eine Ressource und gehört mir nicht. Ein großes Geheimnis, was die Zeit betrifft, ist: Das, was ich tue, gerne zu tun – egal was es ist – und nicht so sehr danach zu suchen, was ich gerne täte. Das was ich tue, gerne zu tun, ist einfacher, es ergeben sich dann auch mehr Möglichkeiten: Dinge, die passen, fallen einem einfach zu. Immer dann, wenn ich im Widerstand bin gegen das, was jetzt zu tun ist, benötige ich sehr viel Zeit und Kraft. Wahrscheinlich könnte man auch in den Betrieben mit viel weniger Arbeitsstunden auskommen. Es gibt oft so viele Besprechungen – ob das immer nötig und sinnvoll ist? Die

Diskussion ist, glaube ich, auch ein großer Zeitfresser. In Betrieben wird sie ja systematisch zur Arbeitszeitvernichtung eingesetzt. Ständig gibt es Meetings und Supervision und Diskussion, und ziemlich viel wird totgeredet. Heutzutage schlagen wir Zeit nicht mehr tot, wir reden sie tot. In Wirklichkeit sind wir nicht so arm, weder an Zeit noch an Geld noch an sonst etwas hier.

Gibt es auch berechtigte Sorge?

Frage: Wir sollen uns eigentlich keine Sorgen machen. Irgendwie ist mir das ganz klar und einleuchtend, aber es gibt Menschen, die sich, um ihr eigenes nacktes Überleben zu sichern, wirklich anstrengen müssen.

Pyar: Absolut. Das Schlimme ist ja, dass sich *die* Menschen Sorgen machen, die es nicht bräuchten. Wenn Jesus Menschen begegnet, die Hunger haben, dann spricht er nicht davon, sich keine Sorgen zu machen, sondern er teilt Brot und Fische und was gerade sonst noch da ist. Einmal war er mit seinen Jüngern unterwegs, und sie hatten Hunger. Es war Sabbat, und sie haben sich Ähren vom Feld geholt und bekamen deshalb wieder einmal ziemlichen Ärger mit den Pharisäern, nicht, weil sie etwas vom Feld geholt haben, sondern weil Sabbat war. Ja, leider gibt es viele Menschen, die morgens nicht wissen, ob sie abends etwas zu essen haben werden. Solchen Menschen zu sagen, sie sollten sich keine Sorgen machen, wäre zynisch – da muss man für Nahrung sorgen. Aber in unseren europäischen Lebensumständen sieht das anders aus.

Die Entfremdung sich selbst gegenüber beenden – Freundschaft mit sich schließen

6. Schlüssel: **Sich annehmen und nackt zeigen**

Frage: Ich kann mich hier überhaupt nicht aushalten. Sehr viel Aggression kommt hoch, die ich ihm Alltag nicht so merke. Es schmerzt auch, wenn ich mich dann so sehe, denn das bin nicht ich. Und es schmerzt auch mein Umfeld.

Pyar: Die Aggressionen kommen deshalb jetzt, weil hier Raum ist. Was auch immer irgendwo in dir versteckt ist oder sonst keinen Platz hat, taucht auf, wenn auf einmal Raum da ist.

F: Woher kommt diese Aggression?

P: Sie kommt daher, dass du denkst, dass du nicht okay bist. Und das tut sehr weh. Ich kenne deine Geschichte nicht, und das ist auch gar nicht so wichtig. Mir geht es einfach so: Jedes Mal, wenn ich dich sehe, freue ich mich und empfinde es als solches Geschenk und so ein großes Wunder: Dein Mut und wie du hier auftauchst, trotz all dem, und wie du dableibst. Dieser Mut kommt aus deiner Kraft, und die kommt aus derselben Ecke, wo auch die Aggression sitzt. Manchmal wird sie zu Aggression, und manchmal, wenn du ganz klar bist – wie jetzt gerade – wird sie zu Kraft und Mut, zum Beispiel zu dem Mut, dich hier zu zeigen und zu erzählen.

Wenn die Sorgen durchlässiger werden, dann hört unsere Feindschaft mit uns, mit den Dingen, mit der Natur und auch mit anderen auf. Aber erst einmal ist da ja die Entfremdung und die Feindschaft gegenüber uns selbst. Das ist sehr unangenehm. Das ist der Augenblick, an dem Adam und Eva im Paradies bemerken: „Und sie sahen, dass sie nackt waren" und dann schnell Feigenblätter benutzen. Seitdem haben Menschen immer so ein komisches Gefühl, als ob irgendetwas mit ihnen nicht stimmen würde, als ob sie so, wie sie sind, nicht okay wären. Deshalb lernt man Masken zu tragen, und irgendwann sieht man sich selbst nicht mehr und wird sich noch fremder. Kennst du das? Ich glaube, du musst dich dir ganz langsam und vorsichtig annähern und dieses unbekannte Wesen kennenlernen – die dunklen Ecken und die hellen.

F: *Wenn ich das möchte, dann taucht zum Beispiel die Wut auf, die mich daran hindert.*

P: Dann lerne doch die Wut kennen. Lerne dieses Gefühl kennen!

F: *Kennenlernen? Annehmen und sagen: „Ja okay, ich bin jetzt wütend", oder wie meinst du das genau?*

P: Fühle die Wut von innen heraus. Dann kannst du auch erforschen, was das eigentlich ist. Nicht wo sie herkommt oder was ihre Ursache ist, nicht analysieren, nicht darüber nachdenken, sondern untersuche die Qualität dieses Feuers und schau, ob dieses Feuer nicht für irgendwas brauchbar wäre.

F: *Es ist sicher für andere Sachen brauchbar.*

P: Ja, aber das musst du herauskriegen. Du bist sehr intelligent, und dein Geist ist deinem Erfahren oft zwei Schritte voraus und er denkt sich dann schon, was wahrscheinlich sein wird, bevor du überhaupt dort bist. Das steht dir vielleicht manchmal im Weg. Pfeife den Geist wieder zurück. Der Geist hat Recht, wenn er sagt, vielleicht ist diese Feuer zu etwas nütze. Aber das hilft dir nicht, weil du es nicht weißt. Du musst es herauskriegen – direkt. Und du hast viele gute Gelegenheiten, weil die Wut oft kommt. Vielleicht solltest du zwischendurch joggen gehen oder Ähnliches. Du brauchst zwischendurch ein bisschen Bewegung. Ich freue mich einfach, wenn ich dich sehe, und ich fände es schön, wenn auch du dich freust, wenn du dich siehst. Und sei nicht so streng mit dir!

Das Folgende passt sehr gut zu diesem Thema. „Jesus sprach: ‚Sorgt euch nicht vom Morgen bis zum Abend und vom Abend bis zum Morgen, was ihr anziehen werdet!' Seine

Schüler sprachen: ‚Wann wirst du dich uns offenbaren und wann werden wir dich sehen?' Jesus sprach: ‚Wenn ihr eure Scham ablegt und eure Kleider nehmt und sie wie die kleinen Kinder unter eure Füße legt und darauf herumtrampelt, dann werdet ihr den Sohn des Lebendigen sehen und euch nicht fürchten.'" (Thomas, Spruch 36-37). Es ist immer schön, wenn ein Mensch sich einfach zeigt, egal worum es geht. Es ist das Zeigen selbst, der Mut, einfach da zu sein mit allen seinen Macken, Ecken und Kanten. Wenn Adam zum Beispiel gesagt hätte: „Ja, ich habe von dieser Frucht gegessen und habe festgestellt, dass ich nackt bin. Ich finde das ein bisschen ungewohnt." Wenn Adam so zu Gott gesprochen hätte, statt sich hinter dem Baum zu verstecken, dann wäre ein ganz anderer Dialog möglich gewesen. Verstecken und voller Angst und Sorge zu versuchen, einen Schein aufzubauen, der nicht echt ist, das macht die Gesellschaft die ganze Zeit, und ihr lasst es teilweise mit euch machen oder macht selbst mit. Das macht tot, unlebendig und unwahr, und es macht noch ängstlicher, denn es ist enorm anstrengend, diese Konventionen und Masken aufrechtzuerhalten. Es kostet sehr viel Energie und ist überhaupt nichts wert, es ist Schrott, ist unecht. Warum macht man das? Weil man sich schämt oder weil man glaubt, man sei nicht okay. Aber ihr seid okay! Diesen Entfremdungsprozess, durch den wir uns selbst zum Feind wurden, das Verstecken unter dem Baum und das Erschrecken vor sich selbst und seiner Nacktheit dreht Jesus einfach um und sagt: „Zeigt euch erst mal!" Und nur, wenn ihr euch zeigt und seid wie ihr seid, könnt ihr auch sehen. Denn diese ganzen Masken haben die Eigenschaft, dass man nicht durchschauen kann, und deshalb kann das, was die ganze Zeit offenbar ist, nämlich der Sohn des Lebendigen, nicht gesehen werden. Ihr könnt nicht herausschauen aus den Masken, die euch angeblich schützen sollen, und deshalb ist es mir eine große Freude und Ehre, wenn ihr euch einfach zeigt. Und das hilft euch zu sehen.

Schaut, da ist einfach eine Menge Zeug, das sich in eurem Geist, in eurer Seele und auch im Körper angesammelt hat. Alles mögliche Zeug, das ihr nicht sehen oder nicht fühlen wollt, das sich im Keller angesammelt hat, insbesondere all die Sachen, die unter Feigenblättern verborgen sind. Das sind die heiklen Sachen. Eigentlich passiert gar nichts Schlimmes, sondern hier sitzen 120 Menschen, die so vor sich hin menscheln. Und so enorm verschieden sind wir alle ja auch nicht. Mein Gott, was genieren wir uns eigentlich? Irgendwie ist es ja immer dasselbe, immer in einer ein wenig anderen Zusammensetzung des Kuchens. Es gibt überhaupt keinen Grund, sich zu verstecken.

7. Schlüssel: **Nicht „Sein *wie* Gott", sondern Gott selbst sein**

Manchmal sieht es so aus, als wärt ihr euch selbst eine Zumutung. Irgendetwas in euch ist für euch selbst eine Zumutung oder kommt euch wie eine Zumutung für euch selbst vor. Dann erliegt ihr der Versuchung, diesen Teil abzuschneiden, zu separieren, wegzutun. Meistens schneidet ihr sogar mehrere Teile ab, und im Allgemeinen sind es genau die Anteile, die eure Lebenskraft beinhalten. Dazu fiel mir in der Geschichte vom Paradies eine Stelle auf, an der die Lüge hereinkommt, noch vor der Sache mit dem Feigenblatt. An dieser Stelle sagt die Schlange: „Wenn ihr von diesem Baum esst, dann werdet ihr sein *wie* Gott". Hier kommen die Lüge und die Heuchelei herein. Zu sein *wie* ist zu sein *als ob*.

Dieses Zu-sein-wie, dieses Nachahmen und So-tun-als-ob, dieses Abschneiden und Verdecken und dieses kleine Miau statt dem richtigen Fauchen tötet euch oder hält euch tot. Und darauf baut die ganze Gesellschaft, vor Jesus, und leider auch wieder nach Jesus. Auch die Kirche baut auf dieses Als-ob. Zum Teil redet die Kirche zwar anders, aber sie baut auf demselben auf, das macht das Pharisäertum aus. Übertünchte Gräber: Oben sieht alles nett und ganz heilig und sauber aus, und darunter fault und brodelt es. Es ist notwendig, sich wieder mit sich selbst bekannt zu machen und dann mit allen Anteilen, die da sein mögen, Freundschaft zu schließen. Man muss sich selbst erst einmal ganz begegnen und sich selbst ganz sein lassen. Leider wird von einzelnen oder auch von Vereinigungen sehr oft versucht, dies zu umgehen, und dafür wird dieses Sein-wie-Gott in der Hoffnung praktiziert, dass der vorhandene Zorn oder der Ärger, der sich zeigt, so irgendwie von selbst verschwinden – frei nach dem Motto „Aus dem Auge, aus dem Sinn". Ich sperre diese Emotionen in den Keller oder verberge sie hinter meinem Rücken und denke dann, dass sie nicht mehr da sind. Das funktioniert nicht. Wenn Zorn in dir ist, dann begegne dem. Und wenn da sonst noch irgendetwas ist – begegnen!

Das bedeutet jetzt nicht, dass wir anfangen sollten, uns gegenseitig die Kehle aufzuschlitzen. Es kann sein, dass viel alter Groll und Zorn in dem einen oder anderen vorhanden sind, was nicht heißt, dass man diese Aggressionen ausleben sollte. Aber es ist schon nötig, es auch zu zeigen, indem man zum Beispiel das Lächeln weglässt, wenn da keines ist. Das ist schon ein großer Schritt. Es gibt Möglichkeiten sich zu zeigen, Möglichkeiten zu fühlen und Möglichkeiten sich auszudrücken, ohne sich gegenseitig den Schädel einzuschlagen. Wir müssen dem ganz tief begegnen und uns mit dem, was dahintersteht, befreunden. Wenn Padmasambhava Dämonen begegnete, hat er sie nicht etwa verkleidet und ihnen etwas Hübsches angezogen, damit sie netter anzusehen sind, sondern er hat sich mit ihnen auseinandergesetzt, ist ihnen ehrlich begegnet und hat sie dann umfunktioniert. Das ist wundervoll, aber es gelingt erst nach dem Begegnen und im Hindurchgehen, und das kann sehr schmerzhaft und sehr unangenehm, sehr traurig oder auch ekelhaft sein.

Aber in der Bereitschaft, dem in all seiner Unannehmlichkeit zu begegnen, ist ja die Liebe enthalten. In dem alten Versuch, die Dinge zu unterdrücken, zu übertünchen, ihnen auszuweichen oder sich am besten gleich in irgendeinen Engel zu verwandeln, gründet sich Hass. Und genau auf diese Weise erzeugt man neuen Zorn und neuen Groll, neue Eifersucht und neuen Stolz, neue Furcht und neue Schuld. In der Begegnung und in der Akzeptanz, in dem Hereinnehmen, in dem Einswerdenlassen sind Liebe und Einsicht. Liebe und Einsicht können die Teufel und Dämonen nicht widerstehen. Dies ist die Botschaft von Jesus und die Botschaft aller Buddhas. Jesus hat das in seinem Leben sehr deutlich gemacht. Deshalb sagte er: „Widersteht dem Bösen nicht."

Atisha sagt zum Austauschen und Hereinnehmen das Gleiche: „Widersteht dem Bösen nicht, sondern verwandelt es." Aber dieses Verwandeln ist eine ziemlich harte Angelegenheit und nichts Esoterisches, sondern es geschieht mitten in der Hölle und mitten auf der Erde. Für diese Verwandlung, für diese Transformationsarbeit ist es absolut notwendig, auf der Erde zu sein. Alles andere, jeglicher Versuch, sich da herumzuschleichen, ist Illusion und führt letztlich zum Heulen und Zähneklappern. Wenn wir den Mut haben, uns dem wieder und wieder zu stellen und wirklich hindurchzugehen, dann ist es möglich, das alles wirklich zu verwandeln und sich verwandeln zu lassen. So ist mein Erfahren. Das hat dann Hand und Fuß und bekommt die Vajra-Qualität, diese kristallene Unzerstörbarkeit, weil es echt ist.

Ehrlich mit seinen Gefühlen sein

Frage: Wie begegne ich mir selbst? Wenn sich unangenehme Gefühle bemerkbar machen und ich mir ihrer bewusst bin, dann denke ich mir nur: „Verdammt, haut ab!" Aber sie verschwinden einfach nicht.

Pyar: Vielleicht verschwinden diese Gefühle nie. Eine der Eigenschaften der Hölle ist, dass sie einem ewig erscheint. Und wenn man dieses Gefühl von „ewig" nicht mitakzeptieren will, ist es keine Akzeptanz.

Ganz konkret solltest du nicht „Geht weg!" sagen, sondern: „O.k., ich gehe mitten in diese Gefühle hinein, ich erfahre das, ich erfühle das, ich erforsche das, ich bin damit." Und lüge nicht nach außen!

Und wenn diese Gefühle Tage und Wochen da sind, dann sind sie Tage und Wochen da. Weißt du, das ist kein Trick, um das Gefühl möglichst schnell loszuwerden. Kein „Jetzt verwandeln wir dies geschwind und kehren dann wieder zur Routine zurück." Hier geht es um Ganzheit, um Echtheit, um Totalsein. Und diese Totalität brauchst du ja an anderen Punkten des Wegs auch, vielleicht noch in größerem Maße.

F: *Verlangt das Begegnen auch, dass, wenn ein Gefühl andere Leute betrifft, ich es ihnen mitteilen sollte?*

P: Das kann verschieden sein. Auf jeden Fall solltest du nicht lügen. Zumindest nicht lächeln, wenn dir eigentlich nach Fauchen ist. Man kann dann sagen: „Hey, ich bin gerade wirklich sauer auf dich!" Es ist schlimm, wenn die Menschen lächeln, obwohl sie eigentlich geifern wollen. Dann wird es schwierig. Man spürt ja, ob ein Lächeln echt ist oder nicht. Wenn wir einfach dann lächeln, wenn das Lächeln echt ist, und nicht lächeln, wenn kein Lächeln in uns ist, dann weiß ich, dass, wenn mich jemand anlächelt, er mich wirklich anlächelt. Das macht die Sache viel schöner. Keine Masken! Weg mit den Feigenblättern!

8. Schlüssel: **Umkehr, Reue und Vergebung**

Frage: *Ich brauche Hilfe. Gestern bin ich auf eine tief vergrabene Schuld gestoßen. Ich hatte einen Sohn und ich habe ihm nicht so viel Liebe gegeben wie ich sollte. Ich bin weggelaufen. Ich konnte nicht ertragen, dass er mir so ähnlich war. Diese tiefe Traurigkeit in mir, diese Sehnsucht tut so weh. Ich habe das in ihm gesehen und konnte ihm nicht helfen. Aber ich konnte mir selbst nicht helfen und ich bin weggelaufen. Er war vierzehn und begann dann zu trinken.*
Als mein Mann starb, wollte er, dass ich zu ihm nach Deutschland komme. Ich kehrte zu ihm zurück, aber er hat weiter getrunken, und eines Tages ist er ertrunken. Ich habe schreckliche Schuldgefühle. Ich habe das immer zugedeckt. Ich kann nichts mehr machen. Es ist zu spät ...

Pyar: Mmm, verstehe ich. Man muss da gar nichts rationalisieren. Ich verstehe, dass du dich da schuldig fühlst. Du hast gesagt, du konntest deinem Sohn nicht helfen, weil du dir selbst nicht helfen konntest.

Verzeihen! Kennst du das Wort „verzeihen"?

Jesus spricht oft von Reue und von Vergebung. Die beiden gehören zusammen. Vergebung alleine so gibt es nicht. Aber die Qualität von Reue ist jetzt vorhanden und die Bereitschaft ist da, sich zu erinnern und an die Wunde zu rühren, sie zu fühlen, auch die Schuld zu fühlen und zu weinen. Zur Reue gehört dann noch ein Entschluss, und dieser Entschluss bewirkt die Wendung. Du sagst: „Ich fasse den Entschluss, nicht mehr wegzulaufen!" Wovor auch immer. Und diesen Entschluss fasst du wirklich fest. Man weiß trotzdem, dass man ein Mensch und fehlbar ist, aber man fasst den Entschluss fest. Zu dem Fühlen, zu dem Erinnern, zu dem Nicht-die-Schuld-Wegschieben und zu dem Entschluss kommt dann als geheimnisvolle Ingredienz die Vergebung hinzu. Sie kommt aus der Existenz, und sie kommt aus deinem Herzen.

Reue – Vergebung – Freundschaft mit sich schließen

Frage: Ich empfand das lutherische Sündenbekenntnis immer als schockierend. Da gibt es keine Ohrenbeichte wie bei den Katholiken, sondern eine allgemeine, öffentliche Beichte, mit diesem Sündenbekenntnis: „Ich armer, elender, sündiger Mensch bekenne dir alle meine Sünden und Missetaten, die ich begangen mit Gedanken, Worten und Werken, womit ich dich jemals erzürnt und deine Strafe zeitlich und ewiglich verdient habe. Sie sind mir aber alle herzlich leid und reuen mich sehr und ich bitte dich, durch deine grundlose Barmherzigkeit und um des unschuldigen, bitteren Leidens deines lieben Sohnes Jesu Christi willen, du wollest mir armen sündhaften Menschen gnädig und barmherzig sein, mir alle meine Sünden vergeben und zu meiner Besserung deine Geisteskraft verleihen." Das mussten wir auswendig lernen.

Pyar: Dieses Gebet enthält ja ein paar sehr schöne Passagen, nur wenn das auswendig gelernt und heruntergeleiert wird, egal, ob es jetzt gerade stimmt oder nicht, dann ist es eine Lüge, und das ist giftig. Wenn dasselbe in deinem Herz geschieht und sich formt, weil es im Moment gerade so ist, dann ist es wunderschön.

Ich möchte etwas ausführlicher über diesen Schlüssel Vergebung und Reue sprechen. Ich habe den Eindruck, dass das ein ziemlich spezieller Schlüssel von Jesus ist. Auch Atisha spricht darüber, aber Jesus betont ihn immer wieder. Vergebung und Reue sind eine sehr delikate Angelegenheit, mit der natürlich auch Schindluder getrieben wurde, denn sie fordert den Missbrauch geradezu heraus. Man kann damit jemanden sehr leicht greifen und Macht über ihn ausüben. Dieser Missbrauch ist in allen Kirchen betrieben worden. Jeder von uns kennt Schuld – oder kennt das jemand nicht? Es gibt ja einige Lehrer, die das Thema wegzureden versuchen. Schuld macht nervös, nicht? Jeder von uns kennt Schuld, das scheint ein allgemein menschliches Phänomen zu sein, das vielleicht schon mit der Paradiesgeschichte begann. Deshalb kommen wir um sie erst einmal nicht herum. Natürlich gehört auch Schuld zu den Dingen, die man nicht gern hat. Also versucht man entweder, sich zu rechtfertigen, sich irgendwie herauszuwinden, oder man versucht, sie zu unterdrücken, oder man versucht gleich einen Sündenbock zu finden. Das ist eine sehr beliebte Methode. Andere dagegen suhlen und wühlen in ihrer Schuld. Das ist genauso giftig! Wenn wir etwas verbockt haben und schuldig sind, dann ist Schmerz die natürliche Reaktion unseres Herzens. Und diesem Schmerz versuchen wir wie auch immer Art auszuweichen. Hier wird es dann erst richtig giftig, hier fängt die Lüge an, und Außen ist dann nicht mehr wie Innen, sondern wir sind schon mindestens zwei. Vielmehr sollten wir diesen Schmerz einfach geschehen lassen und uns vielleicht auch Gedanken machen: Was ist da eigentlich passiert, und wie kann ich es nächstes Mal besser machen? Und wir sollten den Entschluss fassen, es zu ändern. Nicht die Vergangenheit, die können wir nicht ändern, aber für das nächste Mal. Jesus sagt dazu einfach: „Bereue“.

Atisha sagt, der erste Schritt ist, den Schmerz wahrzunehmen und Missfallen zu haben an dem, was da schlecht gelaufen ist. Das ist sehr direkt, sehr gerade, sehr konfrontierend einfach. Es macht dich nicht klein, sondern deine Geradheit bleibt. Du sagst: „Das fühlt sich schlecht an und tut weh. Es tut mir weh, es tut anderen weh, und eigentlich mag ich das nicht mehr.“ Das ist das Erste. Das Zweite ist das eigentliche Bereuen. Mag sein, dass Tränen kommen oder dir ein Gebet entsteigt, nicht ein vorformuliertes der evangelischen Kirche, sondern so, wie es aus dir kommt. Das Dritte ist die Wendung, ist der Entschluss zu sagen: „Das tut mir und anderen so weh, das ist nicht gut, und das mache ich in Zukunft nicht mehr.“ Und das Vierte ist die Zufluchtnahme. Sie ist wichtig. Manchmal, wenn wir schon das zehnte Mal hineingetappt sind, obwohl wir es nicht mehr wollten, erfahren wir eine gewisse Hilflosigkeit. Wenn du diese Hilflosigkeit annehmen kannst und gleichzeitig entschlossen bist, etwas zu ändern, dann öffnet sich die Möglichkeit zu beten: „Jesus (oder Maria oder Tara oder Atisha oder wer auch immer dir nah ist), steh mir bei. Ich will ja, aber ich kann es nicht allein.“ Dann geschieht eine tiefe Umwendung. Das macht dein Herz ganz weich, ganz weit und ganz neu, ganz frisch. Das nennt Jesus: „Kehrt um und bereut.“ Buckeln gehört überhaupt nicht dazu! Buckeln ist wahrscheinlich schon der Same für die nächste Sünde.

Dann kommt Vergebung dazu. Jesus sagte zu Menschen, nachdem er sie geheilt hatte, oft: „Deine Sünden sind dir vergeben! Geh hin und sündige fortan nicht mehr!“ Dieses „Sündige fortan nicht mehr“ ist dabei sehr wichtig und wird leicht übersehen. Es hat den Aufforderungscharakter, sich wirklich zu verändern, wirklich zu transformieren, wirklich Anhaftung hinter sich zu lassen, wirklich umzukehren.

Der Entschluss muss total sein

Frage: Aber dass ich nicht mehr sündige ist doch nicht real. Ich mach doch immer wieder Fehler!

Pyar: Das hatten wir gerade: Der Entschluss muss hundertprozentig sein, sonst ist er nicht total: „Schluss mit den Faxen! Ich mag nicht mehr!“ Dass du unter Umständen trotzdem wieder reintappst, steht auf einem anderen Blatt. Aber wenn schon dein Entschluss nur achtzigprozentig ist, hast du gar keine Chance. Wenn du dir zum Beispiel vornimmst: Ich geh jetzt jeden Samstag in die ‚Dynamische Meditation’ – und der Entschluss ist schon von vornherein wackelig, und dann kommen auch noch die Versuchungen des Alltags wie irgendeine tolle Fernsehsendung oder so etwas Ähnliches dazu, dann ist die Wahrscheinlichkeit sehr groß, dass du nur alle drei Wochen zur Meditation kommst. Wenn aber zumindest in dem Moment dein Entschluss total ist, steigen die Chancen gehörig.

F: *Aber ich kann ja wieder einen neuen Fehler machen, und dann muss ich mich ja neu entscheiden.*

P: Ja, sicher.

F: *Aber es ist doch nicht nötig, ein fehlerfreies Leben zu führen. Ich glaube nicht, dass Jesus jemals gesagt hat: Sündige ab sofort nicht mehr!*

P: Doch, glaube ich. Jesus ist nicht gekommen, dass Gesetz aufzulösen, sondern es zu erfüllen!

F: *Ich bin doch niemals ein Heiliger, der fehlerfrei ist!*

P: Wer sagt, dass man nicht ein Heiliger sein kann, ein echter Heiliger? Der Anfang ist immer wesentlich für das Gelingen. Wenn der Anfang schon ein halber ist, wackelig und ein ‚Vielleicht' oder ein ,Ja-Aber' oder ein ,Ja, ich probier es, aber ich kann's ja doch nicht', dann ist einfach wenig Energie und wenig Impuls drin. Wenn ich mir schon von vornherein die Ausrede einbaue, indem ich sage: „Ja, ich nehme mir das vor, aber ich weiß, dass ich das nicht schaffe" – dann klappt ganz bestimmt nichts.

Du kannst heilig sein!

Das ist eine ganz raffinierte Angelegenheit, durch die ihr eure Kraft beschneidet, auch wenn es euch am Anfang ganz angenehm erscheint. Wir haben da zum Beispiel eine Organisation, eine Priesterschaft, die Kirche. Die lebt nun mal davon, dass man sich schuldig fühlt. Was täten sie denn, wenn die Menschen tatsächlich nicht *wie* Gott wären, sondern Gott *sein* würden? Wenn sie nicht Christus nachahmen würden, sondern Christus *sein* würden? Die Priester wären arbeitslos. Das erklärt, warum es für die Erhaltung von Kirche und Organisationen dieser Art wesentlich ist, festzuschreiben, dass niemand ein wirklicher Heiliger, ein äußerer wie innerer Heiliger, ein echter Heiliger sein kann. Sie müssen euch sagen: „Ist schon recht, aber ihr werdet sowieso wieder hineintappen!" Damit wird die Kraft von vornherein abgeschnitten. Jesus aber sagt das nicht, sondern er traut seinen Freunden viel zu. Wenn sie dann trotzdem wieder hineintappen, was ja ständig passiert, dann fängt er wieder von vorne an. Aber jedes Mal ist es wieder eine hundertprozentige und keine wackelige Sache. Jesus ist der Überzeugung, dass der Mensch das Potenzial hat, ein Buddha zu sein, und der Meinung bin ich auch. Und genau deshalb ist die Totalität am Anfang so wichtig: Weil sie mir Wurzeln und Kraft gibt, überhaupt so etwas anscheinend fast schon Lästerliches zu sagen wie: „Ich habe die Faxen dicke, ich entschließe mich jetzt, dies oder das zu ändern, und zwar zu einhundert Prozent", und zugleich um meine Hilflosigkeit wissend. Deshalb auch die Zuflucht. Zu all diesen Dingen gehört eine gewisse Frechheit, ein gewisses Wagnis, ein gewisser Mut, und eben nicht dieses Kopfeinziehen und diese „Ich bin ein armes Sünderlein, und das werde ich sein bis in alle Ewigkeit"-Haltung. Ich nehme deutlich wahr, wie das an einigen Grundfesten der Konditionierungen rüttelt, und unter anderem wurden genau deshalb Jesus umgebracht und Sokrates und vermutlich auch Osho vergiftet. Jemand hat einmal zu Osho gesagt, er fände die Sache mit der Kreuzigung grausam. In Indien würde es ja wohl ein bisschen gesitteter zugehen – Buddha und Mahavira seien alt geworden. Osho hat geantwortet, er fände es gut, denn es zeige, dass die Juden auf alle Fälle Interesse an Jesus hatten und Anstoß an ihm genommen haben. Er fände es höchst traurig, wenn sich niemand mehr die Mühe machen würde, einen Jesus zu kreuzigen. In Indien mache man aus denen, die ein Anstoß für die Konvention und für die Gesellschaft und für das Bequeme sind, einen Avatar. Man betet ihn an, und damit hat man ihn ungefährlich gemacht. Ein getöteter Buddha dagegen ist gefährlicher als ein „verheiligter".

Wir essen Gott in der Möhre

Frage: Wenn ich mich in diesem stillen Raum des Retreats öffne, bekomme ich in der Küche Probleme, Möhren zu schneiden, denn sie leben ja noch, wenn ich sie zerschneide. Deshalb ist mein Garten auch voller Unkraut! Ich bin ja bis jetzt nicht verhungert, weil ich mich dem Gedanken wieder verschließe, aber so habe ich realisiert, dass ich, seit ich lebe, schon millionenfach Leben vernichtet habe. Gibt es einen Weg, damit umzugehen?

Pyar: Den gibt es schon. Jeder hat Leben vernichtet. Die Welt ist so gebaut und die Existenz ist so gebaut, dass wir uns gegenseitig essen. Du isst Möhren, und dich essen Würmer. Und bereits jetzt leben jede Menge Milben von deiner Haut, und Bakterien leben in und von dir, und sogar die Ribosomen, diese kleinen Dinger in den Zellen, mit denen wir eigentlich atmen, sind Reste von Bakterien, mit denen wir uns zusammengeschlossen haben. Eine eigenartige Geschichte. Wichtig finde ich: Wir essen Gott in der Möhre und trinken Gott im Wasser. Es ist Dankbarkeit, die es möglich macht, sich nicht zu verschließen und trotzdem leben zu können, sich nicht aus dem Ganzen auszuklinken, sondern zu wissen, dass die Möhre mir Leben ermöglicht, dass Gott sich mir als Nahrung gibt. Und irgendwann – in geringem Ausmaß bereits jetzt – ist dieser Körper Nahrung für andere. Es ist ein Austauschen. Ich glaube, wenn dies dem Schaf und dem Löwen bewusst ist, dann können sie in Frieden nebeneinander leben, obwohl der Löwe das Schaf reißt. Aber ich halte den Respekt gegenüber den Tieren und den Pflanzen, die wir essen, für sehr wichtig. Als ich noch einen Gemüsegarten hatte, habe ich immer erst mit den Rüben gesprochen, bevor ich sie aus der Erde geholt habe. Und ich habe festgestellt, wenn ich ihnen sage, was passiert und sie um Erlaubnis frage, lassen sie sich viel leichter aus der Erde ziehen. Sie geben die Erlaubnis. Du holst jetzt die Möhren nicht aus der Erde, denn sie liegen ja schon in der Küche und du sollst sie schneiden, aber du kannst sie immer noch um Erlaubnis fragen. Zu mir hat merkwürdigerweise ein Gemüse nie nein gesagt. Manchmal kam ein „Warte noch ein wenig." Dann habe ich die Pflanze stehen lassen. Aber ich habe nicht erlebt, dass sich eine Pflanze prinzipiell geweigert hätte, gegessen zu werden. Nur wir weigern uns immer.

Denken und Fühlen

Frage: *Es scheint eine Funktion des Verstandes zu sein, dass er bestimmte Punkte miteinander verknüpft oder nach Verknüpfungen sucht. Das hat ja auch manchmal Sinn, oft aber auch nicht. Wie bekomme ich heraus, wann es Sinn macht und wann nicht? Was ist deine Erfahrung, wie man unsinnige Verknüpfungen weglassen kann?*

Pyar: Das ist eine einfache Frage. Es braucht einfach nur die Bereitschaft, das zu erfahren, was jetzt zu erfahren ist. Das unsinnige Verknüpfen dient der Hoffnung, dem zu entkommen, dem ich nicht entkommen kann. Wenn ich diese Hoffnung aufgebe, muss ich diese Verknüpfung nicht erstellen, und ich spare mir viel Arbeit. Natürlich gibt es auch ganz offensichtliche Zusammenhänge zwischen einem Ereignis und einem anderen. Wenn ich mir zum Beispiel etwas auf den Fuß fallen lasse, dann wird er wahrscheinlich verletzt, da besteht ein direkter Zusammenhang mit dem Fallenlassen. Hier macht es durchaus Sinn zu sagen: Nächstes Mal bin ich aufmerksamer und lasse nicht alles aus der Hand fallen. Das ist ein Beispiel eines ganz offensichtlichen Zusammenhangs. Natürlich hängt letztlich alles mit allem zusammen, und so ganz durchschaut man es nicht und erkennt die Zusammenhänge oft erst hinterher. Häufig ist es doch so: Wir versuchen schon im Voraus die Zusammenhänge herauszubekommen, um Ereignisse zu vermeiden, von denen wir glauben, dass sie schrecklich sind. Aber vielleicht sind sie gar nicht so schrecklich, auch wenn sie sich so anfühlen, sondern sind in Wirklichkeit segensreich. Wir versuchen uns immer irgendwie herumzuschlängeln. Man kann schon versuchen, irgendwelche Zusammenhänge herauszubekommen. Wenn man aber feststellt, dass es nichts ändert, dann sollte man damit wieder aufhören. Ich finde es gut, erst zu fühlen, erst zu begegnen, erst offen zu sein, und dann aus der Offenheit heraus zu sehen, ob sich irgendwelche Zusammenhänge auftun. Aber erst fühlen!

Auch hier geht es darum, Entfremdung zu überwinden und Freundschaft zu schließen, Freundschaft mit der Existenz und mit dem Erfahren des Moments. Es geht darum, Ablehnung und Hass zu überwinden. Die Verknüpfungen des kleinen Geistes in diesem Zusammenhang dienen oft dazu, Mauern zu errichten, scheinbar zu schützen und sich in dem Versuch, das Erfahren von Schmerz zu vermeiden, abzugrenzen.

Wann ist Transformation vollendet?

Frage: Woher weiß ich, dass so etwas wie Wut oder Ärger wirklich und endgültig transformiert ist?

Pyar: Manche Menschen haben immer das Gefühl, irgendwo müsste doch noch mehr Ärger sein, auch wenn vielleicht längst keiner mehr da ist. Es gibt da keine Sicherheit. Buddha kam einmal in ein Dorf, in dem er nicht sonderlich gut aufgenommen, sondern beschimpft wurde. Einer gab ihm eine Ohrfeige, worauf sich Buddha bei ihm bedankte. Der Mann war völlig erstaunt und fragte: „Warum bedankst du dich bei mir?" Buddha antwortete: „Ich danke dir, weil dies für mich Gelegenheit war, nachzuprüfen, ob Ärger, Zorn oder Hass kommen." Es ist gut, immer wieder eine Gelegenheit zu haben, nachzuprüfen. Bei Buddha kam nichts davon hoch. Und wenn ihm das fünf Jahre später wieder passiert wäre, hätte er sich sicherlich wieder für die Gelegenheit bedankt. Bis zu seinem Lebensende.

Wir müssen da genau sein. Es gibt in diesem Zusammenhang zwei Aspekte. Erstens: Was verbrannt ist, ist verbrannt. Aus Asche kannst du kein Holz mehr machen, oder, wie die Inder sagen: Aus Milch kannst du Joghurt machen, aber aus Joghurt keine Milch. Das heißt, es gibt Transformations-Prozesse. Irgendwann ist etwas transformiert, und das ist nicht reversibel. Solche Punkte gibt es auf dem weglosen Weg. Der zweite Aspekt ist, dass es immer gut ist, das nachzuprüfen. Also ich würde beim Joghurt immer wieder nachprüfen, ob man wirklich keine Milch daraus machen kann. Es gibt etwas Endgültiges, es gibt ein Ende des Leidens, aber es gibt nichts Endgültiges im Sinne von Sicherheit oder im Sinn von Ziel oder im Sinn von Erreichen oder gar Vereinnahmen oder Ausruhen. Es hat zwei Seiten, und beide Seiten sind wichtig, denn es gibt immer wieder Menschen, die vor lauter Angst leugnen, dass es eine Endgültigkeit geben kann. Und das ist ebenso fatal, weil es eine Ausrede ist zu denken: „Es nimmt sowieso kein Ende, ich bin eben ärgerlich, und das werde ich immer sein." Das ist genauso falsch wie felsenfest davon überzeugt zu sein, dass Ärger zum Beispiel nicht mehr auftauchen kann.

Falscher Trost verhindert wahre Freundschaft mit sich selbst

Immer wieder steigen bei Menschen viele Emotionen hoch. Bei dem einen Zorn, bei dem anderen Traurigkeit, bei dem dritten Angst oder Schuld, und dann setzt manchmal reflexartig der Impuls ein, sich gegenseitig zu trösten. Trost ist etwas sehr Schönes, aber es gibt eben auch diesen falschen Trost, der dem anderen die Kraft und die Chance nimmt, wirklich durch etwas hindurchzugehen. Und dieser falsche Trost entsteht aus der eigenen Furcht: Man erträgt es nicht, dass jemand weint oder tobt, oder dass jemand gerade entdeckt, wie ihm die Krallen wachsen. Sofort versucht man, mit Beschwichtigung und Besänftigung alles wieder in Ordnung zu bringen, und das ist überhaupt nicht förderlich. Mit der Zeit sollte man ein Gespür dafür entwickeln, wann zu umarmen oder zu trösten wirklich notwendig, hilfreich und unterstützend ist, und wann es eine Behinderung ist. Zum Beispiel passiert es, dass manche Menschen gern in den Mutterbauch zurückkriechen würden, wenn die Emotionen stark werden; und dann gibt es andere Menschen mit einem großen Mutterbauch – männliche und weibliche –, die sozusagen andere Menschen in diesen Bauch hineinsaugen. Das ist nicht förderlich, denn es geht ja um Erwachsenwerden, um „Auf die Füße kommen". Aber wie gesagt: Manchmal ist es auch wichtig – mit einer Hand, einem Arm oder einer Umarmung Trost zu geben. Nur lasst es nicht zu einem Reflex werden, sondern spürt zuerst hin. Da kommt irgendetwas rüber, Ihr seht jemanden in Aufruhr, in Erregung oder Verzweiflung, etwas regt sich in euch – spürt erst einmal selbst und weicht diesem Fühlen nicht aus, indem ihr möglichst schnell Öl aufs Wasser gießt.

Löwe und Lamm in uns in Frieden kommen lassen

Bei Jesaja steht Folgendes: „Und es wird ein Reis hervorgehen aus dem Stamm Isajas, und ein Zweig aus seiner Wurzel Frucht bringen. Auf ihm wird ruhen der Geist des Herrn, der Geist der Weisheit und des Verstandes. Der Geist des Rates und der Stärke, der Erkenntnis und der Furcht des Herrn. Gerechtigkeit wird der Gurt seiner Lenden sein, und die Treue der Gurt seiner Hüften." (Jes 11,1-2 und 5). Dieser Satz könnte glatt von Milarepa stammen!

„Da werden die Wölfe bei den Lämmern wohnen, und die Panther bei den Böcken lagern. Ein kleiner Knabe wird Kälber und junge Löwen und Mastvieh miteinander treiben. Kühe und Bären werden zusammen weiden, dass ihre Jungen beieinander liegen, und Löwen werden Stroh fressen wie die Rinder. Und ein Säugling wird spielen am Loch der Otter, und ein entwöhntes Kind wird seine Hand stecken in die Höhle der Natter. Man wird nirgends Sünde tun, noch Frevel auf meinem heiligen Berge, denn das Land wird voll Erkenntnis des Herrn sein, wie Wasser das Meer bedeckt. Und es wird geschehen zu der Zeit, dass das Reis aus der Wurzel Isajas dasteht als Zeichen für die Völker. Nach ihm werden die Heiden fragen, und die Stätte, da er wohnt, wird herrlich sein." (Jes 11,6-10).

Erst einmal geht es um den Löwen und das Lamm in euch, die miteinander in Frieden kommen müssen. Und manchmal liebt man die Lämmer so sehr, dass man die Löwen unterdrückt und ihnen voreilig Stroh zum Fressen gibt, bevor sie soweit sind, dass sie von Stroh leben können. Dadurch fallen zwar den inneren Löwen die Zähne aus, wachsen ihnen aber umso größer nach. Das ist sehr wichtig.

Das Ende der Feindschaft mit sich

Was ist Sünde überhaupt? Viele Menschen fühlen sich schuldig, andere dagegen erklären: „Sünde und Schuld gibt es sowieso nicht". Aber keiner fragt: „Was ist das überhaupt?" Für mich ist das eine wesentliche Frage, denn wir müssen doch wissen, womit wir hier umgehen. Das ist ganz typisch für all diese Dinge: Es dient der Verschleierung. Sünde bedeutet, sich vom Ganzen abzuschneiden. Die Sünde ist immer ein Abschneiden, ein Abtrennen. Die Sünde ist, wenn ich mich von der Wahrheit abschneide, die Sünde ist, wenn ich aus der Liebe falle, die Sünde ist die Unbewusstheit. Was daraus dann an Taten entstehen mag, sind nur Folgen davon. Aber das Abschneiden ist die Sünde. Jesus nennt es Abfallen, und dieses Abfallen schmerzt. Wenn so etwas passiert, ist es notwendig, diesem Schmerz direkt zu begegnen. Nicht nur oberflächlich. Wir müssen immer zur Wurzel gehen, wie das Jesus und Osho und Atisha sagen: „Erinnere dich, kehre um, bereue, und bleibe bewusst. Jetzt bleibe da!" Menschen wie Jesus sagen: „Jetzt gehe und sündige fortan nicht mehr!" Das sagen sie jedes Mal, und sie sagen es jedes Mal hundertprozentig, und jedes Mal mit dem Vertrauen in unsere Entschlossenheit. Dieses Vertrauen setze ich auch in euch, was nicht heißt, dass ich naiv wäre, sondern dass ich euch immer wieder vertraue, denn mein Vertrauen und Jesu Vertrauen und Oshos Vertrauen gründen sehr tief, jenseits der Anfänge von allem. Dieses Vertrauen, das ein Jesus hat und das die Existenz sowieso in alle ihre Kinder hat, ermöglicht Vergebung. Vergebung ist sowieso da in dem Moment, wo der Wunsch danach da ist. Die Vergebung muss da sein, weil Gott in jedem Atom ist, in jedem Atom von euch, weil Gott in jeder Regung eures Herzens ist, in jedem Lied, in jedem Lachen, in jeder Träne. Gott hat sich nie von euch getrennt. Deshalb ist dieses Vertrauen da, und deshalb ist Vergebung da, Verzeihen da, und deshalb kann ein Jesus sagen: „Deine Sünden sind dir vergeben!" Und es ist dann auch so. Das ist wesentlich: Es ist dann auch so! Das ist auch ganz wesentlich für den Entschluss zur Änderung, denn die alten Gewohnheiten versuchen euch immer wieder in die Vergangenheit zu ziehen. Sei die Vergangenheit jetzt fünf oder zehn Jahre her, oder nur fünf Minuten. Wenn diese Alchemie, diese tiefe echte Transformation, die Jesus da als Schlüssel anbietet, geschehen ist, jetzt in diesem Moment, dann ist sie geschehen und nicht rückgängig zu machen. Wenn ihr dann weiterhin noch sagt: „Ach, ich bin ja so schuldig", dann ist das ohne Respekt gegenüber dem Vergeben des Göttlichen, ist respektlos gegenüber euch selbst, ist respektlos gegenüber der unendlichen Großzügigkeit der Existenz und des Göttlichen. Wenn Schluss ist, ist Schluss, alles Weitere wäre dann zu viel. Es gibt noch einen weiteren Grund, warum ein Mensch wie Jesus fähig ist zu verzeihen: Weil er in sich ganz ist, weil er keine Teile in sich abgeschnitten hat: Er lebt, er ist ein lebendiger Sohn Gottes, er ist ganz, und aus dieser Ganzheit heraus ist er in tiefer, tiefer Liebe. Und weil er alles in sich hineingenommen hat und selbst durch diesen Transformationsprozess gegangen ist, ist er in der Lage zu vergeben. Das ist das Ende des Krieges zwischen euch und euch, ist das Ende der Feindschaft zwischen euch und eurem Leben, zwischen euch und eurem Herz, zwischen euch und eurer Natur. Dann könnt ihr wirklich nackt sein.

Auf diese Art wird der Umgang mit allem, was wir Schuld und Sünde nennen, sehr leicht. Diese Schwere gibt es in Wirklichkeit gar nicht. Es gibt Schmerz, ja, aber es hat nicht diese Schwere. Vielleicht sagt Jesus deshalb: „Kommt her zu mir, alle, die ihr mühselig und beladen seid; nehmt auf euch mein Joch und lernt von mir; denn ich bin sanftmütig und von Herzen demütig; so werdet ihr Ruhe finden für eure Seelen. Denn mein Joch ist sanft und meine Last ist leicht!" (Mt 11,28-30). Er leugnet nicht die Tatsache von Sünde – das wäre nämlich ein auf der einen Seite Herunterfallen – und zugleich sagt er auch nicht: „Das ist unausweichlich, ihr seid arme Sünder und auf ewig verdammt", sondern er zeigt präzise den Weg auf des Messers Schneide, zeigt ganz genau, wie man der Löwe wird, der man ist, und er zeigt, wie die Umwandlung funktionieren kann.

9. Schlüssel: **Integrität**

Eine Stelle aus dem Thomas-Evangelium: „Jesus sah, wie kleine Kinder gestillt wurden, und sprach zu seinen Schülern: ‚Diese kleinen Kinder, die gestillt werden, gleichen denen, die in das Reich eintreten.' Sie sprachen zu ihm: ‚Werden wir als kleine Kinder in das Reich eintreten?' Jesus sprach zu ihnen: ‚Wenn ihr zwei zu eins macht, und wenn ihr das Innere wie das Äußere, und das Äußere wie das Innere und das Göttliche wie das Irdische macht, und ihr das Männliche und das Weibliche zu einer Einheit macht, so dass das Männliche nicht mehr männlich, und das Weibliche nicht mehr weiblich ist, wenn ihr ein Auge formt statt Augen, und eine Hand statt Händen, und einen Fuß statt Füßen, und ein Abbild statt Abbildern, dann werdet ihr eintreten.'" (Thomas, Spruch 22).

Dann erst können Löwe und Lamm miteinander Stroh fressen. Hier geht es um Totalität, so wie es vorher um Nacktheit ging.

Der Weg Jesu ist ein Weg der Liebe. Sein Weg ist ein Weg der Einfachheit und der Liebe, gepaart mit einer unglaublichen Intensität und Radikalität. Für jeden Weg ist Totalität nötig, und für jeden Weg ist es notwendig, dass wir mit beiden Füßen auf dem Boden stehen – wie wollen wir sonst gehen?

Jesus gibt uns sehr viele Schlüssel, die in einem inneren Zusammenhang stehen, aber wenn man in der Bibel liest, scheinen sie zunächst einmal ziemlich verstreut worden zu sein. Wenn ich mit euch über Jesus, Atisha, Buddha, über Osho oder Rumi spreche, dann sind das keine theologischen, philosophischen oder buddhistischen Diskurse im herkömmlichen Sinne, sondern ich spreche immer aus meinem Erfahren. Wenn ich euch von Jesus erzähle, dann kann es gut passieren, dass ich an manchen Punkten etwas völlig anderes sage als das, was euch andere erzählt haben, weil ich euch das erzähle, was ich in meinem Herzen höre. Mir ist ganz egal, was Theologen sagen.

Wir sprachen zum Beispiel über das Hören, einen ganz grundlegenden Schlüssel. Wenn ich nicht hören kann, reden sich alle Meister den Mund fransig. Wenn Hören nicht möglich ist, hilft nichts. Das Hören ist ein ganz grundlegender Schlüssel. Weiter hatten wir bisher: Treue, Glaube, Vertrauen, die Bereitschaft zu sterben, dann der große Schlüssel der Aufgabe der Feindschaft zwischen mir und mir, mir und der Existenz, der Natur, den Ressourcen. „Sorge dich nicht, was du essen oder anziehen sollst."

Jesus ist ein Wundertäter, ein Heiler, und er ist ein Buddha. Er vollbringt Wunder, weil er auf einer ganz tiefen Ebene verwandelt. Er verwandelt selbst und er zeigt seinen Schülern, wie es geht. Das heißt, seine Schüler sind im besten Sinne Zauberlehrlinge. Er spricht von einer ganz tiefen Transformation, und er lebt sie. Jesus lebt dies alles auf eine ganz einfache Art vor. Er lebt einfach, er lebt total, er lebt freudig, liebevoll und radikal, und er schert sich nicht um das, was andere denken. Und wenn es nötig ist, legt er sich mit den Pharisäern und dem ganzen System an, ohne jemals die Liebe dabei zu verlieren. Er riskiert von Anfang an alles. Und er spricht dann gelegentlich ein paar Gleichnisse, Bilder, ein paar Sätze, ein paar Hinweise. Meist stehen seine Schüler verständnislos da und sagen: „Was hast du gemeint?"

Der eine oder andere versteht es, der eine oder andere übt es, der eine oder andere wendet es an, und manche verstehen überhaupt nicht, was geschieht – bis zum Schluss nicht, bis heute nicht ... Aber das sind wirklich magische, alchemistische, herausfordernde Schlüssel. All diesen Schlüsseln gemeinsam sind die Totalität und die Radikalität. Was auch immer es betrifft, Jesus geht immer einen Schritt weiter, geht immer mindestens einen Schritt über die Konvention hinaus. Und diese Totalität ist so wichtig, egal ob ihr den einen Weg oder den anderen Weg geht. Die Totalität, in der ihr handelt, die Totalität, in der ihr seid, ist grundlegend.

Deshalb erschüttert und berührt es mich, wenn ich manchmal von euch erfahre, wie schwierig es anscheinend für euch ist, ein bisschen zu fauchen anstatt nur brav zu miauen. Und ich weiß doch, dass Fauchen da ist. Ich würde nichts sagen, wenn tatsächlich kein Fauchen vorhanden wäre, aber wenn ich spüre, dass da in euch Zorn oder Ärger ist, und so etwas Harmloses wie Fauchen nicht möglich ist, dann berührt mich das sehr. Wenn wir Totalität nicht einmal auf dieser Ebene lernen, kommen wir nicht weiter. Deshalb sagt Jesus: „Ihr müsst das Äußere wie das Innere machen, und das Innere wie das Äußere, sonst könnt ihr nicht ins Reich eintreten." Wir müssen durch und durch ganz sein, nicht gespalten, sondern fokussiert, kristallisiert, ganz, integer. Integer im „Ja" und integer im „Nein". Jesus sagt: „Du sollst nicht schwören, sondern dein Ja sei ein Ja, und dein Nein sei ein Nein." Das ist Integrität. Das bedeutet auch, nicht zu lächeln, wenn mir nach fauchen zumute ist. Denn dieses Lächeln ist kein Lächeln, sondern eine glatte Lüge und eine Ohrfeige. Fauchen ist weniger verletzend als ein falsches Lächeln. Wir müssen uns so zeigen, wie wir sind: Als Menschen mit Haut und Haaren, mit Macken und auch mit Furcht. Wenn Totalität an solch einfachen Stellen, wo es einfach darum geht, Freude oder Zorn zu zeigen, nicht da ist, wie wollen wir dann in der Liebe total sein?

Totalität und Integrität erfordern es also, ganz und heil in sich zu sein und sein Leben das zeigen zu lassen, was an Einsicht und innerem Erfahren und Gebet in uns vorhanden ist, damit das Innen tatsächlich wie das Außen werden kann und umgekehrt. Hier geht es also um eine große Integration innerhalb unserer selbst, aber auch um die Integration von Leben, Arbeit und Gebet, um die Integration von Innen und Außen, von ich und wir und Gott. Integrität und Integration bedeuten also nicht, wie manchmal fälschlich angenommen wird, immer nur nach meinem Willen und meinem Begehr zu handeln, oder immer mich und meinen Willen durchzusetzen, sondern müssen immer die Ganzheit und das Göttliche mit einschließen. Integrität muss Mitgefühl und Großzügigkeit, ja Grenzenlosigkeit beinhalten.

Manche Menschen versuchen, Totalität in den – jetzt östlich formuliert – unteren Chakren auszulassen und gleich zum Herz, zur Hingabe oder zum Erkennen zu gelangen. Dies wird keinen festen Boden haben, wie ein auf Sand gebautes Haus. Insbesondere für einen Weg der Liebe ist das fundamental und absolut notwendig, denn die Liebe braucht Kraft und Leben und Tanzen und Freude.

Die Entfremdung gegenüber anderen überwinden

10. Schlüssel: **Freundschaft mit den Menschen schließen – Liebe und Verzeihen**

Es ist wichtig, untereinander Freundschaft zu schließen und die Feindschaft unter uns Menschen zu beenden, Frieden zu schließen. Ich sage, als Erstes kommt das Verzeihen, und dazu ist es notwendig, dass ich erst mal mir selbst verziehen habe, dass ich diese Vergebung erfahren habe, diese Gnade und die Schönheit der Umkehr und der Fülle. Dazu gehört, dass ich anfange, die Erde zu preisen und nie mehr damit aufhöre. Je totaler und je ganzer ich in mir bin, desto größer ist meine Kapazität zu verzeihen. Und Jesus sagt ja andauernd: „Seht mich an, probiert es aus und folgt mir nach!" Einst fragte Petrus: „Wie oft muss ich meinem Bruder, der an mir sündigt, vergeben? Genügt es siebenmal?" Das – finde ich – ist eine typische Petrusfrage. Und Jesus antwortet: „Ich sage dir: Nicht siebenmal, sondern siebzigmal siebenmal!" (Mt 18,21-22). Jesus meint damit unendlich oft, denn siebzig mal sieben war ungefähr das Ende von Petrus' mathematischer Kapazität. Er war ein einfacher Mensch.

Wir kommen jetzt bei allen Themen an den Punkt der Transzendenz, hier geht es ins Endlose. Und da ist auch des Verzeihens kein Ende, sich und wem auch immer und was auch immer.

Verzeihen heißt nicht, dass ich nicht in der Lage wäre zu sehen und zu sagen: „Das war nicht schön" oder „Das hat mir weh getan" oder „Das ist nicht okay", aber dann kann ich verzeihen, und das neutralisiert das ganze Gift. Und wenn ich verziehen habe, habe ich verziehen. Manchmal gibt es ja auch so ein unechtes Verzeihen, das dann auftritt, wenn jemand in sich selbst nicht ganz ist, wenn zu viel Unbewusstheit und Nichtannehmen in ihm ist – also Sünde. Dann passiert es, dass man jemandem sagt, man würde verzeihen, in Wirklichkeit aber innen voller Groll bleibt. Dann ist es besser, so etwas nicht zu sagen, denn das Innen und das Außen müssen immer eins sein. Es muss echt sein, muss aus der Tiefe kommen, und wenn das nicht geht, dann muss ich zuerst innehalten, fühlen, selbst Vergebung erfahren. Ich muss in dem Entschluss sein und genau hören, um die Übereinstimmung zwischen Innen und Außen zu finden. Genaues Hören hilft mir zu erkennen, dass das, was mein Herz fühlt, und das, was ich rede, übereinstimmt. Es hilft mir zu hören, was mein Herz sagt, wirklich mein Herz, nicht irgendwelche Stimmen. Es ist eine Frage des inneren Hörens, damit Vergebung echt ist und nichts übrig bleibt.

Diese Art des wahren Vergebens braucht Stärke, braucht Kraft, braucht ein Löwenherz!

Liebe und Vergebung bringen die Säulen der Macht ins Wanken

Schon im Vorfeld dieses Buches war mir bewusst, dass ich mich mit dem Thema „Jesus" auf etwas eingelassen habe. Ich bewege mich hier von Fettnapf zu Fettnapf zu Wespennest zu Nesseln. Das ist mit diesem Freund Jesus unvermeidlich, und für mich ist das völlig okay. Das sind die Wespennester und Fettnäpfe des kleinen und furchtsamen Geistes, und die Nesseln und Wespennester der Gesellschaft und der Mächtigen. Und mich sticht immer wieder der Hafer, und ich rüttle hier und rüttle da und freue mich, wenn es bröselt.

Eine Geschichte: Zwei befreundete Sufimeister sind über die Lande unterwegs. Abends sitzen sie beieinander und erzählen sich von ihrem Weg. Fragt der eine: Wer war denn dein Meister? Und der antwortet: Einen Meister in diesem Sinn hatte ich nicht, aber ich hatte das Leben als Meister. Alles was mir begegnet ist, habe ich als Meister genommen. Und unter all dem, was mir so begegnet ist und was mein Meister war, stechen drei besonders hervor. Der erste war ein Hund, den ich an einem heißen Tag sah. Der Hund hatte Durst und lief zu einer Wasserstelle, aber dort erstarrte er vor Schreck. Er guckte noch einmal in das Wasserloch, erschrak wieder und lief winselnd ein Stück weg. Er kehrte wieder zum Wasserloch zurück und erschrak wieder vor der Spiegelung. Beim dritten Mal nahm er seinen ganzen Mut zusammen und knurrte diesen schrecklichen Hund in dem Wasserloch an. Er fletschte die Zähne und bedrohte ihn, aber dieser schreckliche Hund im Wasser fletschte natürlich zurück. Daraufhin läuft er wieder weg, kommt aber wieder zurück, weil er so durstig ist. Schließlich denkt er sich: „Ich habe solchen Durst, egal wie viele wilde Hunde da in diesem Wasserloch sein mögen und mich anfallen, ich muss jetzt trinken!“, und er steckt seine Schnauze in das Wasser. In diesem Moment gibt es Wellen auf dem Wasser, die Spiegelung bricht, und der schreckliche gespiegelte Hund ist weg. Er kann trinken.

Das war mein erster Meister, und mein zweiter war ein Korbflechter. Ich war unterwegs und fand Obdach bei einem Mann, der an einem Fluss wohnte, an dessen Ufer Schilf und Weiden wuchsen. Aus den Weiden und dem Schilf hat er Körbe mit wunderschönen Mustern geflochten. Er konnte die Körbe so dicht flechten, dass sie wasserdicht waren. Den ganzen Tag über hat er geflochten, und am Morgen des nächsten Tages ging er auf den Markt, um die Körbe zu verkaufen. Während er auf dem Markt war, saß ich am Fluss und habe gewartet, bis er zurückkam. Manchmal hatte er ein oder zwei Körbe verkauft, meistens kam er aber zurück und hatte nichts verkauft, weil die Menschen an seinen Körben nicht sehr interessiert waren. So haben wir mehrere Wochen zusammengelebt, und ich habe ihn dann gefragt: „Mich wundert, dass du nicht frustriert bist. Meistens kommst du nach Hause und hast nichts verkauft und kein bisschen Geld verdient, und trotzdem flechtest du den ganzen Tag diese Körbe, die anscheinend niemand haben will." Da antwortete der Korbflechter: „Nein, ich bin überhaupt nicht frustriert. Wenn ich heimkomme und nichts verkauft habe, dann denke ich mir: ‚Gut, heute nicht, aber vielleicht morgen' und das denke ich jedes Mal. Und manchmal verkaufe ich ja etwas."

Und mein dritter Meister war ein kleiner Junge. Ich war bei reichen Leuten eingeladen und es gab ein großes Festmahl, Tanz und Wein. Es war ein schönes großes Haus mit Pool und allem, was man sich an Reichtum und Luxus nur vorstellen kann. Am nächsten Morgen wollte die Familie einkaufen gehen, und sie haben mich mitgenommen. Wir gehen so über den Basar und betrachten den Schmuck und die Kunstwerke und die Ballen von Seide und Brokat. Der kleine Junge war auch dabei, und ich beobachtete, wie er immer wieder Kleinigkeiten einsteckte und mitnahm. Hier einen Ring, da eine Süßigkeit und so weiter. Ich war sehr erstaunt, und irgendwann nahm ich den Jungen bei Seite, um ihn nicht vor seinen Eltern zu blamieren: „Warum machst du das? Ihr seid doch so reich, du hast doch alles, warum lässt du hier die Sachen mitgehen?" Da sagte der kleine Junge: „Ja wenn du das wirklich weißt, dann musst du auch nichts mehr suchen!"

Noch eine Geschichte, die an diese direkt anschließt: Ein alter, ehrwürdiger Mönch wurde eines Nachts im Traum vom auferstandenen Christus besucht. Dieser lud ihn auf einen Spaziergang im Garten ein. Der Mönch willigte begeistert, aber auch ein wenig neugierig ein. Nachdem die beiden eine Weile durch den Garten gegangen waren, erlaubte sich der alte, ehrwürdiger Mönch die Frage: „Herr, als ihr über die Straßen Palästinas zogt, sagtet ihr einmal, ihr würdet eines Tages mit all eurer Pracht und Herrlichkeit wiederkommen, aber ihr lasst wahrlich auf euch warten. Wann endlich werdet ihr denn richtig wiederkommen, Herr?“ Christus schwieg etliche Minuten, die eine ganze Ewigkeit zu sein schienen, bevor er schließlich antwortete: „Mein Bruder, wenn meine Gegenwart im All und in der Natur so unübersehbar ist, wenn meine Gegenwart bei dir unter der Haut und im Herzen so real ist wie ich hier und jetzt bin, wenn dir das alles in deinem Bewusstsein so in Fleisch und Blut übergegangen ist, dass du überhaupt nicht mehr daran denkst, und wenn du von dieser Wahrheit so durchdrungen bist, dass du gar nicht mehr neugierig bist und du auch nicht mehr mit solchen Fragen kommst, wie du sie soeben gestellt hast, dann mein lieber Bruder, werde ich in all meiner Pracht und mit all meiner Herrlichkeit bereits wiedergekommen sein.“

Zu allen Zeiten – zumindest bis jetzt – hat die Gesellschaft, sei sie nun bestimmt durch Politik, durch Kirche oder durch Kommerz und Handel, die Menschen davon überzeugt, dass sie Schafe und keine Löwen sind. Das war auch zu Jesu Zeiten so. Zu dieser Zeit gab es in Palästina mehrere mächtige Gruppen: Zum einen die Leute um König Herodes, wobei Herodes ein Vasall der Römer war, der nur König war, weil er sich mit ihnen gutstellte. Dann gab es die Römer selbst, und zum anderen noch einige aufrührerische, rebellische Gruppen. Es war eine wilde und schwierige Zeit mit viel Krieg, vielen Machtspielen, vielen Kämpfen. Dazu kam dann noch die Macht der Tradition, die Macht des Gesetzes. Gesetze haben die Eigenschaft – und das ist heute auch so – von Jahr zu Jahr komplizierter zu werden. Bei Moses waren es noch zehn Gesetze, zur Zeit Jesu waren sie wahrscheinlich schon auf 2.000 gewachsen. Aus einem Gesetz entstehen immer wieder neue, denn jedes Gesetz hat Lücken, die wieder geschlossen werden müssen. Das ist ein beliebtes Spiel des kleinen Geistes: Die eine Hälfte sucht die Lücken, und die andere Hälfte schließt sie. Davon leben Steuerberater, Bundestagsabgeordnete und Anwälte, und in diesem Gewirr verheddern sich die Schafe ständig. Das war zu Jesu Zeiten so, das war so im Mittelalter, das war so zur Zeit der Aufklärung, das ist so im Kommunismus, im Kapitalismus, in allen Gesellschaftsformen, so dass wir in diesem Dschungel aus Regeln und Ordnungen völlig vergessen, worum es eigentlich geht. Da steckt System dahinter, nicht unbedingt ein bewusstes System der Politiker, Kirchenleute oder Pharisäer, denn sie selbst sind ja auch in diesem Durcheinander verstrickt und verfangen. Es ist ein zum Teil bewusstes, zum Teil unbewusstes System, welches aber ermöglicht, dass Macht sehr leicht auszuüben ist und man aus den Leuten viel Geld herausholen kann. Dazu wird die Idee des menschlichen Geistes genährt, dass ich es sowieso nie richtig machen kann, dass da ein ewiger Kreislauf von Gesetzesübertretung, von sich schuldig fühlen, von Bestrafung, dann wieder Gesetzesübertretung, dann wieder Strafe zahlen usw. besteht, und dass überhaupt keine Chance besteht, von einem Sünder zu einem Heiligen zu werden. Das ist das System, und dieses System ist tief in euch verwurzelt. Und es ist ein Wespennest. Da tritt so ein Verrückter der Liebe auf und sagt: „Wartet mal, ich kann euch beweisen, kann es an Hand meiner selbst beweisen, dass man nicht in dieser Verstrickung bleiben muss. Schaut mich an, ich bin ein Löwe, und ihr seid meine Schwestern und Brüder, also müsst ihr eigentlich auch Löwen sein. Und unser Vater war auch ein Löwe und ist immer noch ein Löwe!“ Solche Rede verursacht Aufruhr, und das ist gefährlich. Deshalb war einer der schwerwiegendsten Vorwürfe gegen Jesus, der dann letztlich zu seiner Verurteilung führte, er würde Sünden vergeben. Das führten die Pharisäer immer wieder an, und sie machten deutlich: „Das kannst du nicht, das darfst du nicht!“ Zu vergeben ist eine besonders große Verfehlung, weil damit die Säulen der Macht ins Wanken kommen. Und wenn man dazu noch wagt, die Menschen aufzufordern: „Und jetzt gehe hin und sündige fortan nicht mehr“, was mit anderen Worten heißt: „Hey, probier' es zumindest, du bist schließlich ein Löwe!“, dann werden die Pharisäer rasend, und auch die Pharisäer in euch werden da rasend.

Liebe besiegt Hass

Frage: Obwohl ich nicht fernsehe und keine Zeitung lese, passiert es trotzdem, dass ich Sachen sehe, die ich nicht sehen will: Die Schlagzeile „Kindesmissbrauch“ oder Berichte des Tierschutzvereins – da kommt eine Wahnsinnswut, und ich wäre am liebsten ein Racheengel und würde alle bestrafen, die dafür verantwortlich sind. Dann kommt Resignation auf, und ich sitze zu Hause und heule. Da kommt so viel Verbitterung hoch, und das macht mir Sorge. Jetzt fühle ich Resignation und gegenüber den Menschen Verachtung, und das bedrückt mich. Neulich in Berlin sah ich in einem Lokal Politiker sitzen, und ich empfand so eine Wand aus Arroganz und Dummheit. Ich habe solch eine Wut auf diese Leute, ich könnte sie schlagen und ... das führt alles zu nichts. Ich fühle mich damit so schwach und kann dann wirklich nur heulen. Hier im Retreat ist es wie in einem Garten, wo ich mal ein bisschen sein kann, aber was draußen so läuft, ist oft ziemlich Scheiße.

Pyar: Ich kann deinen Zorn verstehen, und deine Traurigkeit erst recht. Auch Jesus versteht das. Wie du weißt, trieb er die Händler aus dem Tempel. Nur ist der Zorn eben auch keine Medizin, sondern er nimmt dir nur die Energie und ändert nichts. Buddha hat das wunderschön formuliert: „In dieser Welt wurde Hass noch nie durch Hass vertrieben, nur die Liebe vertreibt den Hass. Dies ist das Gesetz, uralt und unerschöpflich.“[3] Das ist der Knackpunkt. Okay, diese Politiker schauen weg, sie schauen sehr oft weg. Sie schauen von sich selbst weg, schauen von der Fülle weg, schauen von vielem weg, weil sie nicht anders können. Sie wissen nicht, was sie tun. Aber du, genau jetzt, kannst anders. Ich kann ja deine Wut wirklich verstehen, aber wenn es dir wirklich ein Anliegen ist und es deine Motivation ist, dass mehr Friedlichkeit auf der Welt

3 Zitiert aus: Osho, Der Weg des Buddha, Osho Verlag Köln, 1995.

ist und keine Kinder missbraucht werden und Frieden kommt unter die Menschen, dann musst du anfangen, über deinen Hass und über deine Wut hinauszugehen – in allem Respekt vor der Wut, die absolut verständlich ist. Aber du kannst darüber hinausgehen und kannst das entdecken, was mächtiger ist, stärker ist, weiter ist: die Liebe, das Mitgefühl. Das heißt nicht, dass diese Liebe oder dieses Mitgefühl eine Art „Ad-Hoc- Effekt" hätten. Es ist ziemlich unwahrscheinlich, dass die Politiker, neben denen du sitzt, dann verwandelt sind, wenn sie das Restaurant verlassen. Aber die Atmosphäre ändert sich, und vor allem für dich ändert sich etwas. Du entwickelst den Mut zu lieben und entdeckst die Stärke, die Zorn und Ärger nicht braucht, die Traurigkeit und Schmerz kennt, aber keine Verzweiflung. Und in dem Ausmaß, wie du darin wächst und für dich entdeckst, wie du die Welt wieder preisen kannst ob ihrer Schönheit, bringst du Segen. Dann kann es sein, dass es ein kleines bisschen strahlt, ohne dass du groß etwas sagst, aber es ist einfach die Art, wie du ein Brot berührst, die Art, wie du in die U-Bahn steigst, die Art, wie du dein Fahrrad absperrst. Es hat eine andere Achtsamkeit, es ist etwas Liebevolles darin, es hat einen Duft, und Duft verbreitet sich, nicht mit Worten, sondern ganz einfach, und es ist eine sehr feine Sache, nichts Großes. Die kleinen Sachen sind die wichtigen, und sie sind die größten. Dann kann es passieren, dass du U-Bahn fährst, und dieser Duft strahlt aus und jemand im Abteil ist liebevoller zu seinen Kindern als sonst. Das ist die wahre Macht, auch wenn es oft nicht so aussieht.

Die Entfremdung gegenüber Gott überwinden – Frieden mit Gott schließen

11. Schlüssel: **Lobpreisen und Das Reich Gottes ausgebreitet sehen**

Ein weiterer Schlüssel: All die Fülle lobpreisen. „Seine Schüler sprachen zu ihm: ‚Wann wird das Reich kommen?' Jesus sprach: ‚Es wird nicht kommen, wenn ihr darauf wartet! Man wird nicht sagen: Seht, hier ist es! Oder: Seht, dort ist es! Das Reich des Vaters ist vielmehr über die Erde ausgebreitet, und die Menschen sehen es nicht.'" (Thomas, Spruch 113). Dieses Nicht-Sehen ist Sünde. Lobpreist die Schöpfung, die Sonnenstrahlen zum Beispiel oder den Mond über den Bergen, preist den Schnee, die Raubvögel, die Wolken. Lobpreist an Tagen, an denen ihr ohnehin guter Stimmung seid und an Tagen, an denen ihr nicht so guter Stimmung seid. Vielleicht habt ihr Zahnschmerzen oder Kopfschmerzen, die Frau ist grantig oder im Geschäft ist es stressig. Lasst dies euer Lobpreisen nicht unterbrechen, weil dieses Lobpreisen unser Respekt ist und unsere Anerkennung der Tatsache, dass das Reich Gottes über der Erde ausgebreitet ist, dass Gott in all dem tanzt. Ob das Wetter gut ist oder schlecht, bei Vollmond und bei Neumond, mit und ohne Kopfweh, völlig egal. Das ist die Anerkennung der Fülle!

Was ist Schuld? Wenn ich Schulden mache, dann habe ich zu wenig. Wenn ich Schulden bei der Bank mache, dann habe ich ein Minus, das heißt ein Loch, was übrigens die Banken lieben. Die Kunden, die viele Schulden machen, sind die besten Kunden der Bank, an denen verdient sie am meisten. Dieser Klüngel der weltlichen Macht will, dass ihr Schulden habt, auch im materiellen Sinne. Ihr werdet ständig verführt, mehr Geld auszugeben als ihr habt. Man sagt euch, baut ein Haus, dann habt ihr Sicherheit, aber dafür müsst ihr eine Viertel Million Euro Kredit aufnehmen. Aber der Grund, das Haus, welches ihr zu besitzen glaubt, gehört auf dem Papier der Bank. Natürlich gehört es in Wirklichkeit niemandem. So werdet ihr ständig am Rennen gehalten, und die Werbeindustrie verdient daran wie alle, die euch in den Fängen halten. Ihr sollt immer schön Schulden haben, und das auch im übertragenen Sinn. Auch dort wird dieses Prinzip auf allen Gebieten systematisch eingesetzt. Wenn ihr in der Fülle seid, seht ihr, dass wirklich genug Platz für alle vorhanden ist. Wie kann ich mich um einen Sitzplatz hier im Satsang streiten? Das ist auch bei Jesus ständig passiert. Die Jünger haben gestritten, natürlich heimlich. Sie waren mal wieder unterwegs und haben Jesus vorausgehen lassen, um untereinander zu reden. Später wollten sie Jesus aber nicht sagen, worüber sie geredet haben. Jesus aber hat das nicht akzeptiert – und ich lasse das auch nicht wirklich zu –, und da berichteten sie, dass sie sich unterhalten und gestritten hätten, wer denn den besten Platz im Himmel haben werde. In solchen Momenten wurde Jesus immer traurig. Jesus war öfter traurig, weil so etwas einfach traurig macht, und er antwortete ihnen, dass sie keine Rangordnung im Himmel schaffen könnten und sagte: „Wenn jemand will der Erste sein, der soll der Letzte sein von allen und aller Diener." (Mk 9,35). An anderer Stelle sagte er: „Das Haus meines Vaters hat viele Wohnungen!" (Joh 14,2). Für jeden eine. Es gibt keine Rangordnung, es gibt keine guten und schlechten Plätze. Es gibt keinen Platz, der näher oder weiter weg von Gott wäre. Und Jesus wird traurig, weil da der Mangel, den es ja eigentlich gar nicht gibt, so spürbar wird, und weil die Menschen das Reich Gottes, das über der Erde ausgebreitet ist, nicht sehen. Und um es noch mehr zu verdeutlichen sagt Jesus: „Und siehe, es sind Letzte, die werden die ersten Ersten sein, und sind Erste, die werden die Letzten sein." (Lk 13,30). Er meint das sehr, sehr tief. Aber selbst das wurde immer wieder missverstanden. Es wurde als ein Sport des Kopfeinziehens missbraucht. Es ist so leicht, Jesus misszuverstehen, obwohl er doch so klar, so einfach ist. Also, preist die

Welt und lebt gerne, erkennt die Fülle und das Reich Gottes an, das ausgebreitet ist über der Erde, und lasst das euer Erstes sein, alles andere kommt nach. Und das hat so eine Schönheit, wenn ihr diese Fülle kennt, ihr könnt eigentlich nie mehr hungrig sein oder nie mehr Mangel leiden, egal ob ihr gerade etwas zu essen habt oder nicht oder den passenden Platz habt oder nicht.

12. Schlüssel: **Sich mit den Augen Gottes sehen – Nicht den Mut verlieren**

Frage: Als ich dich über meine Schuldgefühle gefragt habe, hast du zu mir gesagt, ich soll sie mit den Augen Gottes sehen und mit Liebe umarmen. Das ist für mich ein sehr hoher Anspruch. Mein Problem ist, dass ich ein übersensibles, sehr skrupelhaftes Gewissen habe, und den Leuten gelingt es sehr leicht, mir Schuldgefühle einzuimpfen, was auch mit meiner religiösen Erziehung zu tun hat.

Pyar: Wie ist es, wenn du deine Schuldgefühle mit den Augen Gottes betrachtest?

F: Sie verlieren an Schärfe.

P: Wenn du mit den Augen Gottes auf dich schaust und jemand versucht, dir Schuldgefühle zu machen, wie ist das dann?

F: Wenn ich mich von Gott akzeptiert und geliebt fühle, wird es klein und bedeutungslos.

P: Das würde dann heißen, dass du einfach nur immer dorthin zurückkommen musst.

F: Das stimmt, da hast du vollkommen Recht. Nur habe ich das Gefühl, noch tausend Meditationen zu brauchen, um wirklich, ganz echt zu sein.

P: Wie hat der Korbflechter gesagt: „Wenn heute nicht, dann vielleicht morgen." Nicht entmutigen lassen. Vielleicht verkaufst du heute einen Korb, vielleicht auch nicht, vielleicht morgen. Aber lass dich nicht entmutigen. In der Haltung des Korbmachers liegt viel Gelassenheit und Ausdauer. Er erwartet nicht sofort ein bestimmtes Ergebnis. Auch das ist „mit den Augen Gottes auf sich schauen".

Reibung ist notwendiger Brennstoff auf dem Weg zur Bewusstwerdung

Frage: Schon seit langem fühle ich mich ziemlich resigniert und hoffnungslos, umgeben von den dicken Mauern der Anhaftung. Was kann ich tun?

Pyar: Du kannst damit anfangen, Frieden zu schließen und Mauern einzureißen. In diesem Prozess, den wir mit dem Essen vom Baum der Erkenntnis begonnen haben, ist eine gewisse Reibung notwendig, die durchaus unangenehm sein und zum Beispiel „resigniert" oder „hoffnungslos" oder „Schuld" oder „Angst" oder „Gefühl von Trennung" genannt werden kann. Diese Angelegenheiten werden oft zum Teil zu kompliziert und zum Teil zu vereinfachend gesehen. Mauern tauchen auf, das Gefühl von Eingesperrtsein, das Gefühl von Resignation. Sobald ein Wesen beginnt, sich seiner selbst bewusst zu werden, geschieht das zwangsläufig. Das ist der Schritt aus der unbewussten Unschuld heraus und gleichzeitig der Keim, der Same und das Potenzial des Hinübergehens in eine bewusste Unschuld, in eine bewusste Rückkehr, in ein bewusstes Leben in der Gegenwart Gottes. Nur ist es unterwegs notwendig, diesen Reibungen zu begegnen, und dabei ist es gut, nichts wegzureden oder zu verdrängen, nichts weg-zu-spiritualisieren oder weg-zu-advaiten, denn damit würden wir uns selbst eines großen Potenzials an Brennstoff berauben, eines Brennstoffs, der den Geist klärt und das Herz in Liebe entflammen lässt. Wir müssen bereit sein, all dem offen, nackt, direkt, mutig und vielleicht manchmal zitternd und bebend zu begegnen. Flattern macht gar nichts, flattern ist wunderschön. Selbst wenn Resignation auftaucht, ist das kein Grund zur Resignation – so verstehe ich Jesus und sein Beispiel. Selbst wenn Verfehlung auftaucht, ist das kein Grund für Selbstzerfleischung oder für Verzweiflung, sondern einfach Grund zu Fühlen, zu Sehen, sich dessen bewusst zu sein, zu Bereuen, Grund um Vergebung zu bitten und wieder anzufangen. So einfach, wobei allerdings Wachsamkeit nötig ist.

Jemand sagte zu mir: „Ich habe es so verstanden, dass die Trennung, das Abgrenzen die Wurzel der Sünde ist, aber diese Trennung führe ich doch nicht absichtlich herbei." Natürlich nicht, denn das Problem – oder die Sünde, wie es Jesus nennt – ist ja diese Unbewusstheit. Aber ziemlich früh in unserem Leben haben wir uns einen Schutzmechanismus zugelegt. Wenn wir unserem Versagen nicht begegnen wollen, argumentieren wir: „Ich habe es nicht besser gewusst" oder „Ich kann nichts dafür" oder „Ich habe es nicht absichtlich gemacht!" Das gehört in den Fachbereich der Juristerei, wo man dann entsprechend eines bestimmten Paragrafen als unzurechnungsfähig erklärt wird. Auch auf dem weglosen Weg ist es so bis zu einem bestimmten Punkt, solange wir völlig schlafen. Aber je mehr Bewusstheit auftaucht und je tiefer wir gehen, umso feiner wird es und umso größer wird unsere Möglichkeit zu Achtsamkeit und Wachsamkeit, umso größer wird unsere Freiheit und unsere Freude, unser Leben in der Gegenwart Gottes. Gleichzeitig wird damit auch unsere Verantwortlichkeit im besten Sinne größer. Das geschieht simultan. Deshalb ruft Jesus auch immer wieder zur Wachsamkeit auf. Erinnert ihr euch an die Geschichte mit den klugen und den törichten Jungfrauen mit dem Öl, die auf den Bräutigam warten? Dort sagt Jesus an einer Stelle: „Darum wachet, denn ihr wisst weder Tag noch Stunde!" (Mt 25,13). und an anderer Stelle: „Wenn ein Hausvater wüsste, zu welcher Stunde in der Nacht der Dieb kommt, so würde er ja wachen und nicht in sein Haus einbrechen lassen. Darum seid auch ihr bereit." (Mt 24, 43-44). Er weist also darauf hin, dass die Diebe, sobald wir unbewusst sind oder schlafen, einbrechen. Es ist ein Wachsen an Wachheit, es ist eine Herausforderung. Je feiner die

Sache wird, desto feiner muss auch die Wachsamkeit werden, wodurch wiederum noch tiefere Veränderung, Umwandlung möglich ist. Es entwickelt sich ein immer schnelleres, ja zeitgleiches Antworten auf Situationen.

Ein weiterer Aspekt: „Ich habe es nicht mit Absicht gemacht." Es wäre schon sehr krank, wenn jemand mit Absicht böse sein wollte. Ich glaube, das ist selten, wenn es das überhaupt gibt. Die Frage der Absicht ist hier also gar nicht relevant, sondern ist relevant auf der Seite des Entschlusses: „Ja, ich will bewusst sein! Ich will frei sein! Ich gehe dafür! Ich lasse es brennen!" Also gibt es keinen Grund zur Resignation, wenn Resignation auftaucht, sondern sie ist als Brennmaterial nutzbar. Jesus gibt unentwegt Tipps und Hinweise, wie man alles als Brennstoff für Transformation nutzen kann. Das machen alle Buddhas.

Bodhisattva

Frage: *Ich habe diese Woche einmal die Erfahrung gemacht, dass alles aus Gott gewebt ist. Das lässt sich nur ganz unzureichend oder gar nicht beschreiben. Offensichtlich habe ich es nicht ausgehalten, denn danach wurde es ganz still und tot und leblos. Und ich brauchte einige Zeit, um mich wieder zu berappeln, und jetzt spüre ich einfach diese brennende Sehnsucht.*

Pyar: Die Sehnsucht selbst ist Segen und ist göttliches Feuer. Und es ist wunderschön und Gnade, dieses göttliche Gewebe zu erfahren. Oft ist es dann erst einmal wieder ausgeschaltet – oder der kleine Geist kommt dazwischen. Dann ist die Sehnsucht eigentlich dein Boot.

F: *Ich bin ganz einfach dankbar und zutiefst berührt und gerührt. Wenn ich Gott schaue, Gott in mir passiert und mir die reine Liebe entgegenstrahlt, dann kann ich nur mehr an die Liebe glauben. Und gestern morgens sprach es die ganze Zeit in mir: Bodhisattva, Bodhisattva, Bodhisattva. Kannst du mir davon erzählen?*

P: Bodhisattva ist ein Name für Menschen, die sich entschließen, nicht nur für sich selbst Erleuchtung zu erlangen, sondern zum Wohle aller Wesen, was Grenzen sprengend ist. Im Hinayana gibt es den einen Weg, nach Erleuchtung zu streben: einfach für Freiheit und zur Beendigung von Leiden für einen selbst. Im Mahayana, im großen Fahrzeug, wird diese Grenze gesprengt, indem man sagt: „Nicht nur für mich, sondern es soll allen Wesen dienen." Und dann, das muss ich dazu sagen, kommen paradoxe Geschichten hinzu: „Zahllos sind die Lebewesen, ich gelobe sie alle zu retten" – eine unmögliche Angelegenheit. „Zahllos sind die Tore zum Erwachen, ich gelobe sie alle zu durchschreiten, zahllos sind die eitlen Verhaftungen, ich gelobe sie alle zu durchtrennen. Unübertroffen ist der Weg des Erwachens, ich gelobe, ihn zu gehen."

Löwengebrüll eines jungen Bodhisattva

Ein wunderschöner Brief kam von P.:

> *„Liebe Pyar, Feuer, Schwert, Krieg, hier sitze ich zwischen mehr als 3.000 Tapes und präpariere mit Vergnügen deine Zeitbomben in Form von Satsang-Mitschnitten auf Audioband. Es sind Massen-Schöpfungs-Waffen, die bald unauffällig in Handtaschen, Rucksäcken und Postpaketen an die 1.000 Außenposten der Sangha und darüber hinaus verteilt werden. Hier fließen sie durch meine dankbaren Hände, um bald auf den Autobahnen, in der deutschen Bahn, in der Schweiz beim Bügeln oder in Kufstein beim Kochen auf unberechenbare Art und Weise zu wirken. Wer Ohren hat, der höre Walkman! Wenn man genau hinhört, dann vernimmt man bereits das Zähneklappern ferner Egos. Doch noch lauter ist die stille Geduld großer Herzen, die auf eine Nahrung warten, die sie noch leerer hinterlässt als vorher, aber nicht hungriger. Diese Verbreitung untergräbt die Bastionen des Handels: die*

Zentren für ‚Handeln-um-zu-bekommen' und ‚Handeln-um-zu-verhindern'. Ihre Mauern fallen zu Boden durch zwei Bäume, die von Innen wachsen: Der Baum der Weisheit, der Liebe zum Himmelsvater und der Baum des Mitgefühls, der Liebe zum Nächsten wie sich selbst. Leben werden dabei nicht sinnlos geopfert, aber bereits Tote werden erkannt und begraben. Das ist der Terrorismus der Liebe, und ich liebe ihn. Meine Arbeit ist: Fertige Tapes raus, neue Tapes rein, auf die Copy-Taste drücken. Der Rücken schmerzt, der Körper ist müde. Was auch immer man sagen mag, ein Tape ist ein Tape ist ein Tape. Und so etwas nennt man monotone Arbeit, wenn man dumm ist. ‚Wer Ohren hat, der höre'.

Liebe Pyar, ich möchte aus ganzem Wesen das Bodhisattva-Gelübde ablegen. Sollten die Züge für diesen jungen Wandermönch schon abgefahren sein, so lasse mich Dünger werden für die, die zum wahren Menschen werden können, oder für dich, dass noch ein oder zwei mehr Wesen bei dir Zuflucht finden können, um sich von Leiden und vor allem den Ursachen von Leiden zu befreien. Ich bin bereit, dir alles zu geben, was mir möglich war, ist und sein wird zu geben. Sollten der wahre Mensch, der Bodhisattva und die Dinge, von denen du und Jesus sprechen, als Same noch unverdorrt in diesem Wandermönch hier vorhanden sein, so gärtnere weiter. Hole den Echten aus mir heraus! Ich habe Angst vor dir, aber ich habe auch Mut. Jesus soll mich so lange aus dem Munde speien, bis ich heiß genug bin, ihm die Zunge zu verbrennen, bis ich so maßlos bin wie du, denn wir müssen den Platz finden, an dem du bist.

Ich sage nicht, ich werde niemals wackeln – ich sage: Ich entschließe mich jetzt total. Die Zukunft kann sich ja um sich selber sorgen. Dieser Entschluss ist meine Antwort auf Jesus. Ich springe zwei Schritte über meinen konventionellen Schatten hinaus. Das ist meine Antwort auf meine Vergangenheit, insbesondere die Reue über die Jahre der Verwahrlosung. Und es ist meine Antwort auf die Kostbarkeit der menschlichen Geburt, und es ist meine Antwort auf die Lage, in der sich die Menschheit und die Erde in der jetzigen Zeit befinden. Love, P.“

13. Schlüssel: **Gebet**

Öffnung ist Gebet und Brücke

Frage: Mir ist aufgefallen, dass ich noch nie gebetet habe. Neulich sagtest du, dass man einfach zu dem heiligen Wesen beten kann, das einem nahe ist. (Weint)

Pyar: Gebet ist eine Brücke. Ist da nicht gerade jetzt so etwas?

F: Ja, ich bete jetzt eigentlich nicht, aber ...

P: Oh doch, du betest schon. So schön, oh ja. Ich bete gerade um Worte. Deine momentane wunderschöne Öffnung ist Gebet und ist die Brücke. Gebet ist so viel, es gehört in die Abteilung der endlosen, ewigen Dinge, wo es immer hinüber und hinüber geht. Was für ein Segen, einen Anfang zu machen. Wie schön. Weißt du, in so einem Moment freuen sich alle Buddhas und Bodhisattvas, und alle Heiligen im Himmel frohlocken, weil ein Mensch sich dem vorhandenen Potenzial öffnet und bereit ist, den Segen, die Unterstützung und die Präsenz zu empfangen und für Hilfe offen zu sein. Alle lachen sie, und auch wenn ihr das vielleicht nicht seht, ich sehe es.

Gebet ist nie aufgesetzt, wenn es wirklich Gebet ist. Ist es aufgesetzt, ist es Geplapper. Alles, was aufgesetzt ist, was darüber gesetzt ist, ist Plastik. Wenn man echt ist und sich die Tiefe mit der Tiefe trifft, ist es lebendig.

Ist Jesus präsent, wenn ich bete?

Frage: *Wie funktionieren Gebete und Mantren? Was mache ich eigentlich, wenn ich bete? Was passiert da? Sind diese Wesen wie zum Beispiel Heilige, wie die Tara oder wie Jesus präsent? Und wenn ja, wie machen sie das? Ist die Wirkung, die ich spüre, authentisch, oder ist es eine Projektion, oder ist es aufgrund meines Vertrauens? Ich habe Angst, dass ich da irgendwas projiziere und es gar nicht da ist. Oder ist das unwichtig, Hauptsache es wirkt?*

Pyar: Es funktioniert. Wie diese Wesen das machen? Sie sind da! Es kann ja nichts verloren gehen im Universum. Tara kann nicht verloren gehen, Osho kann nicht verloren gehen. Es gibt einen Energieerhaltungssatz in der Physik. Die Qualität und auch die individuelle Qualität eines Jesus, eines Athisha oder einer Tara bleibt. Sie verschwindet nicht. Sie bleibt nicht als Person. Oshos Körper wurde verbrannt und die Urne steht unter seinem ehemaligen Bett. Weißt du, in meinem Empfinden sind diese Wesen präsent.

Wir müssen nicht alles erklären. Sicher ist, dass wir immense Unterstützung bekommen. Sicher ist, dass immense Gnade und viel Segen am Werk sind. Und die Heiligen tun sich alle zusammen. Dazu kommt noch: Wenn du ein Mantra an Tara oder ein Gebet an Maria oder wen auch immer wirklich aus deinem Herzen heraus rezitierst, rufst du gleichzeitig diese Qualität in dir wach. Und beides kommt zusammen.

14. Schlüssel: **Gott erst genügt**

Es gibt ein schönes Gedicht von Teresa von Ávila: *„Nichts soll dich schrecken. Nichts soll dich verwirren. Alles vergeht. Gott bleibt. Geduld vollbringt alles. Wer Gott hat, dem fehlt nichts. Gott erst genügt.“*

Diese Einstellung bewirkt ein gewaltiges Knackern in den Schalen der Samen. Dieses Gedicht ist der ganze Werkzeugkasten der Transformation in wenigen Sätzen zusammengefasst: Fürchte dich nicht vor den Dingen und Erfahrungen, die dir begegnen und lass dich nicht von ihnen verwirren, denn alles vergeht. Gott aber bleibt. Wenn du dich also auf das ausrichtest, was bleibt, wenn das Göttliche und seine Qualitäten der Liebe, der Weisheit, wirklich an erster Stelle deines Lebens stehen und du mit Geduld und Beharrlichkeit weitergehst, ja dann weißt du und erfährst du, dass dir nichts fehlt, wenn du Gott hast, oder wenn Gott dich hat, würde ich vielleicht sagen. Es fehlt dir dann nichts, selbst wenn dir im Außen manchmal tatsächlich etwas fehlt. Ja, wirklich: Gott erst genügt. Das heißt, nur Gott genügt, alles andere wird uns nie zufriedenstellen können, wird uns nie satt machen, und das heißt auch, es genügt nur dann, wenn wir dem Göttlichen wirklich die erste Stelle einräumen, in unserem ganzen Leben.

Es geht hier um Grenzüberschreitung – ein wunderschönes Hinübergehen im Frieden-Schließen, im Tiefer-Sinken in das Mysterium. Dieses Hinübergehen braucht die Wurzeln der Totalität, braucht die Wurzeln der Lebendigkeit, braucht die Wurzeln des Da-Seins, sonst flattert ihr irgendwo herum. Wir sprachen bereits über Friedenschließen, mit uns, unter uns, unter Wesen, unter Menschen, mit Vergebung, Verzeihen und Liebe. Liebe, Verzeihen, Gebet sind alles Dinge oder Nicht-Dinge, wo Weg und Ziel zusammenkommen, und die kein Ende haben. Immer weiter, immer tiefer, höher, immer weitergehen, kein Ende all dieser Mysterien. Sie sind Weg und sie sind gleichzeitig Erfüllung selbst.

15. Schlüssel: **Seid Liebe – Die große Umwandlung**

Abendmahl

Im Lukas-Evangelium 22,7-15 steht: „Es kam nun der Tag der ungesäuerten Brote, an dem man das Passahlamm opfern musste, und er sandte Petrus und Johannes und sprach: ‚Gehet hin und bereitet uns das Passahlamm, damit wir es essen.' Sie aber fragten ihn: ‚Wo willst du, dass wir es bereiten?' Er sprach zu ihnen:

‚Siehe, wenn ihr hineinkommt in die Stadt, wird euch ein Mensch begegnen, der trägt einen Wasserkrug, folgt ihm in das Haus, in das er hineingeht und sagt zu dem Hausherrn: Der Meister lässt dich fragen, wo ist der Raum, wo ich das Passahlamm essen kann mit meinen Jüngern?'" Das ist Vertrauen! „Und er wird euch einen großen Saal zeigen, der mit Polstern versehen ist." Das ist nicht hellsichtig, das ist kein Siddhi, das ist einfach Vertrauen. Das wird – wie ich glaube – meistens missverstanden. „Sie gingen hin und fanden es, wir er es ihnen gesagt hatte und bereiteten das Passahlamm, und als die Stunde kam, setzte er sich nieder und die Apostel mit ihm und er sprach zu ihnen: ‚Mich hat herzlich danach verlangt, dieses Passahlamm mit euch zu essen, ehe ich leide.'" Ist das nicht schön? Er freut sich, mit seinen Freunden zu essen, er verlangt herzlich danach, mit ihnen zu sitzen und zu essen und Passah zu feiern.

Frage: Jesus war also kein Vegetarier?

Pyar: Ganz offensichtlich nicht, er hat sowohl Fisch wie auch Lamm gegessen. Einmal sagte er: „Was zum Munde eingeht, das verunreinigt den Menschen nicht; sondern was zum Munde ausgeht, das verunreinigt den Menschen." (Mt 15,11).

Zurück zum Passahlamm: „‚Denn ich sage euch, dass ich es nicht mehr essen werde, bis es erfüllt wird im Reich Gottes.' Und er nahm den Kelch, dankte und sprach: ‚Nehmt hin und teilt ihn unter euch, denn ich sage euch, ich werde von nun an nicht trinken von dem Gewächs des Weinstockes, bis das Reich Gottes kommt.' Und er nahm das Brot, dankte und brach es und gab es ihnen und sprach: ‚Das ist mein Leib, der für euch gegeben wird. Das tut zu meinem Gedächtnis.' Desgleichen auch den Kelch nach dem Mahl und sprach: ‚Dieser Kelch ist der neue Bund in meinem Blut, das für euch vergossen wird. Doch siehe, die Hand meines Verräters isst mit mir am Tisch, denn der Menschensohn geht zwar dahin, wie es beschlossen ist, doch wehe dem Menschen, durch den er verraten wird.' Und sie fingen an untereinander zu fragen, wer es wohl wäre unter ihnen, der das tun würde.“ (Lk 22,16-23). „Es erhob sich ein Streit unter ihnen.“ Eigentlich schon unfassbar, wie der menschliche Geist reagiert. „Es erhob sich auch ein Streit unter ihnen, wer von ihnen als der Größte gelten solle.“ (Lk 22,24). Ja, so sind sie ... Menschen! Aber es ist schon erstaunlich, da Jesus ihnen doch sagt, dass dies die letzte gemeinsame Mahlzeit ist.

Im Johannes-Evangelium finden wir wunderschöne Gespräche, die Jesus mit seinen Schülern beim letzten Abendmahl führte (Joh 13,31-17,26). Das ist so viel Material, genug für ein ganzes Retreat. Übrigens, die Fußwaschung erwähnt nur das Johannes-Evangelium. Erst nachdem Judas den Raum verlassen hat, beginnt Jesus mit seinen Jüngern zu sprechen. Er sagt: „Wo ich jetzt hingehe, da könnt ihr nicht hinkommen.“ An einer anderen Stelle ergänzt er dann aber: „Später werdet ihr nachkommen.“ Und dann sagt er: „Ein neues Gebot gebe ich euch, dass ihr euch untereinander liebt, so wie ich euch geliebt habe. Daran wird jedermann erkennen, dass ihr meine Jünger seid, wenn ihr Liebe untereinander habt.“ Da finde ich sein Wort „so“ wirklich schön. Nicht irgendwie lieben, sondern „so, wie ich euch geliebt habe“. Das ist gewaltig, denn so wie ich es empfinde, könnte ich nicht sagen, Jesus liebt oder hat geliebt oder tut irgendwie etwas dabei, sondern er *ist* einfach durch und durch Liebe. Jede Faser, jede Zelle, sein Geist, sein Herz und sein Bauch, seine Wurzeln und Zweige und Blüten sind völlig durchdrungen von Liebe. Jesus sagt da seinen Jüngern eigentlich: „*Seid* Liebe“. Und dieses „Seid Liebe“ ist echt. Dagegen ist vieles, was in den Kirchen und in der Geschichte passiert ist, so unecht. So viele bemühen sich, ständig nett oder lieb oder brav zu sein oder zu lächeln, aber es bleibt Zuckerguss. Es kommt nicht aus dem Knochenmark, kommt nicht aus dem Sein. Auch hier sind wieder – in meinem Erfahren – die Wurzel und die Totalität so wichtig. Es ist wichtig, seinem Zorn wirklich begegnet zu sein, wichtig, allem begegnet zu sein, damit auch die Liebe total sein und die Grenzen sprengen kann, damit es eine Rebellion der Liebe sein kann. Damit die Bäume der Weisheit und der Liebe den Handel untergraben und von innen heraus sprengen. Es geht dabei um eine radikale Umwandlung. Und das Ergebnis dieser Umwandlung sind Liebe und Weisheit. Und es ist eben nicht Liebe, die man tut, sondern die man ist, und die sich dann auf natürliche Weise im Tun äußert. Es ist auch nicht Liebe, die man unbedingt zeigt, sondern ist einfach nur Liebe als Ausdruck unseres tiefsten Wesens. Ich kann es nicht wirklich formulieren – es sind nur Farbtupfer, die ich hier abliefere. Für mich ist das, was Jesus während des Abendmahls sagt, und was jeder als Kind tausendmal gehört hat, genau das.

Was immer ihr esst, ist Göttlichkeit

Und wenn Jesus das Brot bricht, und es seinen Jüngern mit den Worten gibt: „Dies ist mein Leib" (Mt 26,26), dann sagt er ihnen damit: „Was auch immer ihr esst und was auch immer ihr trinkt, bin ich, ist das Göttliche." Und er sagt ihnen, sie sollen das nicht vergessen, sondern zu seinem Gedächtnis tun. Und sagt ihnen damit: „Was auch immer ihr tut, was auch immer ihr esst, was auch immer ihr trinkt, die Luft, die ihr atmet, ist nicht verschieden von mir, ist nicht verschieden von diesem Jesus, den ihr liebt." Dazu musste er nicht Brot und Wein verwandeln. Es war ja schon so. Er hat da nichts Magisches getan, sondern er zeigte die Magie, die vorhanden ist. Und das ist die Liebe. Und damit sagte er: „Ich hätte gerne, dass ihr mit eurem Hören noch tiefer geht, und zwar so tief, dass ihr mich nicht nur hört, sondern dass ihr mich esst und trinkt, damit alles, was ich bin, ein Teil von euch sein kann, dass das, was ich bin, ihr sein könnt. Dass es ganz tief geht, und dass ihr es verdaut." Dann sagt Jesus ihnen ein paar kurze Dinge: „Euer Herz erschrecke nicht. Vertraut auf Gott und vertraut mir. In meines Vaters Haus sind viele Wohnungen." (Joh 14,1-2). Und später sagt er: „Ihr aber sollt mich sehen, denn ich lebe und ihr sollt auch leben. An jenem Tage werdet ihr erkennen, dass ich in meinem Vater bin und ihr in mir und ich in euch" (Joh 14,19-20). Kein Unterschied. Eigentlich sagt er ihnen auch: „Es kann schon sein, dass ich jetzt sterbe, aber vergesst nicht, dass ich lebe." Er sagt ihnen, damit, dass die Kreuzigung das Leben in ihm nicht berühren wird, dass man das nicht töten kann. Er sagt es ihnen, so gut er kann, und die Samen, die er da gestreut hat, sind aufgegangen, aber später. Und er sagt auch: „Den Frieden lasse ich euch, meinen Frieden gebe ich euch. Nichts gebe ich euch wie die Welt gibt. Euer Herz erschrecke sich nicht und fürchte sich nicht."

Löwe der Liebe sein

Frage: Ich spüre jetzt den Löwen in mir, aber merke auch, dass ich noch ein Löwe mit Schafsfell bin. Das ist noch kein Durchbruch, aber ich sehe mehr, woran es krankt.

Pyar: Wunderbar. Ich merke, die Löwen kommen langsam zum Vorschein. Osho hat dazu eine Geschichte erzählt. Es ist wie bei den Vögeln. Man kann das beobachten: Enten oder Gänse, die in einem Gehege leben, denken überhaupt nicht daran zu fliegen, sondern laufen herum. Aber zweimal im Jahr, wenn die Zugvögel kommen und die Wildgänse über sie hinwegfliegen, beginnen die Gänse, die das ganze Jahr nicht ans Fliegen dachten, ihre Flügel zu spreizen. Es steckt an! Osho sagt, wenn ein Wildvogel wie Jesus vorbeifliegt, steckt das an. Wichtig wäre dann allerdings, dass ihr das zwischenzeitlich nicht vergesst und nicht ein halbes Jahr wartet, bis der Wildvogel wieder vorbeikommt.

16. Schlüssel: Glaube und Vertrauen

Frage: Du sagst öfter, wir sollen nicht glauben, wir sollen erfahren. Jesus spricht ja ganz anders. Er sagt bei den Krankenheilungen immer: „Ihr seid geheilt, weil ihr glaubt."

Pyar: Das ist ein Übersetzungsfehler, der sich durch das ganze Neue Testament durchzieht. Es müsste „Vertrauen" heißen.

F: *Und hier heißt es auch am Schluss: „Und alles, was ihr bittet im Gebet, wenn ihr glaubt, so werdet ihr es empfangen."*

P: Das alles könnt ihr durchstreichen und „Vertrauen" darüberschreiben. Ich habe gehört, dass es in Jesu Sprache, dem Aramäischen, wie in unserer Sprache zwei verschiedene Worte für „Vertrauen" und „Glauben" gibt. Und angeblich gibt es im Griechischen für beide Begriffe nur ein Wort. Die ersten Schriften wurden in Griechisch und nicht in Aramäisch niedergeschrieben, und da gab es eben nur ein Wort. In der Übersetzung ins Lateinische und Deutsche wurde dann das falsche Wort benutzt. Glauben ist eine Sache des Verstandes, Vertrauen eine Sache des Herzens. Glaube ist sogar Sache eines ängstlichen Verstandes und wird meistens enttäuscht. Aus dem Wort „Glauben", wie wir es benutzen, entsteht dann das Glaubensbekenntnis, und das muss man sich die ganze Zeit vorsagen. Und das, was da drin steht, muss man einfach glauben. Glaube zielt immer irgendwo hin, Vertrauen dagegen ist ganz jetzt, und ist ein Wert an und für sich. Vertrauen hilft euch, die Furcht zu überwinden, hilft dem Samen, zu sterben.

Fürchte dich nicht

Frage: Ich fühle mich in dieser Spannung zwischen „Fürchte dich nicht" und der Angst und tendiere mehr zu der Angst. Wenn Jesus sagt: „Fürchte dich nicht", dann will ich das ja so gerne glauben.

Pyar: Besser als Glauben wäre Vertrauen, und zwar in ganz simple Dinge. Zum Beispiel läuft genau jetzt das Blut durch deine Hände und sogar durch deine Ohren, und dein Magen verdaut gerade Käsespätzle. „Fürchte dich nicht" heißt nicht, dass es da nichts zu fürchten gäbe. Es bedeutet nicht, dass unangenehme Dinge nicht passieren können. Zum Beispiel könntest du einen Magendurchbruch bekommen, während du gerade Käsespätzle verdaust, und dann verklebt es den ganzen Bauch mit Käse. Ziemlich unangenehm. Das kann passieren, aber du musst dich trotzdem nicht fürchten. Das ist wichtig: Es ist nicht so, dass du dich nicht fürchten musst, weil nichts passieren kann, sondern du musst dich nicht fürchten, *obwohl* etwas passieren kann. Und das ist ein wesentlicher Unterschied. In der Bibel steht: „Du bereitest vor mir einen Tisch im Angesicht meiner Feinde“ (Psalm 23,5). Da ist also ein Mensch mitten im Krieg, mitten im Schrecken, mitten im Chaos, mitten in Gefahr, und trotzdem ist da ein Getragen-Sein. Ähnlich auch im selben Psalm: „Ob ich auch wanderte im finsteren Tal, fürchte ich kein Unglück; denn du bist bei mir, dein Stecken und Stab trösten mich.“ Was nicht heißt, dass das Tal jetzt nicht mehr finster wäre. Verstehst du?

F: Ich kenne alle diese Worte und glaube dem auch ...

P: Bitte, bitte nicht glauben! Glauben führt dich in die Hölle. Nicht glauben, sondern erfahren! Verstehst du? Und das kann ich dir nicht abnehmen. Ich kann nur Zeugnis ablegen. Aber niemand kann dir abnehmen, selbst da hinzugehen. Und das ist die Botschaft von Jesus und Buddha und allen anderen: „Sei dir selbst ein Licht“, sagt Buddha. „Du musst dein Kreuz selbst tragen“, sagt Jesus. Das ist genau dasselbe. Das eine ist ein bisschen freundlicher formuliert, dafür endet man bei Buddha immer im Nichts, und bei Jesus im Himmel, das hat auch was für sich. Und beide meinen exakt dasselbe.

Jesus stiftet heilsames Chaos – oder warum es so schwer ist, zu vertrauen

Frage: Ich liebe Gott, aber Vertrauen fällt mir schwer, auch Vertrauen zu dir.

Pyar: Osho sagt in „Komm und folge ... zu dir“, Band 4, Kap.11, Vertrauen sei nicht so einfach. Er spricht davon, warum die Menschen so vor Jesus erschraken, dass sie ihn am Schluss töten mussten. „Jesus richtet Chaos an im Leben der Menschen“, sagt er. „Und die Menschen achten ihn trotzdem, denn er strahlt etwas aus, er scheint authentisch zu sein. Und da ist Liebe, und die kann man gar nicht übersehen. Und dann bekommt man ein Problem."[4] Und er erzählt eine Geschichte von einem Flotten-Kapitän, der mit seinen Seeleuten in einen schweren Sturm geriet. Einer der Seeleute sagte hinterher: „Kapitän, als wir mitten im Sturm waren, habe ich heftig gebetet. Ich bin kein Mensch des Gebets, aber in diesem Moment habe ich auf Teufel-komm-raus gebetet." „Und was hast du gebetet?" wollte der Kaplan wissen. „Ach", sagte der Seemann, „eigentlich nur eins: Herr, du weißt, ich habe dich seit fünfzig Jahren um nichts gebeten. Und wenn du mich lebend aus diesem Sturm rausholst, verspreche ich dir, dich auch in den nächsten fünfzig Jahren nicht wieder zu belästigen."

Und dann spricht Osho weiter, dass viele Menschen sich nur inmitten von Schmerz oder Chaos an Gott erinnern, und nur dann, wenn sich in ihrer bis dahin scheinbar sicheren Welt alles in Luft auflöst. Jesus müsse die Vorstellungen von Sicherheit und einem bequemen Leben zerstören. Er müsse die ganze Illusion zerstören. Deshalb wirke er auf manche Menschen feindlich, obwohl er der größte Freund ist. Jeder, der versuche, Menschen zu des-illusionieren, sie aus ihren Träumen zu wecken, wirke erstmal feindlich. Dieser selbst so sehr feiernde, lachende und in Liebe und Frieden ruhende Mensch Jesus entfessele erstmal Chaos in deinem Leben und deinem Denken. Schließlich stelle er ja alle alten Denkmuster auf den Kopf. Er lebe aus seinem Herzen heraus, aus seiner Tiefe. Er verwandelte alles, was ihm begegnete, in dem er es heiligte. Das sei Schwindel erregend.

Vertraue dennoch! Vertrauen, das vorhanden ist, weil ohnehin alles einfach ist, ist gar nicht wirklich Vertrauen. Vertrauen wird erst dann wesentlich, wenn es schwieriger wird.

---

4 Osho, Komm und folge ... zu dir, Band 4, Kap. 11, Osho Verlag, Köln 1992.

Gott-Vertrauen

Frage: Das Gefühl, nicht geliebt zu werden, ist sehr schlimm für mich, und es macht mich traurig.

Pyar: Das hat viele Schichten. Jeder von uns kennt dieses Gefühl, jeder von uns hat das erlebt und wird es mit Menschen wieder erleben. Es stellt sich die Frage, ob du dann wirklich verlassen, wirklich einsam bist, oder ob du trotzdem noch auf irgendeine Art in etwas Größerem geborgen bist, auch wenn du von Menschen allein gelassen wirst. Fühlst du dich von Menschen verlassen oder wovon?

F: Verlassen auch von Gott. Aber langsam komme ich in dieses Vertrauen, und jetzt kann ich Jesus ein bisschen um Hilfe bitten. Ich versuche auch, die Liebe zu spüren, aber es ist schwierig für mich, meine Liebe und die Liebe der anderen zu spüren. Deine Liebe spüre ich manchmal stark, und es ist das erste Mal überhaupt, dass ich Liebe gespürt habe.

P: Aber es ist nicht meine oder deine oder Jesu Liebe. Liebe gehört niemandem. Es ist immer dieselbe Liebe. Es ist auch ganz wichtig, dass du, wenn du dich abgeschnitten oder verlassen fühlst und denkst „Warum liebt mich keiner?“ oder „Ich kann nicht lieben“, siehst: Es ist *eine* Liebe. Es geht gar nicht um wer wen oder wer wann liebt, sondern es ist Eins. „Deine Liebe“ ist nicht verschieden von Jesu Liebe. Dasselbe Feuer. Dasselbe Wasser. Derselbe Wind. Du kannst es spüren! Jetzt. Was ist jetzt?

F: Ich fühle mich im Augenblick sehr geborgen. Es fehlt nichts.

P: Dann entspanne dich darin. Das ist so wie in der Geschichte, als das stehlende Kind dem Sucher erklärte, dass man nichts mehr braucht, wenn man alles hat. Wenn alles da ist und nichts fehlt, dann musst du nicht nach irgendetwas Ausschau halten. Liebe ist Feuer. Sie ist Feuer, und gleichzeitig ist sie entspannt. Und sie ist Wasser und sie ist Sturm.

17. Schlüssel: Die Möglichkeit des Einschlafens und des Verrats macht wachsam

Schlafende Jünger

Frage: Nach dem Abendmahl, nachts auf dem Ölberg, bat Jesus seine Jünger, mit ihm wach zu bleiben, aber sie sind immer wieder eingeschlafen und ließen ihn allein. Wenn man diese Szene betrachtet, könnte man meinen, die Sache sei eigentlich gescheitert. Nur die Frauen und Johannes waren an seinem Kreuz und seinem Grab. Ich beschäftige mich sehr damit, was es bedeutet, einem Weg, einem Meister zu folgen. Mir selbst ergeht es so, dass ich meist berührt bin und in Einverständnis, und dann kippt es manchmal völlig um. Dann frage ich mich, was ich denn hier mache; da sitzt hier eine Frau mit einem Zopf und redet und redet und redet. Allerdings geschieht dieses Kippen besonders leicht, wenn du nicht da bist, wenn ich also nur mit einem inneren Bild von dir beschäftigt bin und nicht tatsächlich mit dir bin. Du hast dann ganz verschiedene Gesichter, die ich total unsympathisch oder langweilig finde, und ich denke: „Was ist denn das für eine Tante?" Könnte es sein, dass es den Jüngern Jesu manchmal ähnlich erging und ihr Einschlafen und Davonlaufen daher kam, dass diese beiden Seiten in ihnen nicht offen angesprochen wurden? Ich habe immer das Gefühl, ich will mich ausrichten, dass es stimmt, wie ich dir begegne, eben weil ich nicht nur das Schöne reinbringe, sondern auch das andere.

Pyar: Dafür bin ich total offen. Wobei ich nicht weiß, ob das die Hauptursache war, warum das so eine Pleite war – wie du sagst –, und ich weiß noch nicht mal, ob es wirklich eine Pleite war. Gut, in einer Krisensituation, wo es vielleicht darauf angekommen wäre, haben die Jünger gepennt und waren auch feige, und am Karfreitag waren sie alle weg. Was ist eigentlich passiert? Nach dem Abendmahl ist Jesus in den Garten Gethsemane gegangen, um zu beten, und hat drei seiner Jünger mitgenommen. Er ließ sie ein Stück hinter sich zurück, um alleine zu sein, sagte aber zu Ihnen: „Bleibt wach und betet mit mir!" Dann ging er beten und hatte furchtbare Angst und bei seiner Rückkehr haben sie alle geschlafen. Er weckte sie und sagte: „Ich habe euch doch gebeten, dass ihr wach bleibt und mit mir betet." Sie waren erschrocken. Dann ist er wieder gegangen, um nach einer Weile zurückzukommen und die Jünger wieder eingeschlafen vorzufinden. Das ging dreimal so. Sie hatten immer gute Ausreden, aber sie waren einfach nicht wach. Dann wurde Jesus festgenommen und alle waren fort. Bei der Kreuzigung waren nur Maria und Magdalena und Johannes zugegen. Petrus hat im Garten Gethsemane gekämpft, er hieb dem Soldaten Malchus ein Ohr ab. Später hat ihn jemand im Hof des Hauses des Hohepriesters angesprochen: „Bist du nicht immer mit Jesus herumgezogen?" Da hat er gesagt: „Nein, den kenne ich gar nicht", und das sagte er dreimal. Tja, ob das jetzt daran liegt, dass Petrus sich zwischendrin gedacht hat: „Ist schon ein schräger Vogel, der Jesus, und er redet zu viel ..."? Das glaube ich eigentlich nicht. Es war trotzdem keine Pleite. Petrus ist Jesus nach der Auferstehung wieder begegnet und hat sich ihm wieder zugewendet, und soviel ich weiß, hat er ab da nicht mehr gewackelt bis zu seinem eigenen Tod am Kreuz. Also kann man eigentlich nicht von einer Pleite oder von Scheitern reden. Jesus hat ja eindeutig Korbflechterqualitäten, und er wird da nicht von Pleite sprechen. Verstehst du, was ich meine? Er war ganz sicher traurig und ich glaube, er hat im Ölberg auch geschimpft, beim zweiten Mal und beim dritten wahrscheinlich noch mehr. Und er war sicherlich traurig, dass alle davonliefen. Das war vielleicht einer der größten Schmerzen, die er hatte, größer als der körperliche Schmerz. Aber ich bin sicher, dass sein Vertrauen in seine Jünger größer war als sein Schmerz, und dass er ihnen in der Tiefe immer noch vertraute. Aber diese Traurigkeit und dieser Schmerz waren sicher immens. Wie geht es dir jetzt mit den Jüngern?

F: *Es geht mir mit mir besser und es geht mir mit den Jüngern besser.*

Die Geschehnisse mit den Jüngern haben mich sehr berührt. Schon immer haben mich die Stellen mit Petrus, der Jesus verrät, und mit den Jüngern, die alle einschlafen und weglaufen, berührt. Ich hätte es nie als Pleite definiert, auch früher nicht. Für mich war es einfach ein Hinweis. Und im Bewusstsein der Möglichkeit von Verrat liegt für mich einfach nur die Aufforderung, vorsichtig zu sein oder sorgsam und wachsam, ohne je zu wissen ... Petrus hatte ja noch zu Jesus gesagt: „Auch wenn alle wegrennen, ich renne nicht weg." Jesus hatte es ihm beim Abendmahl angekündigt: „Petrus, du wirst mich auch verraten." Und Petrus sagte: „Nein, ich nicht." Und es erwischt ihn doch. Das bedeutet, dass einfach ständige Wachsamkeit nötig ist. Ich finde das Vertrauen, das Jesus da hat, so wunderschön. Er hat Vertrauen ins Göttliche und er hat auch Vertrauen in die Löwenbabys, die in manchen Teilen noch glauben, Schafe zu sein. Und sein Vertrauen beweist sich auch. Und ich finde es auch so schön, wie sie sich später, nach der Auferstehung, wieder begegnen. Jesus erwähnt da die Vorkommnisse mit keinem Wort, zu keinem hat er gesagt: „Was war denn los mit euch? Ihr habt mir gefehlt", obwohl sie ihm sicher gefehlt haben. Er erwähnt es mit keinem Wort, sondern ist unverändert da. Das finde ich wunderschön. Dass seine Jünger Jesus nach seiner Auferstehung zunächst nicht erkannten, wundert mich nicht so sonderlich, da ja einiges mit ihm in der Zwischenzeit passiert war. Vieles von dem Menschensohn, den sie so gut kannten und mit dem sie gegessen und getrunken haben und durch die Gegend gezogen sind und sich gefreut haben und Feste gefeiert haben, und an dem sie sich gerieben haben und den sie geliebt haben, ging unterwegs verloren. Der ist auf einmal nicht oder kaum noch sichtbar. Und noch ein Schatz in dieser Geschichte – vielleicht der Größte: Es war den Jüngern eine Lehre: Ihr eigener Schmerz und ihre Reue über ihr Schlafen, über ihr

Wackeln und über ihren Verrat war sehr reinigend und festigend. Jesu Großzügigkeit im Umgang damit war sehr bestätigend, so dass sie, so wie es aussieht, für den Rest ihres Lebens solche groben Schnitzer nicht mehr machten. Und, nebenbei, zehn seiner Jünger wurden später wegen ihrer Treue zu Jesus und zur Wahrheit umgebracht.

Judas

Frage: Kannst du etwas zu Judas sagen?

Pyar: Jesus hat Judas schon gebraucht – einerseits. Natürlich ist Judas eine sehr tragische Gestalt. Er war ja ein begeisterter Anhänger Jesu, hat für ihn die Finanzen geregelt und war einer der Gebildetesten in der Jüngerschar. Er konnte lesen, schreiben und rechnen, und er hat dafür gesorgt, dass alle zumindest zu essen hatten. Ein paar Sachen gefielen ihm an Jesus einfach nicht. Vielleicht kippte seine Wahrnehmung von Jesus immer wieder. Einerseits war er ein begeisterter Anhänger, und andererseits gab es Dinge, die er nicht für gut hielt, z.B. Geldverschwendung, insbesondere die Vorkommnisse mit dem kostbaren Öl, mit dem Jesu gesalbt wurde (Mt 26,6-13 und Joh 12,1-8). So etwas kostet ja Geld, und was hätte man nicht alles damit machen können, wobei Judas es wirklich gut gemeint hat. Er war der Meinung, dass mit dem Geld viele Menschen hätten ernährt werden können, anstatt Jesu Füße zu ölen, ein zumindest aus materialistischer Sicht berechtigter Einwand. Aber Jesus erklärte ihm daraufhin: „Die Armen habt ihr immer bei euch, mich aber habt ihr nicht immer bei euch." Jesus bewegt sich auf einer anderen Ebene, und Judas' Vertrauen in den Meister war hier einfach nicht groß genug. Vermutlich sind mehrere solcher Sachen zusammengekommen, und als Judas dann das Angebot mit den dreißig Silberlingen bekam, willigte er ein. Letztlich viel wichtiger ist, was der Judas in uns ist, wie hoch unser Preis ist, und ob wir überhaupt bereit sind, unsere Seele zu verkaufen oder das, was uns wirklich wichtig ist, und womit sie mich kriegen können. Welcher Art muss dieses Angebot sein? Fragt euch doch selbst: „Was ist mein Preis?“ Ist es Geld, ist es Sicherheit, Gewohnheit, Anerkennung, ist es Sex, ist es Macht, wofür ihr bereit seid, das Göttliche zu verraten? Wahrscheinlich hat sich Judas auch mit dem Hören schwer getan, denn noch während des Abendmahls gibt ihm Jesus einen Hinweis: „Einer von euch wird mich verraten.“ Judas weiß es ja, denn zu dem Zeitpunkt hatte er den Handel schon abgeschlossen, aber es hätte ihn vielleicht noch wachrütteln können. Aber zu diesem Zeitpunkt ist er schon zu verblendet. Er kann nicht mehr hören.

Judas und die Revolution

Ich halte es für wesentlich zu verstehen, was Judas für ein Mensch war. Judas war ein Zelot. Die Zeloten waren zu dieser Zeit die Aufrührer in Judäa, nicht wirklich Terroristen, aber Aufrührer, die einen Umsturz gegen die Römer bewerkstelligen wollten. Sie waren sehr patriotische Juden und auf ihre Art sehr gerade Menschen, Revolutionäre – wunderschöne Menschen mit einem großen Haken, nämlich der Bereitschaft zur Gewalt. Und woher kommt die Gewalt? Sie kommt aus der falschen Idee, dass man mit Gewalt etwas besser machen könnte, dass eine Gesellschaftsform, die auf Gewalt beruht, besser sein könnte als eine andere, die auf Gewalt beruht. Judas war also ein Zelot, und er entstammte einer reichen und angesehenen Familie Judäas. Er war von Jesus völlig begeistert, aber genau betrachtet war er nicht von Jesus selbst begeistert, sondern von dem Bild, das er von Jesus hatte. Er sah in Jesus einen starken Mann, was natürlich wahr ist. Er sah in ihm einen charismatischen Menschen, was auch stimmt. Aber daraus machte sich Judas dieses Bild: Dieser Mann könnte der Anführer des Umsturzes sein und später der König der Juden werden. Er war der einzige Jünger, der von sich aus zu Jesus kam und sagte: „Ich will auch mit!“ Er hat Jesus viel ermöglicht und ihm bei bestimmten Familien Tür und Tor geöffnet, aber er verstand ihn halt noch weniger als die anderen, weil sein eigenes

Bild im Geist und der Hass in seinem Herzen immer dazwischen standen. So war er natürlich zunehmend enttäuscht und frustriert von Jesus, und die Gewalt und der Hass waren unverändert da und mussten sich Ausdruck verschaffen, auch in dem Verrat und auch in der Gewalt, die er sich dann hinterher selbst antat – eine tragische Geschichte. Zugleich aber ist es eine Geschichte, die ein wunderbarer Spiegel für die immer wieder auftauchende Illusion der gewaltsamen Veränderung im Außen ist, im Großen und im Kleinen. Immer wieder taucht sowohl beim Einzelnen wie auch in Gesellschaften der Gedanke auf: „Wenn doch nur die Regierung anders wäre!" oder „Wir müssen die Regierung stürzen!" oder im individuellen Leben: „Wenn meine Schwiegermutter endlich tot wäre" oder „Wenn ich endlich genug Geld hätte" oder Ähnliches, dann wäre das Leben gut. Oder denkt an revolutionäre Ideen wie Gerechtigkeit, Freiheit, Gleichheit, Brüderlichkeit, die ja prinzipiell schön sind. Und in dem Versuch, etwas im Außen zu verändern, ohne zuvor das Innere zu transformieren, kommt immer wieder die Gewalt ins Spiel. Bisher hat das in all den Jahrtausenden noch nie funktioniert. Alle Revolutionen sind gescheitert. Jesus kommt mit einem völlig anderen Ansatz, Jesus kommt von innen. Und Jesus ist ein Rebell der Liebe.

18. Schlüssel: **Geradheit und Verbeugung – Hingabe in Aufrichtigkeit**

Frage: Du hast einmal gesagt, dass man zwar gerade und groß dasteht, sich gleichzeitig aber verbeugt.

Pyar: Wie sonst will man sich denn verbeugen? Ist ein Mensch von vornherein gebückt und ungerade und kriecht am Boden, dann kann er sich nicht verbeugen. Du bist gerade. Du bist gewollt. Du bist lebendig. Du bist total, spürst Leben in deinem Bauch, Feuer in deinem Herzen, Freude und Tanz – feiner Tanz oder wilder Tanz –, und dann ist es möglich, sich zu verbeugen. Verbeugung kommt aus dem Aufrechten. Hingabe ist keine Aufgabe. Es ist kein „Ich kann ja eh nicht anders" oder kein „Das Schicksal spielt mit mir Katz und Maus, und dann gebe ich halt nach“ oder „Ich fühle mich hilflos“, sondern es ist ein Geschenk, es ist ein Darbieten der Kostbarkeit, die vorhanden ist. Es kommt aus Freiheit, deshalb ist darin Glorie. Es ist kein Buckeln, kein Klein-Beigeben, keine Schwäche, sondern es ist die Blüte der Stärke zu sagen: „Ja, dein Wille geschehe“. Das ist echt, gegründet auf tiefen Wurzeln, auf Vertrauen, auf Leben und Liebe.

Ich habe noch in den verschiedenen Evangelien die Ölberg-Geschichte nachgelesen: Jesus hatte anscheinend die Angewohnheit, sich nach dem Abendessen auf dem Berg ein bisschen zurückzuziehen. Im Evangelium heißt es: „So wie es seine Gewohnheit war.“ (Lk 22,39). Manchmal nahm er auch seine Freunde mit. An diesem Abend ahnt Jesus, was auf ihn zukommt, und ihm ist wirklich mulmig, er kriegt richtig Angst. Er zeigt sich wirklich in allen Aspekten seines Menschseins genauso wie in seinem Gottsein, als Menschensohn und als Gottessohn. Jesus ahnt wohl auch schon, dass seine Freunde ihn verlassen werden, und er bittet sie: „Setzt euch dahin und wacht mit mir, denn meine Seele ist betrübt bis zum Tode.“ (Mk 14,34). Er teilt ihnen mit, dass es ihm nicht gut geht, und dass er es schön fände, wenn sie ein bisschen bei ihm bleiben würden. Aber er geht dann noch ein paar Schritte weiter, denn in seinem Gebet will er allein sein. Er kniet nieder und betet: „Vater, ich weiß, dir ist alles möglich. Wenn es möglich ist, dann lass diesen Kelch an mir vorübergehen, aber nicht mein Wille geschehe, sondern dein Wille.“ (Mk 14,36). Das ist tiefster Ausdruck von Verbeugung und Hingabe. Da ist das ganze Vertrauen. Er fühlt sich nicht als Marionette des Schicksals, sondern er sagt von sich aus: „Dein Wille geschehe, nicht meiner“. Da ist seine ganze Menschlichkeit enthalten, da ist die Angst und auch der ganz normale Wunsch: „Mein Gott, wenn es irgendwie anders geht, ändere es!“ Und gleichzeitig: „Nicht mein Wille geschehe, sondern deiner!“ Darin liegen die ganze Größe seiner Liebe und die ganze Größe der Hingabe und der Verbeugung. Das ist sein Gebet. So zeigt er sich dem Vater, und so zeigt er sich seinen Freunden. Totale Offenheit und totale Stärke inmitten dieser Angst. Ich finde das so schön und so groß!

Jesus arbeitet – ganz anders als zum Beispiel Atisha – sehr viel mit Bildern und Gleichnissen. Sein Weg ist der Weg der Liebe, fußend auf Totalität, Vergeben, Liebe, Nacktheit, und dann bringt er all diese Bilder und sagt all diese zutiefst berührenden Dinge. Jesus bewegt das Herz. Im Laufe der Kirchengeschichte wurde aus dieser tiefen Berührtheit und dieser Ergriffenheit leider etwas Kitschiges gemacht, eigentlich im Versuch, sich vor der Tiefe dessen zu schützen. Und das halte ich für ebenso giftig wie vieles andere, was passiert ist. Es kommt zu Ergriffenheit und Berührtheit, und das ist sehr schön. Aber Jesus ist alles andere als kitschig, und er ist überhaupt kein Dramatiker, sondern sehr pragmatisch. Zutiefst berührt, aber nicht dramatisch. Es ist ganz wichtig, diese Berührtheit und Ergriffenheit zuzulassen, ohne darin zu wühlen oder zu suhlen.

19. Schlüssel: **Die Lücke zulassen**

Lücken werden von Menschen oft als heikle Punkte empfunden. In Wirklichkeit sind sie sehr schön, denn sie sind Momente der Öffnung in etwas Neues. Solche Punkte werden manchmal auch als Krise bezeichnet. Sie können im Leben wie in einem Retreat Angst machen und zu Übersprungshandlungen oder zu Flucht führen, oder aber man geht hindurch und gibt sich die Chance der Öffnung in etwas Neues. Solche Lücken nennen die Tibeter „*Bardo*", den Zwischenraum. Da wir uns zunächst einmal schwer tun, Lücken als Lücken stehen zu lassen, füllen wir diese Lücken in unserem Geist mit allem Möglichen, sei es im Innen oder im Außen. Wir füllen sie im Außen mit Beschäftigung oder mit Worten und Reden, im Innen mit Gedanken und Emotionen, nur damit irgendetwas passiert. Alle kennen das. Wenn es im Außen gerade nicht möglich ist, die Lücken zu füllen, zum Beispiel, weil wir schon gestorben sind, füllen wir sie im Inneren. Wir füllen diese Lücken dann in unserer Innenwelt, die dann eigentlich keine Innenwelt mehr ist, weil es keine Außenwelt mehr gibt, mit allen möglichen Projektionen. Wie diese Projektionen dann aussehen, hängt von der Beschaffenheit unseres Geistes ab. Da gibt's dann nette Projektionen und nicht so nette, aufregende oder langweilige, Lichter, Töne, Dämonen, Engel, Heilige, was auch immer. Aber all diese sind Projektionen des eigenen Geistes, um die Lücke zu füllen, in der eigentlich die wahre Natur des Geistes aufscheinen will und kann. Und manchmal ist die Wahrheit oder die Liebe so erschreckend, dass wir sogar die Dämonen bevorzugen. All das tun wir im Leben und auch nach dem Tod. So ist der kleine Geist nun mal. Aber das zu wissen, ist hilfreich.

Wenn wir uns der Kreuzigung Jesu mit offenem Herzen nähern und nicht zurückschrecken, dann begegnen wir auch so einer Lücke. „Und der Vorhang im Tempel zerriss in zwei Stücke von oben an bis unten. Und die Erde erbebte und die Felsen spalteten sich" (Mt 27,51-52) (nachdem Jesus gestorben war). Die Natur und auch der heilige Raum der Juden zeigt und muss zeigen, was da passiert. Diese segensreiche Lücke tut sich auf. Die Frage ist aber, wie wir dieser Lücke begegnen. Folgendes Gebet kann dabei helfen: „Von der Unwirklichkeit führe mich zur Wirklichkeit. Führe uns von der Unwahrheit zur Wahrheit. Führe uns von der Dunkelheit zum Licht. Führe uns vom Tod zur Unsterblichkeit."

20. Schlüssel: Sieg inmitten des äußeren Scheiterns – In deine Hände befehle ich meinen Geist

Jesus – ein Mensch aus Fleisch und Blut – Kreuzigung

Jesus ist ein großer Bodhisattva, ein großer Buddha, und er hatte seine ganz eigene Art und machte seine eigenen Experimente.

Vieles, was zum Beispiel Laotse einfach aufschreibt oder seinen Schülern erzählt, hat Jesus gezeigt in seinem Leben und Sterben. Die Begegnung mit Jesus ist für mich eine sehr handfeste, weil wir da einem Menschen aus Fleisch und Blut begegnen. Die Begegnung mit Atisha hat dieselbe Tiefe, dieselbe Schönheit, dieselbe Liebe, dieselbe Wahrheit – aber die Art dieser Begegnung hat einen anderen Geschmack. Sie ist einfach anders. Osho ist wieder anders. Ramana ist wieder anders. Bei Jesus geht es immer sehr menschlich zur Sache. Er ist kein Theoretiker, wobei Atisha natürlich auch kein Theoretiker ist, aber die Versuchung ist vielleicht größer, ihn als Theoretiker anzusehen und dadurch seine tiefe Botschaft zu meiden. Das geht bei Jesus nicht so leicht, sobald ein bisschen Begegnung stattfindet. Das kann dann wiederum Angst auslösen. Aber das macht nichts!

Noch einmal: Mit Jesus sind im Nachhinein sehr eigenartige und sehr, sehr giftige Dinge passiert, die so vieles völlig auf den Kopf gestellt und verdreht haben, und die uns an dieser wunderschönen und herausfordernden Begegnung hindern können. Ein Beispiel möchte ich kurz ansprechen: Die Sache mit „Jesus ist für unsere Sünden gestorben." Das sitzt euch in den Knochen, weil dieser Satz um 180° verkehrt herum begriffen oder gar nicht begriffen wird. Jesus hatte nie die Absicht, euch eine zusätzliche Last aufzuladen, euch auch noch schuldig zu machen an seinem Tod. Ganz bestimmt nicht, das kann ich euch versprechen, da übernehme ich die Verantwortung. Er war halt ein Verrückter der Liebe, ein Bodhisattva, und ab einem gewissen Punkt konnte er sich einfach nicht mehr von den andern Wesen getrennt fühlen. Und er hat sie ja erfahren und erlebt und erspürt in ihrer Freude und in ihrem Schmerz zugleich, in ihren Verblendungen und in ihren Momenten der Wachheit. Jesus hat den Menschen gesagt und gezeigt, wie man selbst damit umgehen kann, wie man umwandeln kann, wie man Alchemie, innere Alchemie betreiben kann, wie man darüber hinausgehen kann, ohne irgendetwas zu verleugnen. Dann hat er sich umgesehen und hat um sich herum immer noch viel Schmerz, viel Leid und viel Verblendung wahrgenommen, und er hat das einfach hineingenommen – die Tibeter nennen das Tonglen – und alles, was an Frieden und an Liebe und an Freude – jede Menge – in ihm war, herausgegeben. Eine ganz simple Angelegenheit. Er hat es dann so formuliert: „Ich lebe für euch. Mein Leben ist für euch da." Und zum Leben gehört das Sterben nun mal dazu – es ist auch für euch da.

Vielleicht hatte er das Gefühl, dass dieser Schwamm Jesus viel aufnehmen und viel abgeben kann – für die Gegenwart seiner Zeit und auch für die Zukunft, dass er durch seinen schmerzhaften Tod und seine Hingabe das Leiden für alle erleichtern könne. Das war ein Experiment. Dieses Experiment ist nicht gescheitert, es ist nur falsch verstanden worden, und er konnte einfach nicht anders. Was soll man da machen? Es diente auf jeden Fall der Erleichterung und nicht der Beschwerung. Sein ganzes Leben und auch sein Sterben ist ein Liebeslied ans Leben, und zwar ans Leben in seiner Totalität, seiner Fülle, in seiner Essenz und in seinem Potenzial. Es gibt Zeugnis davon, hinüberzugehen und darüber hinauszugehen und noch mehr darüber hinauszugehen und noch mehr darüber hinauszugehen, ohne jemals das zu leugnen, was vorher war oder was darunter liegt. Es ist immer mehr und immer mehr. Jesus hat nie die Natur in ihrer Unbewusstheit und Unschuld geleugnet. Er hat nie den Adam in seiner Zwischenstellung geleugnet, er hat nie den Menschensohn geleugnet, und ist doch immer mehr und mehr in die Ewigkeit hinein verdampft. Und das hat in meinem Erfahren eine solche Köstlichkeit, eine solche Feinheit, eine solche Leichtigkeit und Schönheit und ist so ein Geschenk.

Mir ist klar, dass dieses Gift, das euch in den Knochen sitzt, nicht in einer halben Stunde oder durch das Lesen dieses Buches zu entfernen und zu heilen ist. Aber vielleicht könnt ihr euch immer wieder erinnern. Und in dem Erinnern und in dem genaueren Nachspüren wird das Gift im Laufe der Zeit verschwinden.

In der Liebe gibt es kein Scheitern

Es braucht die Transformation, die innere Umwandlung hin zur Liebe. Wenn eine Revolution scheitert, resultiert daraus meistens ein Blutbad und eine Gegenrevolution. Von außen betrachtet würde jeder Revolutionär, und Judas wahrscheinlich auch, sagen: „Jesus ist gescheitert." Das sieht ja auch zunächst so aus. Doch da zeigt Jesus wieder das Wunderbare: Wenn ich wirklich ein Rebell der Liebe bin und so rebellisch bin, dass ich vollkommen in der Rebellion der Liebe verschwinde, dass selbst ein Scheitern dann kein Scheitern mehr ist. Da gibt's kein Scheitern mehr, selbst wenn im Außen alles schiefgeht. Das ist auch ganz klar, denn offensichtlich ist dieser Jesus nicht totzukriegen. Es ist Sieg inmitten des Scheiterns. Umgeben von Hass dennoch zu lieben. So geschieht das Auflösen der Gegensätze.

Wir sind hier, 2.000 Jahre später, und die Römer und Juden und vor allem der kleine Geist haben es immer noch nicht geschafft zu verhindern, dass dieser Menschensohn und Gottessohn die Herzen berührt – und zwar so sehr berührt, dass sie zum Teil in Panik geraten, so sehr berührt, dass sie überfließen in Tränen – und immer noch das Wunder der Transformation möglich macht. Damit dieses Wunder möglich ist, ist gar nicht viel notwendig, nur die Bereitschaft zu sterben. Mehr braucht es nicht. Und das ist nichts Schweres, nicht wirklich.

Der rote Faden, den ich für dieses Buch gesponnen habe, führte uns also jetzt mitten in die Abteilung: „Frieden mit Gott". Wir hatten „Hören", wir hatten „Frieden mit der Natur, mit der Fülle", was sich keine Sorgen zu machen heißt. Wir hatten „Frieden mit sich selbst" in seiner Totalität, „Frieden mit den anderen", also mit Liebe zu verzeihen, und jetzt „Frieden mit dem Göttlichen." Dazu gehört als Schlüssel das Gebet und die Verbeugung, die Armut im Geiste, und letztlich die Hingabe, die Liebe und das – ja – Verdunsten. Dann ist da keine Grenze mehr, kein

Tod, kein Mangel, sondern Liebe, Unendlichkeit, Freudigkeit, Lebendigkeit, Kostbarkeit über Kostbarkeit.

Karfreitag ist wirklich ein Tag zum Feiern

Im Garten Gethsemane laufen die Jünger davon und Jesus wird festgenommen. Noch einmal zu dieser Schwere, die euch da eingeimpft worden ist und die nicht sein muss: Aus dieser Schwere entstehen alle möglichen Konventionen und Regeln. Manche von euch durften am Karfreitag zum Beispiel nicht spielen oder ähnlicher Blödsinn, der euch jetzt nur Probleme macht. Dabei ist Karfreitag wirklich ein Feiertag. Die Auferstehung geschieht eigentlich gleichzeitig mit dem Tod.

In einem kleinen Ort in Arizona lebte einmal ein Mann, der dort der einzige Nichtkatholik war. An allen Freitagen haben die Einwohner dieses katholischen Ortes immer Thunfisch gegessen, weil man an Freitagen eben Fisch isst. Nur dieser Mann, der ja nicht katholisch war, hat Steaks gegessen, und er hat sie im Freien gegrillt. Die Nachbarn hat das sehr gestört, weil sie ja eigentlich auch lieber Steaks gegessen hätten. Sie saßen dann bei ihrem Thunfisch, haben die Steaks dieses nicht katholischen Nachbarn gerochen und sich immer mehr geärgert. Ein paar Jahre ging das so, bis die Leute beschlossen, dass es so nicht weiterginge. „Wir müssen diesen Menschen dazu bringen, zu konvertieren, weil wir das einfach nicht aushalten." Und sie gingen zu ihm, redeten mit ihm, und es gelang ihnen tatsächlich, ihn zu überzeugen. Sie brachten ihn in die Kirche und sie tauften ihn: „Ich taufe dich im Namen des Vaters und des Sohnes und des heiligen Geistes, du warst ein Heide, und jetzt bist du ein Katholik." Aber als der nächste Freitag, auf den sich jetzt alle katholischen Nachbarn so richtig freuten, kam, saßen sie im Garten bei ihrem Thunfisch, und es roch wieder nach Steak. Ganz entsetzt gingen sie zu ihrem Nachbarn hinüber und sahen, wie er gemütlich sein Steak briet. Nach einer Weile nahm er eine Schüssel mit Wasser, schüttete es über das Steak und sagte: „Ich taufe dich im Namen des Vaters und des Sohnes und des heiligen Geistes, du warst ein Steak und jetzt bist du ein Thunfisch.“ Das ist die Dummheit der Konventionen, und das ist das ganze Gift, das sie in sich tragen.

Also der eine Aspekt – das Scheitern im Außen – ist nicht relevant, wenn es um die Liebe geht, wenn es um die Rebellion der Liebe geht. Und es ist ganz wichtig, sich daran zu erinnern. Ja, Jesus wurde festgenommen, wurde verhört und er sagte ziemlich hartnäckig nichts, worüber sich sowohl die Hohepriester als auch Pilatus wunderten. Da war nichts zu sagen. Ich habe mich als Kind immer gefragt, warum Jesus Pilatus auf seine Frage: „Was ist Wahrheit?“ nicht geantwortet hat. Das fand ich ziemlich ärgerlich. In Wirklichkeit hat er geantwortet, einfach in seinem Dasein. In Worten war da nichts zu sagen. Aber sein ganzes Wesen, wie er da war als Mensch in dem Moment, in seiner unveränderten Friedlichkeit und Liebe, war die Antwort, die Pilatus aber nicht hören konnte. Worte hätte er aber auch nicht hören können. Jesus hatte ja nichts angestellt, er hat niemanden ermordet, und er hat auch nicht gestohlen. Verurteilt worden ist er eigentlich, weil er eine große Gefahr für die Gesellschaft war, anscheinend eine größere Gefahr als Barrabas, der ein wirklicher Aufrührer war. Das Volk hat entschieden, Barrabas solle leben, und Jesus solle sterben. Jesus ist ganz einfach die größere Gefahr für das Ego. Nur ist er halt nicht umzubringen. Ein Jesus ist nicht zu töten, oder sagen wir so: Vielleicht gelingt es, Jesus zu töten, aber den Christus nicht. Der Körper kann getötet werden, aber das Sein, das Wesen und auch die Botschaft sind nicht umzubringen. Sie gehen immer weiter und berühren immer weiter, erschüttern und heilen immer weiter. Das ist so.

In deine Hände befehle ich meinen Geist

Das ist der zweite Aspekt, auf den ich eingehen möchte: Das Eigentliche, das Wesentliche, das Sein ist nicht zu töten – nicht durch Hass und nicht durch Gewalt, nicht durch Kreuz und nicht durch Maschinengewehre. Es ist nicht zu töten. Und dieses Sein in Euch ist auch nicht zu töten, nie, das geht nicht! Und das wird nicht erst bei der Auferstehung offensichtlich, sondern bereits am Karfreitag. Körper kann man töten, aber mehr auch nicht. Und Körper sterben ja auch von selbst. Was da für Jesus stirbt, ist der Körper und ist jeder subtile Rest irgendeines Widerstandes, irgendeiner Idee. Während des ganzen Tages, an dem das alles passiert, gibt es für ihn sehr viel körperlichen Schmerz und auch sehr viel seelischen Schmerz, aber es gibt keinen Moment, an dem er in seiner Liebe oder in seiner Friedlichkeit, in seiner Treue oder in seinem Vertrauen wanken würde. Die sind die ganze Zeit da. Es ist ein unglaubliches Geschenk, dass ein Mensch das so zeigt und nicht nur davon spricht. Kurz vor dem Ende sagt er einiges, das in verschiedenen Evangelien überliefert ist – und drei Sätze davon finde ich besonders berührend. Jesus sagt: „Vater, vergib ihnen, denn sie wissen nicht, was sie tun." (Lk 23,34). Das finde ich unglaublich! Das zweite, was er sagt, ist: „Mein Gott, warum hast du mich verlassen?" (Mt 27,46). Das ist einfach ein tiefes Erfahren – das ich gut kenne – der Einsamkeit, der Verlassenheit oder der Gottferne, wo du nichts, wirklich nichts weißt und alles, was du mal wusstest, unerheblich ist, nichts wert ist. Er fühlt sich verlassen, selbst von diesem Gott, der ihm immer ein Vater war, eine sehr nahe, sehr herzliche und sehr persönliche Beziehung – nicht irgendetwas distanziertes, sondern ein Vater. Aber erstaunlicherweise ist selbst da das Vertrauen noch irgendwie da, denn er spricht diesen Gott, der ihn verlassen hatte, ja an. Er sagt nicht „Hilfe, es ist kein Gott mehr da", sondern er sagt: „Vater, warum hast du mich verlassen?". Er adressiert immer noch das Göttliche, obwohl es in diesem Moment für ihn überhaupt nicht erfahrbar ist. Und das heißt, sein Vertrauen ist wirklich in unendlichen Tiefen gegründet.

Es gibt diesen Moment am Jordan, wo sich ihm mit absoluter Gewissheit und Sicherheit die Himmel auftun und alles klar ist und die Dualität verschwunden ist. Ein Punkt, der in der Tiefe, in der das für ihn passiert ist, unumkehrbar ist. Das geht weit über ein Satori hinaus. Und trotzdem gab es noch ein weiteres Hinüber, so wie im Herz-Sutra Buddhas: „Er ist gegangen und gegangen und über Hinüber hinübergegangen und noch mehr hinübergegangen." Nach diesem Erfahren ist von dem Menschensohn nicht mehr viel spürbar. Man kennt ihn nur noch an seiner Art, wie er das Brot bricht. Ansonsten hat man das Gefühl, man greift durch ihn hindurch, auch wenn es ihm selbst vielleicht gar nicht so vorkommt. Ja, das ist jetzt mit meinen Worten geschildert.

Es gibt auf dem weglosen Weg verschiedene Punkte, wo Dinge passieren, die sehr, sehr tief sind und sehr, sehr weit führen und nicht umkehrbar sind. Das ist oft nicht nur *ein* Punkt auf dem weglosen Weg, sondern für manche Menschen sind es mehrere.

Und als Drittes sagt Jesus: „In deine Hände befehle ich meinen Geist." (Lk 23,46). Das ist Hingabe über Hingabe. Er legt seinen Geist, sein Leben, sein Alles in Hände, die für ihn in diesem Moment nicht zu erfahren sind. Er hat gerade noch gefragt: „Mein Gott, warum hast du mich verlassen?" – und beinahe im selben Atemzug sagt er: „In deine Hände befehle ich meinen Geist." Das ist so echt, und das ist das, was jedem von euch irgendwann passieren wird. Irgendwann wird jeder von euch in einer großen Verbeugung verschwinden. Und ich glaube, für jeden ist es dann so, wie es für mich war, für Jesus war, dass sich da diese Lücke auftut, wohinein das Alte verschwindet, wohinein das Ego verschwindet, wo wirklich nichts bleibt von dem, was ihr halten könntet. Und das Neue ist noch nicht da. Ein Abgrund tut sich auf. Das ist die Lücke, vor der wir Furcht haben. Und in dieser Lücke spiegeln sich verschiedene andere Lücken wie der Tod des Körpers oder die Stille. Aber sie ist die eigentliche Lücke: Das Ende der Person. Und du hast überhaupt keine Ahnung und keinen Schimmer. Wie viele Bücher auch immer du gelesen haben magst und wie viele Satoris du auch immer vorher gehabt haben magst, wie viel auch immer an spirituellem Erfahren. Da ist ein Punkt, an dem du nichts weißt, wo sich dieser Abgrund des Nichtwissens auftut, dieser Abgrund der Verlassenheit, und gleichzeitig öffnet sich das Potenzial der eigentlichen Hingabe in diesem „Sich-da-hineingeben" in die Hände, die man nicht erfahren kann, die man nicht mehr fühlen kann. Und in dieser Hingabe, in diesem Tod, ist die Auferstehung, ist das Leben.

Aber das weiß man zunächst nicht. Alle sagen es, Jesus sagt es, ich sage es – und wir sagen es nicht einfach so, sondern wir sagen es aus Erfahren – und trotzdem wissen wir, dass es nicht hilft, weil es nichts ändern wird an dem Nichtwissen in diesem Moment. Vielleicht hilft das Vertrauen, wer weiß, vielleicht ist das die Brücke. Vielleicht erinnert ihr euch dann an so eine komische Frau mit Zopf. Das ist das große Mysterium, das mit dem Verstand nicht rauszukriegen ist. Bitte, versucht es nicht!

Das Mysterium des Scheiterns

Mein Herz klopft, es bebt, und mir ist heiß. Da ist so viel Liebe, und ein dermaßen tiefes, unendliches, heilsames Mysterium. Und dann ist hier der Versuch zu sprechen und zu schreiben. Und dann: Großes Beben, jedes Mal, eigentlich immer, wenn es zum Wesentlichen kommt ...

Ich bin nicht auf den Mund gefallen, und ich glaube, dass ich sogar eine Gabe habe, mich bis zu einem gewissen Punkt auszudrücken. Und dann kommt die Essenz, kommt dieser Punkt des unendlichen Mysteriums, der kein Punkt ist, und ich spreche immer noch und ich schreibe weiter, aber gleichzeitig ist es jedes Mal ein Scheitern. Ein Scheitern hier in diesem Mysterium und gleichzeitig so eine Scheu, aufgelöst in diesem Mysterium. Dieses Mysterium ist unglaublich gewaltig und gleichzeitig zart wie ein Schmetterling. Beides zu gleicher Zeit.

Das Scheitern selbst ist ein Mysterium, weil es zutiefst ein Scheitern ist und zugleich ein „Ja, ich bin bereit zu scheitern", und in dieser Bereitschaft gibt es kein Scheitern. Aber das kann ich nicht erklären. Und dazu noch diese Begegnung mit Jesus, diesem Giganten der Liebe, die eine Begegnung ohne Begegnung ist, weil ich keinen Unterschied finde. Wahrscheinlich hat keiner dieser Giganten und Meister dieses Mysterium des Nicht-Scheiterns im Scheitern so deutlich gelehrt wie er. Diese Alchemie und Umwandlung ... Irgendwo ist ein Punkt, da ist es noch nicht mal mehr Umwandlung, sondern es trifft sich. Also mit allem, was ich euch aus dieser Tiefe und Weite, aus dieser Wesentlichkeit heraus sage, habe ich nichts gesagt. Und ja, der Sieg im Scheitern und das ewige Leben im Sterben, nicht nur des Körpers, sondern des Ich. Kein Ende. Ständige Erweiterung über alle Grenzen. Obwohl da keine Grenzen sind.

Wer Ohren hat zu hören, der höre.

Unschuldig getötet – Heilung von Schuldkomplexen

Eine Frau erzählte mir, dass sie vor dem Sterben eigentlich keine Angst habe, aber vor Verletzung. Und sie hat mir dann aus ihrer Jugendzeit erzählt, wie andere Jugendliche gewalttätig gegen sie waren und wie das in ihr Schuldgefühle ausgelöst hat. Das ist ein Geschehen, das sehr tief geht und das sehr weit verbreitet ist. Von KZ-Opfern ist bekannt, dass sie neben allem anderen ein großes Schuld-Trauma davongetragen haben, dass sie sich schuldig fühlten. Dies war auch bei meiner Mutter so, und es hemmte sie völlig im Leben. Wie kommt das? Es ist der Geist, der Erklärung sucht. Dir geschieht etwas Schlimmes, jemand tut dir etwas an, Gewalt kommt dir entgegen, und der Geist sucht nach einer Erklärung, eigentlich um diese Vorkommnisse ein wenig zu erleichtern, und die einzige Erklärung, die er finden kann ist: „Ich muss irgend etwas Schreckliches getan haben. Sonst könnte mir das nicht passieren." Und dieses Gefühl „Ich muss irgend etwas Schreckliches verbrochen haben" bleibt hängen und ist manchmal später sogar gravierender und lähmt die Seele mehr als die Gewalt, die man erfahren musste.

Aber auch das heilt Jesus, dieser Gigant der Liebe. Er stirbt ja nicht an Altersschwäche, sondern stirbt als ein junger, gesunder, kräftiger Mensch an Verletzungen seines Körpers, wobei er gleichzeitig auch seelische Verletzung erfährt. Aber er hat kein

Verbrechen begangen. Gut, er hat an den Säulen der Macht gerüttelt, aber es war ihm nicht nachzuweisen, dass er ein Verbrechen begangen hätte. Jesus ist unschuldig im tiefsten Sinn und erfährt schlimmste Gewalt. Als er vor den verschiedenen Gerichten steht – sie waren sich nicht einig, wer ihn eigentlich verurteilen soll –, hält Jesus es überhaupt nicht für nötig, sich auf irgendeine Art zu rechtfertigen oder irgendetwas zu äußern. Er weiß, dass er verurteilt wird, und er weiß, dass er unschuldig ist. Was gibt es da zu sagen? Und bis zum Schluss zweifelt er nicht an seiner Unschuld. Er sagt nie: „Mein Gott, was habe ich verbrochen? Warum passiert mir das?", sondern er löst diese falsche Verknüpfung. Er erfährt Gewalttätigkeit und tiefstes Scheitern auf allen Ebenen, „obwohl kein Fehl an ihm ist". Und dazu steht er. Er versucht nicht, diesen Pseudo-Trost zu schaffen, der letztlich nur zu mehr Leidhaftigkeit führt.

Pseudo-Trost, ja. Zunächst mag es erleichternd sein, wenn man sagt: „Na ja, wahrscheinlich habe ich irgendetwas ausgefressen. Und deshalb passiert mir das jetzt." Wenn wir aber einfach in der nackten Begegnung sehen: „Das passiert mir jetzt", ohne eine mögliche Erklärung dazwischen zu stellen, dann verschwindet alles „Pseudo". Lasst dies sickern! Im Alten Testament heißt es „Auge um Auge, Zahn um Zahn." Das ist die Simplizität des Gesetzes. Jesus geht an jedem Punkt, wirklich an jedem, darüber hinaus: Nein, nicht Auge um Auge, Zahn um Zahn, sondern: Vergebung! Das ist die andere Seite dessen, worüber wir gerade sprachen. Man reißt mir jetzt nicht das Auge aus, weil ich erst dir das Auge ausgerissen habe, sondern ganz einfach: „Man reißt mir jetzt das Auge aus". Das trennt da jede Verknüpfung, ist aber sehr radikal, denn es erfordert den Verzicht auf diese scheinbare Erleichterung. „Wer Ohren hat zu hören, höre!" Auch das ist Ausdruck der Liebe. Es geht hier sehr, sehr tief, und da wird es gefährlich. Nicht für euch natürlich, nicht für das, was ihr wirklich seid – Christus in euch ist nicht zu töten. Aber für alles andere wird es gefährlich. Alles was nicht Christus ist in euch, ist in Gefahr. Und je tiefer es geht, umso mehr Dinge tauchen auf, die versuchen, euch ins alte Fahrwasser zu ziehen, ins Gesetz, ins Ich. In diese scheinbar geordnete, harmlose Welt, die ihr kennt. Und bei jedem taucht das eine oder das andere auf, entsprechend der Struktur seines Geistes. Die alten Zweifel, die alten Fragen, die alten Wünsche, der alte Hass, die alten Sprüche, alles Mögliche. Und da braucht es das Schwert der Achtsamkeit, des Innehaltens, des Überprüfens. „Wachet und betet! Auf dass ihr nicht in Versuchung fallet" (Mt 26,41), sagt Jesus. Da braucht es Wachheit, Geradheit, Liebe und Treue.

Erlösung durch Scheitern?

Frage: Warum soll uns Jesu Tod am Kreuz erlöst haben? Diesen Satz „Nimmt hinweg die Schuld der Welt" verstehe ich nicht.

Pyar: Nein, erlösen musst du dich schön brav selbst.

Das hat mehrere Aspekte. Buddha hat sicher recht, wenn er sagt, jeder müsse sich selbst ein Licht sein, jeder müsse sich selbst erinnern und auf seine eigenen Füße kommen. Jesus hat das auch so gesagt, aber er fügt noch die Qualität von Gnade, Geschenk und Vergebung hinzu – einfach so, ohne sozusagen jedes Stückchen Karma abbüßen zu müssen. Und vielleicht wollte er dafür ein Zeichen setzen. Ich glaube nicht, dass Jesus der Meinung war, er könnte das Karma der ganzen Menschheit aufarbeiten. Aber er war ein großer Bodhisattva, und das sind einfach ziemlich verrückte Typen, die in ihrer Ausdrucksweise sehr unterschiedlich sind.

Avalokiteshvara zum Beispiel zerriss es in einem Anfall von Bodhisattva-Frust, weil all sein Bemühen nichts geholfen hat. Bodhisattvas sind Wesen, die den Mut haben, sich zu wünschen, dass Frieden sei auf Erden und im Universum und unter den Wesen. Sie sind Wesen, die es wagen, den Wunsch zu haben, dass alle Wesen frei sein mögen von Leid, obwohl die Wesen unzählig sind. Sie haben völlig verrückte Wünsche, große Wünsche. Bei Jesus war das auch so. Ich kann mir vorstellen, dass einige seiner Aussprüche aus dieser wunderschönen Bodhisattva-Verrücktheit kommen. Aber er sagte auch zu seinen Jüngern: „Will mir jemand nachfolgen, der verleugne sich selbst und nehme sein Kreuz auf sich und folge mir ..." (Mt 16,24). Er hat nicht gesagt: „Ich schleppe es für euch."

Diese Verbindung zwischen Kreuz und Erlösung ist ein weiterer sehr wichtiger Aspekt: Jesus hat damit viel gezeigt und viel möglich gemacht. Allein das ist schon Erlösung. Jesus hat damit gezeigt, dass absolutes Scheitern im Außen nichts bedeutet, was in der Gesellschaft damals wie heute vollkommen neu war. Unter dem Gesichtspunkt des Managements und unter so genannten normalen Aspekten betrachtet, ist das Leben von Jesus eine ziemliche Katastrophe.

Das begann ja schon bei seiner Geburt im Stall. Stellt euch vor, eine hochschwangere Frau auf Reisen, und es findet sich kein Haus, in dem sie ihr Kind gebären kann. So begann sein Leben. Heutzutage müsste er nach so einem Anfang für fünf Jahre in die Psychoanalyse. Noch in der Stillphase muss die Familie nach Ägypten fliehen, weil König Herodes sie verfolgt und Jesus umzubringen droht. Keine sehr behütete Kindheit.

Nach ein paar Jahren kehren sie zurück. Mit zwölf Jahren wird Jesus ziemlich rebellisch und folgt seinen Eltern nicht nach Hause. Und sie müssen ihn drei Tage lang suchen. Er war im Tempel verschwunden, und auf die Idee, dass er sich dort verstecken könnte, sind sie nicht gekommen! Mutter ist entsetzt, Vater ist sauer. Über die nächsten Jahre weiß man nichts mehr von ihm. Nichts wurde aufgeschrieben.

Als Jesus ungefähr dreißig Jahre alt ist, begegnen wir ihm am Jordan wieder. Er hat sein Zuhause verlassen, ist wahrscheinlich nicht verheiratet und hat keine Kinder. Allein deshalb schon ist er eine Niete in der Gesellschaft. Mit dreißig ist das absolut ungewöhnlich und asozial in der jüdischen Gesellschaft der Zeitenwende. Jesus verhält sich von Anfang an völlig asozial.

Jesus gelangt zum Jordan und trifft auf einen anderen Verrückten, Johannes, ein Wandermönch und Prediger. Menschen wie Jesus finden nicht oft verwandte Seelen, und Johannes war eine verwandte Seele. Bei Osho habe ich gelesen, dass Jesus sehr alleine war – nicht im physischen Sinn. Ich glaube, Osho schreibt da auch von sich selbst, davon, dass es schwer ist, für Menschen wie Jesus oder ihn einen Freund zu finden, der versteht. Johannes war eine verwandte Seele, und die beiden haben sich sicher gut verstanden. Johannes ist so etwas wie ein spiritueller Freund von Jesus, wie ein Meister vielleicht. Auf jeden Fall wird Jesus von Johannes getauft und erfährt tiefe Erleuchtung. Daraufhin geht er in die Wüste zum Fasten und bleibt vierzig Tage dort.

Danach beginnt er umherzuziehen und zu predigen, er holt die Menschen von den Feldern weg, heilt und spricht von Liebe und Barmherzigkeit, von „Liebet eure Feinde" und solch verrückte Sachen, die die etablierte Gesellschaft natürlich rasend machen. Im Sinne der Gesellschaft verdirbt er die Leute. Verheiratet ist er immer noch nicht, zumindest ist nichts darüber berichtet, vielleicht hat er hier und da eine Liebesbeziehung – das weiß man nicht. Er isst und trinkt mit den falschen Leuten, und zu guter Letzt endet er am Kreuz – die absolute Pleite!

Unter normalen, auch heute noch gültigen Kriterien betrachtet und in der Beurteilung unseres eigenen Lebens und des Lebens anderer ist Jesus ein absolut erfolgloser Mensch. Und dieser im Außen gescheiterte Mensch ist ein Mensch, der über Jahrtausende hinweg Herzen berührt und verwandelt. Ist das nicht erstaunlich? Allein schon dieser Aspekt (und es gibt viele in der Kreuzigungsgeschichte), diese Möglichkeit eines viel größeren Siegs mitten in dem scheinbaren Scheitern, ist immense Erlösung, sofern man das hören kann. Und das immense Vertrauen, die Hingabe, die immense Kraft, Weite und Tiefe des Vergebens Jesu in dieser grauenvollen Situation empfinde ich als zutiefst erlösend. Nicht weil er jemandem etwas abnimmt, sondern einfach in diesem offenen, scheuen und direkten Begegnen mit diesem Menschen am Kreuz und mit diesem Gottessohn. So kann vielleicht Verstehen geschehen, aber es kann nicht im Kopf passieren.

Schuld an Jesu Tod

Frage: Ich konnte als Kind nie verstehen, dass sie Jesus getötet haben. Und da hat sich irgendwie der erste Ärger eingeschlichen, aber auch die erste Schuldfrage. Es heißt ja, wir seien an seinem Tod mitschuldig.

Pyar: Jesus sagte dazu: „Vater vergib ihnen, denn sie wissen nicht, was sie tun." (Lk 23,34). Kann dein Herz dem folgen?

F: Das war auch immer für alle zutreffend, nur nicht für mich.

P: Was ist an dir anders?

F: Vielleicht hat mein kleiner Geist irgendwann die Rolle des Verräters übernommen und sie als sehr attraktiv empfunden. Es geht ja auch um den Verrat der Jünger, kurz bevor sie Jesus festgenommen haben. Mir fällt es bis heute schwer, zu erleben, wenn jemand nicht zu jemand anderem steht.

P: Das ist auch nicht schön. Das ist nicht gut.

F: Dann entstand dieses Gehirngespinst, dass man, wenn man sich in dieselbe Richtung wie Jesus entwickelt, auch am Kreuz endet.

P: Das wissen wir nicht. Aber wir wissen sowieso nichts, egal in welche Richtung wir uns entwickeln. Es starben auch andere am Kreuz, nicht nur Jesus, zum Beispiel Spartakus. Manche Menschen haben dieses Gefühl, sie seien schuld, dass Jesus am Kreuz gestorben ist. Dies ist eine Fehlinterpretation und ganz bestimmt nicht in seinem Sinne. Jesus wollte ganz sicher niemanden mit neuer Last beladen.

F: Es hat sich so viel Ärger angestaut. Mich hat gewundert, dass ich konfirmiert wurde, denn ich habe mich dauernd mit dem Pastor angelegt, weil er auch in die Kategorie derjenigen gehörte, die das Ganze nicht richtig weitergeben.

P: Ja, sie wissen auch manchmal nicht, was sie tun. Es gibt eine Menge Menschen, die nicht wissen, was sie tun, die zu Verwaltern geworden sind, aber kein eigenes Erfahren haben. Ich glaube, dein Pastor hat gehandelt, so gut er konnte und so gut er es wusste, besser konnte er es nicht. Ich nehme an, dass die Mehrzahl der Menschen, die Pastor oder Priester werden, das mit einer guten Motivation tun. Aber dann bleiben manche im Gestrüpp der Organisation hängen und werden auch nicht in tieferes Verstehen geführt, sondern mehr in Verwalten und Regulieren und Reglementieren. Und etwas anderes können sie dann auch nicht weitergeben. Das ist eine Art von Karma. Manche werden auch korrumpiert und sind weit weg von dem, was wir schon gelesen haben: „Du kannst nicht zwei Herren dienen." Nur führt Ärger ebenso wie Selbstbeschuldigung nicht weiter.

F: *Das war ja auch alles nicht so offensichtlich. Mir ist nur aufgefallen, dass diese kindliche Freude, dieses Offen-Sein, dann bei mir vorbei waren.*

P: Dann kannst du es jetzt wiederfinden. Hader und Groll führen nirgendwo hin. Aber jetzt du hast festgestellt: Da war eine Quelle, und irgendwann habe ich den Zugang dazu verloren. Jetzt gerade scheint der Zugang etwas offener zu sein. Nutze den Zugang! Das ist der kreative Umgang mit dem, was jetzt gerade passiert. Schlage nicht auf all die vermeintlich bösen Menschen, die dir den Zugang verstellt haben, ein, sondern nähre die Freude und das Kindliche und das Direkte und Einfache, was da unter Tränen und Schmerzen gerade wieder hervorkommt. Es reicht, wenn wir einfach feststellen: „Es gibt Pharisäer." Jesus spricht dauernd über sie: „Wehe den Pharisäern, denn sie gleichen einem Hund, der im Fresstrog der Rinder schläft; denn weder frisst er selbst noch lässt er die Rinder fressen." (Thomas, Spruch 102). Oder: „Die Pharisäer und Schriftlehrer haben die Schlüssel der Erkenntnis an sich genommen und sie versteckt. Weder sind sie selbst eingetreten, noch haben sie die eintreten lassen, die wollten. Ihr aber – seid klug wie die Schlangen und rein wie die Tauben." (Thomas, Spruch 39). Aber gänzlich dumm sind wir, wenn wir uns aus Ärger auf die Pharisäer selbst den Zugang zum Fresstrog verwehren. Das ist nicht nötig.

Glorie am Kreuz

Jesus ist ein einziges Ja, ein großes, großes Ja. Und es ist ein jubelndes Ja, ein Ja zur Liebe, zum Leben, zur Erde, zu allen Wesen auf der Erde oder sonstwo, ein Ja auch zu sich selbst und ein tiefes Ja zum Göttlichen. Und er versucht, andere Menschen mit diesem „Ja-Virus", mit dieser Liebe anzustecken. Manche Menschen haben eine etwas süßliche Vorstellung von Liebe, etwas immer Tröstendes oder Weiches, immer Biegsames oder immer Nachgebendes. Jesu Liebe ist sehr stark, sehr wild und sehr gerade und – ich kann es nicht anders sagen – sehr radikal. Sie geht an die Wurzeln, kommt aus den Wurzeln. In dieser Liebe, die einfach sein Wesen ist – er ist wie Mensch gewordene Liebe – wankt er nicht, egal was passiert. Auch in seinem Vertrauen wankt er nicht. Diese Liebe ist in ihm gewachsen und ist über ihn gekommen in dem Moment, als er das Leiden des kleinen Geistes endgültig aufgab, damals am Jordan. Es ist wichtig, von dort aus zu schauen. Dieses ganze Missverständnis über die Leidensgeschichte ... Die Kreuzigung war großer Schmerz und ein grauenvolles Ende, was den Körper angeht, aber kein Leiden in dem Sinn, weil das Ja und die Liebe und die Kapazität der Vergebung absolut vorhanden waren und blieben. Eigentlich war es noch einmal ein Ausweiten des Ja und der Liebe und der Hingabe, und mitten darin auch da tiefe Freudigkeit, und inmitten dieser Freudigkeit Glorie und Sieg. Und das in diesem Menschensohn und Gottes Sohn zu sehen und dem begegnen zu können ist Erlösung. Wenn das für Jesus möglich ist, ist es genauso für mich und für jeden möglich. Nicht weil Jesus es für uns oder euch tun würde – das wäre ein grobes Missverständnis –, sondern weil er sagt: „Hey, Leute, es geht wirklich, und es geht in aller Konsequenz und sogar am Kreuz. Und wenn das geht, dann geht alles!" Eine große Freiheit. Das heißt, ein Mensch in einer Situation der absoluten Hilflosigkeit und des absoluten Scheiterns im Außen, was das Leben angeht, und mit großen Schmerzen, was den Körper und wohl auch die Seele angeht, zeigt: Selbst hier ist Freiheit möglich und hier ist Liebe möglich und selbst hier sind Freudigkeit und ein „Ja" möglich. Selbst hier ist Hingabe und Sanftmut möglich, selbst hier ist es möglich, ohne Hass und Rachegedanken zu bleiben. Es ist möglich, gerade zu sein und in der Einheit zu bleiben. Und das stößt auf eine radikale und gewaltige Art Türen auf, sehr praktisch, nicht theoretisch. Gerade das ist ein Liebeslied an das Leben, ein Liebeslied an die Erde. Es gibt einen wunderschönen Satz von Bernhard von Clairvaux: „Das Kreuz Christi ist eine Last von der Art, wie es die Flügel für die Vögel sind – sie tragen aufwärts."

Gleichmut in Anerkennung und Verachtung

Frage: Wenn mir im Außen etwas begegnet – hat das zwangsläufig etwas mit mir zu tun oder nur manchmal oder nie? Ich habe das mit der Spiegelfunktion noch nicht ganz verstanden.

Pyar: Wenn alles prinzipiell immer Spiegel wäre, was wäre dann mit Jesus am Kreuz? Die Leute verspotten ihn, die Leute schlagen ihn, verurteilen ihn zu Unrecht, töten ihn auf grausame Art. Wovon sollte das ein Spiegel sein?

F: Gibt es denn so etwas wie Spiegelfunktion, und wie erkennt man den Unterschied?

P: Ja, das gibt es schon auch. Den Unterschied erkennst du in dir. Es ist anders. Erstens gibt es ein banal-psychologisches Glaubensbekenntnis oder Konzept, welches gute Psychologen nicht haben, welches aber in psychologischen Handbüchlein steht. Es lautet: „Alles was dir begegnet, bedeutet etwas, alles was dir begegnet, ist ein Spiegel". Und dem folgend musst du eben herausbekommen, warum dich die Kollegin schief angesehen hat: Das muss doch etwas mit dir zu tun haben. Ich würde sagen, dass es etwas mit dir zu tun haben könnte, aber nicht muss. Sicher bildest du dir manchmal einfach nur etwas ein, weil du sowieso gerade schlecht drauf bist und überempfindlich reagierst, es muss aber nicht immer so sein. Die Welt ist nicht so gebaut. Die Kausalität und die Vernetztheit unseres Zusammenseins ist multidimensional und keine gerade Straße, wo eins aufs andere folgt. Vielleicht hat das Geschehene ja mit etwas zu tun, was fünfhundert Jahre vorher passiert ist, und wie willst du das dann rauskriegen? Das geht gar nicht. Versucht es nicht! Keine Reinkarnationstherapie! Es reicht, es wahrzunehmen. Es geht nur darum, in sich ganz zu sein, das heißt, mit sich Frieden zu schließen, so wie man ist. Es kann natürlich sein, dass dieses So-wie-du-bist bei deinem Nachbarn nicht gut ankommt. Und es kann auch sein, dass dein Nachbar gar nicht Frieden mit dir schließen will. Was soll man da machen? Hier ist es notwendig, den Wunsch nach Bestätigung aufzugeben. So lange du glaubst, du bräuchtest die Bestätigung von Außen, so lange wird dir Missbilligung das Gefühl vermitteln, du hättest etwas falsch gemacht. Das sind zwei Seiten einer Münze. Jesus erhält am Palmsonntag Bestätigung en masse, alle jubeln ihm zu. Die Zeloten schüren das Ganze noch und schreien: „Heil dem König der Juden", wobei sie etwas ganz anderes als Jesus wollen. Auch Jesu Anhänger tauchen auf, und alle bestätigen ihn. Und es bewegt nichts in Jesus. Er nimmt es wahr und freut sich an der Freude der Menschen. Aber er saugt nichts in sich hinein, sondern er bleibt präsent, gleichmütig, und es bewegt nichts. Und weil der Jubel der Menschen in ihm nichts bewegt, bewegt auch die Verurteilung nichts in ihm. Es bleibt derselbe Gleichmut, dieselbe Gewissheit, dieselbe Liebe, ob sie ihm zujubeln oder ihn ans Kreuz nageln. Und was ist dann der Spiegel? Jesus spiegelt ohne Beurteilung, ganz glasklar und gnadenlos. Bestätigung oder keine Bestätigung, Beschimpfung oder keine Beschimpfung, was er spiegelt ist Liebe, Klarheit, Vergebung, Vertrauen. So lange der Spiegel nicht so klar ist wie bei Jesus, begegnen sich zwei Spiegel mit Flecken, mit ungeputzten Stellen. Was passiert dann? Wenn diese Unklarheiten und diese ungeputzten Stellen aufeinandertreffen, verhaken sie sich, Reibung zwischen den Menschen entsteht. Eigentlich genau da, wo aufgrund von blinden und ungeputzten Stellen klares Spiegeln nicht möglich ist, passiert das, was man im Umgangssprachlichen „spiegeln" nennt. „Du spiegelst mir das" oder „Schau doch hin, das ist nur ein Spiegel". Das sind eigentlich Hinweise auf Momente und Punkte, an denen es *nicht* spiegelt. Diese Punkte sind natürlich die interessanten, denn sie erzeugen Reibung, und Reibung erzeugt Feuer, und Feuer verbrennt, wenn du bereit bist, hineinzugehen. Deine Frage hat unterschiedliche Ebenen und Qualitäten.

Warum lässt Gott die Kreuzigung zu?

Frage: Wenn es stimmt, dass Jesus sterben musste, und sein Tod Gottes Wille war, dann war Judas nur ein Werkzeug, ohne das Gottes Wille nicht möglich gewesen wäre. Judas hätte also damit, dass er Jesu Tod ermöglicht hat, nur Gottes Willen getan. Ich will Judas nicht entschuldigen, aber ich sehe da eine gewisse Tragik. Wenn er ihn nicht verraten hätte, wäre Jesus nicht ermordet worden.

Pyar: Das ist gefährlich! Ja, dieser Mensch ist eine einzige Tragik! In Judas empfinde ich eine extreme Spannung und ein Riesenpotenzial. So viel Idealismus, so viel Intelligenz und so viel Dummheit gleichzeitig. Eine ganz eigene Mischung in diesem Mann.

Jesus scheint oft nach dem Abendessen auf den Ölberg gegangen zu sein, wozu braucht es da einen Judas, der die Leute hinführt? Es war sowieso bekannt. Und wenn sie ihn da nicht erwischt hätten, hätten sie ihn am nächsten Morgen auf dem Weg zur Synagoge oder zum Tempel erwischt. Was du sagst, sind Ansichten und Sätze, die immer wieder in verschiedenem Kontext auftauchen. Und ich merke da, wie es mir den Magen zusammenzieht. Es fühlt sich nicht gut an. Es ist nicht Gottes Wille, dass wir einander verraten.

F: *Ich habe allergrößte Schwierigkeiten zu glauben, es wäre Gottes Wille, dass sein eingeborener Sohn sterben muss. Ich zweifelte viele Jahre lang, was für ein Gott das ist, der seinen geliebten eingeborenen Sohn so leiden lässt. Damit kam ich überhaupt nicht klar.*

P: Ich denke hier nicht so sehr über die Entscheidung Gottes nach. Ich finde, das ist nicht unsere Angelegenheit. Ich halte da Jesus für viel wesentlicher. Wir sprachen schon einmal davon: Aus dem Chaos und aus dem Schmerz wird Gebet geboren. Und das ist ein Mysterium. Ich habe versucht, auf diesen Prozess und Weg vom Unbewussten, der Unschuld der Natur, zu einer bewussten Unschuld eines Buddha oder eines Christus hinzudeuten. Und auf diesem Weg ist Sterben notwendig. Es geht nicht anders. Das Kleine muss sterben. Das war nicht anders bei Buddha, bei Kabir, Milarepa oder Osho. Sie hatten andere Geschichten, aber denselben Prozess. Jesus hat bei seinem Prozess gleichzeitig so tief und so meisterlich gelehrt, gezeigt und vorgelebt, gerade in dieser Geschichte der Kreuzigung. So schön, so tief, so kostbar.

F: *Warum musste Dietrich Bonhoeffer im April 1945 sterben? Immer noch werden sehr wertvolle Menschen hingerichtet.*

P: Das hört nicht auf, so lange die Menschen nicht in Frieden sind. Das hört nicht auf, so lange die Menschen nicht Frieden mit sich selbst schließen, jeder mit sich, hört nicht auf, so lange sie nicht Frieden schließen mit der Existenz, mit dem Leben, so lange sie nicht Frieden schließen untereinander, und so lange sie nicht Frieden schließen mit dem Göttlichen. Und in diesem tiefsten Friedenschließen ist der Tod des Egos und ist Liebe. Dass Menschen getötet werden, tut sehr weh. Das tut auch mir weh, und das hat Jesus wehgetan. Deshalb hat er so gesprochen, wie er gesprochen hat, und sich so benommen, wie er sich benommen hat. Und ihm war zugleich zutiefst klar, dass es nicht von Außen her zu ändern ist, sondern nur über die Rebellion der Liebe, und dafür ist er gestorben. Und ich habe den Eindruck, das wird noch eine Weile so weitergehen. Hinzu kommt natürlich noch der Aspekt der Freiheit: Nur weil Menschen die Freiheit haben, „Nein" oder „Ja" zu sagen, ist Hingabe möglich. Denn Hingabe kann nur aus Freiheit kommen. Das Eingehen in die bewusste Unschuld eines Buddha kann nur durch Transformation geschehen, durch Verwandeln, durch Hindurchgehen, nicht indem man von vornherein die Möglichkeit des „Nein" ausschließt. Es geht also darum, über das „Nein" hinauszugehen, wirklich Frieden zu schließen mit sich, der Welt, den anderen Wesen und Gott, nicht weil man nicht anders könnte, sondern aus freiem Willen. Hass und Mord sind natürlich die stärkste und leidhafteste Ausprägung dieses „Nein". Ja, bitte schließt Frieden, jeder Einzelne, damit dieser Wahnsinn aufhören kann, damit Hass aufhören kann, damit Hinrichtungen aufhören können!

F: *Was hat sich denn durch seinen Tod verändert? Wie viele Menschen haben etwas von der Rebellion der Liebe begriffen?*

P: Wie viele von euch haben diese Woche etwas begriffen? Unser Zusammensein mit hundertzwanzig Leuten hier dauert jetzt eine Woche, und fast hundert Prozent haben etwas begriffen. Meinst du, so etwas passiert nur einmal in zweitausend Jahren? Jesus hat bei Menschen in den letzten zweitausend Jahren immer wieder unglaublich tiefe Transformation bewirkt, davon bin ich zutiefst überzeugt.

F: *Aber nicht zu wenig?*

P: Es ist immer zu wenig. Ich bin Realistin, und wenn ich mich umsehe, ist es offensichtlich zu wenig. „Die Ernte ist groß, aber der Arbeiter sind wenige." (Mt 9,37.) Es gibt etwas zu tun, und zwar gibt es zunächst in dir etwas zu tun! Diesen Schmerz und diese Traurigkeit ganz zu fühlen und anzunehmen zum Beispiel. Diese tiefe Transformation zuzulassen und daran zu arbeiten. Wirf es auch nicht nach außen – keine Schuldzuweisungen auf die Militärs, die Politiker oder die Mörder von Bonhoeffer. Weder rationalisieren noch nach außen werfen.

Wieso wurde Jesus getötet?

In einem seiner Vorträge sagte Osho, dass selbst die Christen Jesus töten würden, wenn er wiederkäme, denn das habe etwas mit dem Verstand selbst zu tun, der alt ist und immer vor dem Neuen und Frischen Angst hat, das ein Mensch wie Jesus bringt. Er werde wieder das Unbekannte bringen, aber der Verstand ist das Bekannte. Und das Bekannte ist immer in Angst vor dem Unbekannten. Jesus werde wieder Unsicherheit bringen, und der Verstand sei immer auf der Suche nach Sicherheit. Und er sagt weiter unten: „Entweder wird Jesus euren Verstand töten, oder ihr werdet Jesus töten müssen."[5]

Darum geht es. Entweder du lässt dich von Jesus töten, oder Jesus wird immer wieder getötet. Das ist eigentlich alles.

„Das sind die einzigen beiden Alternativen. Entweder du kannst mit Jesus gehen, dann wirst du dich nach und nach auflösen, oder du wirst Jesus töten müssen, ehe er dich in seinen Bann zieht."[6]

Aha! Ehe er dich in seinen Bann zieht! Also: Vorsicht.

21. Schlüssel: Hütet das Feuer

Jesus sprach: „Ich habe ein Feuer auf die Welt geworfen und seht, ich hüte es, bis es auflodert." (Thomas, Spruch 10).

Ihr seid jetzt sehr tief gegangen und sehr offen und still geworden, und viele von euch haben eine alte Liebe wieder entdeckt.

---

5 Osho, Komm und folge … zu dir, Band 4, Kap. 9, Osho Verlag, Köln 1992.
6 Osho, Komm und folge … zu dir, Band 4, Kap. 9, Osho Verlag, Köln 1992.

Es ist wild und zart zugleich, und jeder von euch wird auf unterschiedliche Art damit umgehen.

Die Wahrheit ist: Es gibt einen Anfang dieses Feuers, aber es gibt kein Ende. Manchen von euch ist das klar, manchen nicht so. Eigentlich kommt ihr, wenn man es ganz genau nimmt, aus diesem Retreat nicht mehr heraus. Die einen freut das, und die anderen erschreckt es. Für manche ist es vielleicht so, dass sie froh darüber sind, in irgendeine Form dessen, was sie als Normalität empfinden, zurückzukehren. Ein bisschen Abstand von Pyar, wieder normales Leben, was auch immer das sein mag. Aber wenn man mit diesem Feuer in Berührung gekommen ist, wird es einen immer wieder packen. Und wenn das Feuer ein bisschen stärker ist, kann man in die Normalität nicht mehr in der alten Art zurückkehren. Natürlich macht man seine Arbeit, geht seinen Beschäftigungen nach und tut, was zu tun ist, vielleicht sogar effektiver und freudiger und stiller als vorher. Aber man hat nicht mehr das Gefühl, dass es das Wesentliche wäre, das Erfüllende oder das Wichtige, das Eigentliche. Jesus sagt dazu: „Seid in der Welt, aber nicht von der Welt." Die Welt ist wunderschön, sie ist zu feiern und zu genießen, aber lasst sie euch nicht ergreifen. Irgendwann nach der Auferstehung, als Jesus zu seinen Freunden kommt, erkennen sie ihn nicht – was mich nicht verwundert –, und dann fragt er: „Gibt es hier etwas zu essen?" Für ihn ist es ganz normal. Er ist nicht mehr von dieser Welt, aber er isst und freut sich am Essen, und er freut sich an seinen Freunden. Und an der Art, wie er isst, erkennen sie ihn. Das kennen sie, und überdies können sie ein bisschen tiefer sehen, und sie sehen den Auferstandenen. Das ist so schön. Seid in der Welt und freut euch und tanzt und lebt, aber lasst die Welt euch nicht ergreifen. Insbesondere die Welt in eurem Kopf. Hütet das Feuer!

Aber manchmal – und auch das ist normal und menschlich – macht die Tiefe Angst. Wenn die Freiheit Angst macht, wenn die Weite des Himmels Angst macht, versucht man, sich in ein Schneckenhaus der Normalität zu flüchten. Man versucht, sich wieder „in Ordnung" zu bringen ... bis zum nächsten Mal. Dann gibt es Menschen, die entwickeln große Feinheit und Empfindsamkeit und werden dann sehr furchtsam. Sicher sind hier eine Reihe Menschen, die diese Furcht empfinden: „Wie soll ich denn so da draußen leben?" Genau so! Es geht nicht anders. Lebt die Offenheit und die Nacktheit und die Totalität! Auch deshalb ist es so wichtig, die Kraft und die Wurzeln zu haben, diese Kraft im Bauch, wenn der Zorn sich transformiert hat. Diese Stärke ist nötig, um in Offenheit, Nacktheit, Berührbarkeit, Empfindsamkeit und Gebet in der Liebe bleiben zu können. Es ist nicht nötig, die äußeren Schutzschichten wieder zu etablieren, wenn das Feuer im Inneren stark genug ist. Ihr müsst euch nicht fürchten! Es mag Momente des Zurückschreckens geben, es mag auch Momente der Befremdung geben – das ist normal. Das macht nichts. Lasst euch nicht erschrecken. Hütet das Feuer!

Und dann gibt es natürlich die Macht des kleinen Geistes, der immer mal wieder Einfluss nehmen wird mit: „Ja, aber ..." und „Du musst doch" und „Das geht doch so nicht", „Sei doch normal", „Du bist ja völlig verrückt", „Das ist schwierig." Oh ja! Einer seiner Lieblingssätze! Solche Gedanken wollen euch immer wieder in das Alte, in die Trennung, in die Unbewusstheit ziehen. Noch einmal: Es ist der Prozess von der unbewussten Unschuld der Natur durch den ganzen Schlamassel hindurch hin zur bewussten Unschuld und Liebe Buddhas und Jesu. Aber das Alte, das Getrennte und das Unbewusste, auch der Sog der Natur sind sehr stark. Der Sog der Trennung in dieser beginnenden Bewusstwerdung ist auch sehr stark. Aber es geht darum – und das ist unser Job –, darüber hinauszugehen, ohne irgendetwas zu verleugnen: Die Schönheit der Natur wird nämlich im Darüberhinausgehen so viel schöner. Es geht nichts verloren. Heute morgen ... die Regentropfen auf meinem Gesicht. Für diese Intensität der Freude und der Begegnung mit Natur, mit Schönheit, mit Nässe wäre früher für mich ganz viel erforderlich gewesen. Irgendetwas Außergewöhnliches hätte geschehen müssen, ein besonderer Sonnenaufgang zum Beispiel, und jetzt ist es in allem. Und wirklich, es leugnet nichts. Ich weiß, dass es ein paar unter euch gibt – und deshalb sage ich das so –, denen es immer wieder so scheint, als würde dieses Hinübergehen, dieses „der Welt sterben", die Welt verleugnen. Das tut es nicht, sondern es offenbart sie! Die Kostbarkeit in allem wird so immens, jenseits jeder Beschreibung. Diese Kostbarkeit war schon immer vorhanden. Nur konnte ich sie nicht sehen vor lauter Suchen nach den kleinen Kostbarkeiten, vor Festhalten an diesem oder jenem. Im Thomas-Evangelium sagt Jesus: „Spaltet ein Stück Holz – ich bin da. Hebt den Stein auf, und ihr werdet mich dort finden." (Thomas, Spruch 77). In allem ist dieselbe Göttlichkeit, darüber hinaus und alles umschließend. Das Alte, die Unbewusstheit und die Gespaltenheit, die alten Muster werden euch von innen und von außen immer wieder begegnen; in eurem eigenen Geist und in eurem Umfeld. Auch im Geist der anderen Menschen. Und das betrifft nicht nur die Menschen, die hier nicht dabeiwaren, sondern das betrifft auch euch untereinander. Im Atisha-Retreat (nachzulesen im Buch „Bodhicitta – das erwachte Herz") habe ich über die Resozialisierungsversuche gesprochen, die man gegenseitig unternimmt, um sich wieder zu normalisieren. Aber das ist ein Nach-unten-Nivellieren. Besser wäre es, wenn *ihr* in dem Feuer, in der Liebe, in der Offenheit, im Gebet bleibt, in der Freude, in der Verehrung dieser Kostbarkeit und so ohne viel zu sagen einen Zug in die andere Richtung bewirkt. Hütet das Feuer!

IV. TEIL:

DIE BERGPREDIGT – LEITFADEN ZUR TRANSFORMATION

Durch den zweiten Teil des Buches zieht sich als roter Faden hauptsächlich eine Stelle aus dem Thomas-Evangelium: „Seine Schüler sprachen zu ihm: ‚Weise uns den Ort, an dem du bist. Denn wir müssen ihn suchen.' Er sprach zu ihnen: ‚Wer Ohren hat, der höre. Es ist Licht in einem Menschen des Lichts, und er erleuchtet die ganze Welt. Wenn er nicht leuchtet, ist da Dunkelheit.'" (Thomas, Spruch 24).

Es ging dabei immer wieder um die Frage: Wie diesen Ort suchen? Wie an diesen Ort gelangen, an dem Jesus ist? „Weise uns den Ort, an dem du bist." Wir entdeckten dazu eine Reihe Werkzeuge und Hinweise: Hören, Treue, Totalität, Vertrauen, Offenheit, Umkehr, Vergebung, Liebe, Hingabe, Sich-nicht-Sorgen, Gebet und noch eine Reihe mehr. Wir endeten mit diesem Zitat aus dem Thomas-Evangelium:

„Jesus sprach: ‚Ich habe ein Feuer auf die Welt geworfen. Und seht, ich hüte es, bis es auflodert.'" (Thomas, Spruch 10).

Jetzt werden wir weiter das Feuer schüren, es hüten und brennen lassen.

Nach dem ersten Jesus-Retreat erreichten mich viele Briefe und E-Mails, die wunderschöne Berichte eurer Begegnung mit ihm enthielten. Für viele von euch ist eine alte Liebe wieder neu erstanden, und ich bin der Meinung, dass es möglich ist, einige der alten Verletzungen zu heilen, die vielen von uns im Kontext von Kirche und Erziehung widerfahren sind.

1. Über das Gesetz hinausgehen

Sanftmut – die größte Revolution

Im Folgenden werden wir uns mit einigen Textstellen aus der Bergpredigt beschäftigen. Beginnen wir so:

„Jesus sagt: ‚Kommt her zu mir alle, die ihr mühselig und beladen seid. Ich will euch erquicken. Nehmt auf euch mein Joch und lernt von mir. Denn ich bin sanftmütig und von Herzen demütig. So werdet ihr Ruhe finden für eure Seelen. Denn mein Joch ist sanft, und meine Last ist leicht.'" (Mt 11, 28-30).

Sehr oft begegne ich Menschen, die schwer beladen oder mühselig scheinen. Was belastet sie so? Ich glaube, dass die Last, die sie mit sich herumschleppen, viel aus Vergangenheit und Zukunft besteht, aber kaum aus Gegenwart. Sehr viel Altes, immer wieder Wiederholtes und damit die Gegenwart Vergiftendes und wieder Schwermachendes. Und sehr vieles, wovor man Angst hat, was vielleicht irgendwann passieren könnte, oder was man wünscht, dass es passiert, was wiederum Druck erzeugt, Erfolgsdruck. Viel, viel Unnötiges. Jesus sagt da so leicht: „Ich werde euch erquicken", und schränkt dann ein: „Dafür müsst ihr mein Joch nehmen." Es ist nicht so, dass Mühselige und Beladene zu Jesus oder zu einem anderen Buddha kommen könnten, der ihnen dann eine Art Infusion zur Erquickung anlegt. Das funktioniert nicht, weil viele Menschen an ihrer Last festhalten. Also muss zumindest die Bereitschaft loszulassen vorhanden sein.

Es dreht sich permanent ums Loslassen. Jesus bezeichnet Loslassen als sein Joch. Das verlangt, sich nicht zu sorgen und hier zu sein, jetzt zu sein, zu vergeben, die Vergangenheit sein zu lassen, gerade zu sein. Gerades Wort, gerades Handeln.

Und häufig entsteht all die Mühseligkeit und Beladenheit aus dem Kreisen um sich selbst. Wenn man das lässt und sich öffnet, wird es ganz leicht. Ein großer Teil dieser Last besteht auch aus Gedanken-Müll, aus Erinnerungen und Wünschen, die euer eigentliches Zentrum und euer Leben, euer Herz dominieren, so dass euer Herz zu zittern und zu beben anfängt und sich zu verschließen beginnt, und alles wird ganz schwer und mühselig. Viel natürlicher wäre es, wenn das Herz die Impulse gäbe und der Verstand nur ein hervorragender Ausführender und Handlanger wäre, ein Gedanken-Anreicher und Kreativer, der das umsetzt, was das Herz, was euer Wesen sagt. Und das, was euer Herz sagt und mein Herz und Jesu Herz sagt, schwingt zwischen den Worten.

Überdruss an den Anhaftungen als Brennstoff nutzen

Frage: Es wäre leichter, wenn man den ganzen Ballast, von dem du gesprochen hast, radikal aufgeben könnte, indem man sich einfach diesen Luxus leistet, zum Beispiel in eine Höhle zu gehen und sich aufs Wesentliche zu besinnen. Einfacher wäre, wirklich alles zurückzulassen …

Pyar: Manche tun das, manche nicht. Es gibt ja den schönen Ausspruch: „Seid in der Welt, aber nicht von der Welt."

F: Aber das ist hier, wo wir leben, viel schwieriger als in einer Höhle.

P: Manche sagen, es wäre hier schwieriger als in einer Höhle, aber das Problem ist nicht dein Haus oder deine Umgebung, sondern das Problem bist du. Und dich nimmst du mit in die Höhle. Nicht das Material draußen ist wirklich das Problem, das Material im Kopf ist das Problem.

F: Wenn das Material im Außen nicht mehr da ist, kann ich mich nicht mehr damit identifizieren …

P: Glaub das nicht! Das stimmt eben nicht. Es wird immer wieder davon berichtet, wie es einem ergeht, wenn man mit viel Identifikation im Kopf in eine Höhle geht. Dann sitzt du mit der ganzen Identifikation in der Höhle, und die Hölle findet innen statt. Wirklich!

F: Aber wenn man meditiert, beruhigt sich das doch alles.

P: Dazu musst du aber nicht in eine Höhle. Ich meine, man kann und soll sich zwischendurch schon zurückziehen, aber du musst nicht für immer im Himalaja verschwinden. Ich ziehe mich auch manchmal zurück, aber dann bin ich wieder da.

F: Ich wüsste einfach so gern einen Trick, wie man all die Anhaftungen einfach durchschneidet. So ist alles mühsam, Kleinkram, Schritt-für-Schritt-Arbeit: Fünf Schritte vor, vier zurück, unentwegt, unentwegt. Das führt nie irgendwohin, das reicht nicht. Das reicht mir nie.

P: Doch. Fünf vor, vier zurück, so kommst du einen Schritt weiter. Warum feierst du nicht diesen einen Schritt? Könnte da Gier sein?

F: *Ach, es müsste einfach mal gut sein. Irgendwann reicht es einfach, finde ich. Ich habe dieses ganze Zeug satt, diese Fixierungen, mit denen man sich identifiziert, statt mit dem zufrieden zu sein, was da ist.*

P: Ja, du hast ja recht. Also halte jetzt einen Moment inne und disidentifiziere dich. Halte immer wieder an!

F: *Ja, ich halte schon zwischendurch an. Aber von 24 Stunden vielleicht eine halbe Stunde. Auch während der Meditation gelingt es immer wieder mal, Sekunden, Minuten, und zwischendurch läuft der Wahnsinn permanent ab. Und ich sitze mittendrin, als ob ich dazugehören würde.*

P: Dieser Überdruss, den du spürst, ist wunderbar, und ich wünsche mir, dass ganz viele von euch diesen Überdruss haben, auch in derselben Intensität wie du. Dieser Überdruss ist feinster Kraftstoff für Aufmerksamkeit, für dieses Feuer in dir und für die Umwendung. Diese Umwendung braucht Kraft. Wenn du jetzt diesen Überdruss erstens mit Geduld und zweitens mit Armut im Geiste paaren kannst, dann ist das Super-Brennstoff und verbrennt das, dessen du überdrüssig bist.

F: *Wenn das nun mit einem Schlag ginge?*

P: Nein, das geht nicht. Es gibt wenig Dinge, die mit einem Schlag gehen. Du hast zum Beispiel Kinder gekriegt, und die haben ein paar Monate gebraucht, bis sie geboren wurden. Wichtig ist ja nur, dass die Richtung stimmt. Und wenn du sagst, es geht fünf Schritte vorwärts und vier zurück, dann stimmt die Richtung. Denn es bleibt immer noch der eine Schritt. Hab' Geduld mit dir und nutze den Überdruss! Er ist hilfreich. Im christlichen Kontext nennt man das Reue.

Überdruss und Reue geschickt anwenden

Überdruss kann einen sehr tiefen Entschluss bewirken, wie eine Art inneres Versprechen. Entweder kann man Überdruss falsch anwenden, indem man daran leidet und jammert: „Ach, jetzt geht es mir schon wieder so schlecht", oder man kann diesen Überdruss an der Fixierung, diesen Überdruss an sich selbst, diesen Überdruss an der Entfremdung oder diesen Überdruss an der Sünde – wie Jesus sagen würde – nutzen. Er ist falsch investiert, wenn man in irgendwelche Schuldgeschichten gerät oder daran leidet, und er ist richtig investiert und wird zu Brennstoff, wenn man zum Entschluss kommt, etwas zu ändern. Wenn man sagt: „Moment mal, es ist Zeit! Das nicht mehr! Ich will mit all meiner Kraft wach bleiben. Da setze ich ab sofort meine Kraft ein, und ich bemühe mich, offen zu bleiben mit meiner ganzen Kraft. Ich weiß, dass ich wohl meine Kraft und mein Bemühen einsetzen, aber keinen Erfolg herbeizwingen kann." Deshalb das Paaren mit der Armut im Geiste, das die Buddhisten Zufluchtnahme nennen. Damit kommt man in die Lage, sich auch hier zu öffnen und zu sagen: „Okay, hier bin ich mit dem ganzen Schrott, und ich habe es wirklich satt, und ich will wach bleiben. Und was auch immer da draußen sein mag an Unterstützung, an Heiligen, an Buddhas, an Göttlichkeit, bitte, steht mir bei!" Das geht im Retreat, und das geht in der Welt.

Sanftmut ist Stärke

Frage: Meine schwerste Last ist die ganz konkrete Vorstellung, wie etwas zu sein hat.

Pyar: Das ist sicher schwer.

F: Es betrifft immer zwei Situationen: Ungerechtigkeit und Inkompetenz. Das macht mich völlig hilflos und ohnmächtig. Ich müsste einfach mein Herz für das Anders-Sein oder das So-Sein wie es ist öffnen, müsste also das ganze Paket an Vorstellungen loslassen. Das fühlt sich jedes Mal an wie sterben: Alles aufgeben, alles, was schon ein ganzes Leben lang gegolten hat und von dem ich mir sicher bin, dass es richtig ist. Aber diesen Sprung, loszulassen, einfach zu vertrauen und zu sehen, was passiert, schaffe ich nur in kleineren Situationen.

P: Gut, wenn es in kleineren Situationen schon funktioniert, dann ist es jetzt offensichtlich Zeit, in ein wenig größeren zu üben.

F: *Aber in mir ist dann auch Trotz. Ich weiß das, und dann denke ich: Nein, nicht mit mir! Das ist zu viel! So weit darf es nicht gehen! Auf der anderen Seite möchte ich es gerne, aber wenn der Moment dann da ist, schrecke ich zurück. Ich müsste zum Beispiel meine Vorstellungen von Beziehung loslassen. Nicht die Beziehung selbst, aber ich müsste es einfach so geschehen lassen, jeden Tag neu, wie es sich ergibt.*

P: Genau. Das wäre das leichte Joch. Dazu ist, wie Jesus meint, ein bisschen Sanftmut nötig: „Denn ich bin sanftmütig und von Herzen demütig. So werdet ihr Ruhe finden für eure Seelen." Sanftmut und Demut. Man muss nicht immer seinen Kopf durchsetzen, was aber nicht heißt, dass man nicht mehr seine Meinung sagen könnte. Demut widerspricht der Geradheit, der Aufrichtigkeit und der Direktheit in keiner Weise. Aber die Vorstellung, wie es für mich zu sein hat, kann man bleiben lassen.

F: *Es gibt viele Menschen, die einen Geschmack von Sanftheit haben. Mir geht es nicht so, ich weiß gar nicht, wo die Tür dazu ist.*

P: Dass du Sanftheit nicht kennst, glaube ich dir nicht. Wo hast du sie versteckt? Kennst du das, wenn das Herz sich wie eine Rose anfühlt, so kräftig, aber auch offen und sanft?

F: *Da bekomme ich schon wieder Angst, dass das etwas mit Schwäche zu tun hat.*

P: Hier ist die Frage und genau der Knackpunkt, wie du Schwäche definierst. Wenn Stärke als ein Sich-immer-Durchsetzen, als ein Immer-der-Erste-sein, als Siegen definiert wird, dann ist Sanftheit nicht möglich. Dann sind Jesus und Buddha

Schwächlinge. Denn genau dieses Missverstehen von Stärke haben alle Buddhas aufgegeben. Gerade im Loslassen, in der Demut, im Aufgeben und Geschehenlassen entdeckten sie die größte Stärke. Jesus wünschte sich nicht, am Kreuz zu sterben, und war doch dazu fähig, am Ende zu sagen: „Vater, in deine Hände befehle ich meinen Geist." (Lk 23,46).

F: *Aber dann ist doch unglaubliche Stärke da.*

P: Stärke mit einem völlig anderen Geschmack. Die Stärke der Rose. Natürlich kannst du der Rose die Blätter ausreißen, und sie kann sich nicht wehren. Diese „scheinbare" Stärke hat sie nicht. Aber sie besitzt eine ganz andere Stärke, eine, die in der Sanftmut ruht. Um diese zu entdecken, braucht es den Mut, die gewohnte scheinbare Stärke loszulassen. Das sagen uns all die Zitate Jesu: „Die Ersten werden die Letzten sein" und „Selig sind die Sanftmütigen". Jesus dreht das herkömmliche Bild von Stärke vollständig um. Das ist eine sehr tiefe, sehr grundlegende, sehr weitreichende und sehr haltbare Verwandlung, eine wirkliche Transformation. Aber es braucht an diesem Umkehrpunkt einen Sprung, und der braucht Mut. Wie schaut es aus mit deinem Mut? Hast du genug Mut für Sanftmut und Demut?

F: *Den Mut habe ich schon. Aber es ist, als ob man mich an der Hand nehmen, mit mir in so eine Situation gehen und sie mit mir teilen müsste, damit ich wagen kann, sie auch gänzlich zu spüren. Denn ich habe schon Angst, in einer solchen Situation in Schwäche und Versagen mit einem negativen Aspekt zu geraten, und das hätte dann nichts mit Freiwilligkeit zu tun.*

P: Nein, das ist was völlig anderes, da muss man aufpassen. Bei vielen Menschen besteht hier ein großes und immer wieder auftretendes Missverständnis. Es geht nicht um Kopf-Einziehen oder Buckeln oder Gekrümmtsein. Ganz im Gegenteil! Aber in der Sanftheit der Rose, in ihrer Öffnung liegt ihre Stärke. Um ihre Verletzbarkeit wissend und sie akzeptierend öffnet sie sich und verströmt ihren Duft und ihre Schönheit, und sie läuft damit Gefahr, verwundet zu werden. Trotzdem hat die Rose auch Dornen. Das ist wichtig. Das ist die Alchemie der Liebe.

Es gibt keinen Weg zurück zur unbewussten Unschuld

Frage: Im letzten Retreat habe ich an der Geschichte vom Sündenfall etwas nicht verstanden. Auf der einen Seite steht dieses Verbot, vom Baum der Erkenntnis zu essen – wenn man davon isst, ist es Sünde. Aber der Mensch ist doch so angelegt und gebaut, dass er letztlich sündig werden muss. Da besteht für mich ein Konflikt. Ist diese Sünde dann keine Sünde?

Pyar: Diese Sünde lässt sich sowieso nicht mehr rückgängig machen. Wir alle, alle Menschen haben vom Baum der Erkenntnis gegessen, weshalb sie als Erbsünde bezeichnet wird. Das ist nichts Persönliches, was du in diesem Leben getan hättest, sondern wir stehen mitten in dem Prozess, der damit begann, in die Frucht der Erkenntnis zu beißen. Das heißt, wir sind in der Lage, zu unterscheiden, sind in der Lage, klar zu denken, sind in der Lage, bewusst zu sein und bewusster zu werden. Das ist eine Riesen-Herausforderung und eine Chance.

F: Bei mir existiert eine Verknüpfung zwischen Sünde und Schuld, die ich nicht auflösen kann.

P: Genau diese Verknüpfung möchte Jesus gerne löschen. Diese Verantwortlichkeit nimmt er auf sich. Er zeigte den Menschen damals, dass es möglich ist, über Unbewusstheit und über Schuld hinauszugehen und den Weg wirklich vollständig zu gehen, diesen Weg von einer unbewussten Unschuld hin zu der bewussten Unschuld eines Jesus Christus oder eines Buddha.

F: Die eigentliche Frage ist: Warum verbietet Gott einerseits diese Bewusstheit, diese Fähigkeit der Unterscheidung, und andererseits legt er den Menschen so an, dass dieser gar nicht anders kann? Dieses Paradox dreht sich dauernd in mir.

P: Das ist eine Herausforderung. Du musst eigentlich darüber gar nicht nachdenken, denn die Frucht vom Baum der Erkenntnis ist schon gegessen. Wesentlich ist jetzt die Frage, was wir daraus machen.

F: *Damit kann ich etwas anfangen. Das ist der Prozess, in dem wir uns befinden. Für mich verknüpft sich da etwas mit Wahlfreiheit.*

P: Bereits zum Zeitpunkt des Sündenfalls bestand Wahlfreiheit. Adam hätte die Frucht ja nicht essen müssen, aber er hat sie gegessen.

F: *Und wenn er so angelegt ist, dass er einfach essen muss?*

P: Adam ist so angelegt, dass er die Frucht essen kann oder nicht. Und er hat sie gegessen. Er hätte ja auch sagen können: „Vielen Dank, es ist sehr freundlich von Ihnen, aber ich habe kein Interesse." Aber egal, was mit Adam und Eva war, wir sind in einer Lage, dass unser unterscheidendes Bewusstsein vorhanden ist und dass es zu unterscheidender Weisheit werden kann. Wir sind in der Situation, wo die unbewusste Unschuld verschwunden ist. Wir können nicht mehr unschuldig werden, so wie ein Baum. Da führt kein Weg zurück, auch wenn wir uns das noch so sehr erträumen: „Ja, dann wäre alles okay." Wenn wir alle wie Bäume wären, hätten wir zum Beispiel auch keine Umweltprobleme, und die Bäume hätten auch keine. Aber es hilft nichts, wir können nicht zurück. Es ist wie eine Einbahnstraße. Der Pfeil ist abgeschossen. Unsere Aufgabe ist es, den Weg zu Ende zu gehen, durch den ganzen Schlamassel, durch all das Leiden, das durch eine Spaltung im Geist entsteht, zu gehen und darüber hinauszugehen und zu einer neuen Unschuld zu finden, die eine vollkommen bewusste Unschuld ist.

F: *Ich sag es jetzt einmal provozierend: Warum ist Gott so scheinheilig, die Natur auf Evolution hin anzulegen und dann zu sagen: „Du Böser!"? Da ist sicher etwas verquer bei mir.*

P: Es ist eine Herausforderung. Wen stelle ich denn vor eine große, kaum zu bewältigende Herausforderung? Ein Wesen, in das ich Vertrauen setze und von dem ich denke, dass es diese Herausforderung bewältigen könnte. Dazu gehört auch die Auseinandersetzung mit Schuldgefühlen. Sie gehören auch zu dem, was wir uns auf diesem Weg von Unbewusstheit zu Bewusstheit anschauen müssen, wo wir hindurchmüssen. Sie gehören zu dem, was wir integrieren müssen, und über das wir hinausgehen müssen hin zu *bewusster* Unschuld, denn Reife erlangt man nicht durch *unbewusste* Unschuld.

Über das Gesetz hinausgehen, hin zu Sanftmut und Liebe

Ich möchte euch die Geschichte vom Sündenfall noch einmal erklären. Es scheint, dass sie einer der Punkte ist, an denen über die Jahrtausende des Christentums, des Judentums und des Islams die größten Missverständnisse entstanden sind. Das Alte Testament haben Christen, Juden und der Islam gemeinsam, also auch die Geschichte von Adam und Eva und die von Abraham, Moses, David usw. Hierin liegen, glaube ich, sehr viele der Punkte, die permanent missverstanden wurden und werden, und damit immer wieder zu Problemen und zu Kriegen führen, zu allen möglichen Verdrehungen und Leiden in diesen drei Kulturen, die sich alle auf den Stammvater Abraham beziehen und daher abrahamitische Religionen genannt werden. Micha Josef Bin-Gorion, ein jüdischer Schriftsteller und Gelehrter, schrieb: „Abrahams Haus stand allen Menschenkindern offen, den Vorbeiziehenden und Heimkehrenden, und Tag für Tag kamen welche, um bei Abraham zu essen und zu trinken. Wer hungrig war, dem gab er Brot. Wer nackend in sein Haus kam, den hüllte er in Kleider und ließ ihn von Gott erfahren, dem Schöpfer aller Dinge.“[7]

---

7 aus: M. J. Bin-Gorion, Die Sagen der Juden, Berlin 1935

Ich versuche noch einmal zu erklären, wie ich die Sache sehe, erfahre und begreife. Die Geschichte vom Sündenfall beschreibt eigentlich die Evolution des Bewusstseins. Bereits in der Schöpfung des Menschen, als Gott diesem aus Lehm gemachten Homunkulus seinen Odem einblies, wird das wunderschön gezeigt. Erst mit Gottes Odem wurde der Mensch zum Menschen. Bei den Tieren oder den Sternen hat Gott das nicht getan, nur beim Menschen ist es so beschrieben.

Irgendwann im Lauf der Evolution des Bewusstseins in Form setzte abstraktes Denken ein, ein Denken, das weit über Instinkt hinausgeht. Denken hat nicht nur schlechte Eigenschaften, eigentlich hat es viel mehr gute. Es ist wunderbar. Ich habe oft große Freude an unserem menschlichen Geist. Was der alles kann, angefangen bei relativ einfachen Dingen des Alltags bis hin zu Shakespeares Poesie: „Von so betörter Furcht ist Schuld erfüllt, dass, sich verbergend, sie sich selbst enthüllt.“[8] Wunderbar! Da freut sich doch der göttliche Geist über dieses Widerspiegeln im menschlichen Geist, über so viel Kreativität und Treffsicherheit. Es gibt Bäume, Tiere, Bakterien, Viren und Sterne, und es gibt halt auch Menschen. Und vielleicht gibt es irgendwo noch andere Wesen ähnlicher Art, die anfingen, unterscheidend und abstrakt zu denken, die Distanz entwickeln und über etwas nachdenken können. Das ist die Chance, wirklich bewusst zu werden. Für einen Stein ist diese Chance nicht so groß, für eine Ameise ein bisschen mehr, aber nicht ausreichend. Ein Schaf ist wunderschön, aber es gibt relativ selten erleuchtete Schafe. Na ja, es gab zumindest eine erleuchtete Kuh namens Lakshmi. Es kommt vor, aber sehr selten. Um über Unbewusstheit hinaus in Bewusstheit zu treten ist es zunächst notwendig, zu trennen, ist es notwendig, unterscheiden zu lernen, notwendig, abstrahieren zu lernen. Und es ist auch notwendig, die ganze Palette von Emotionen zu erfahren.

8 Hamlet, 4. Akt, 5. Szene, übersetzt von August Wilhelm von Schlegel.

Es ist absolute Voraussetzung, dass Adam diese Frucht der Erkenntnis gegessen hat. Ohne sein Essen dieser Frucht wäre kein Jesus möglich gewesen, kein Buddha und auch kein Osho, kein Krishna, kein Rinzai und kein Atisha. Adam hat damit einen riesengroßen Samen gesät, einen Samen der Sehnsucht, und er hat einen Pfeil in eine Richtung abgeschossen, von der er überhaupt keine Ahnung hatte. Einfach: „Ich will Erkenntnis."

Und Adam war ein Wesen, das – genau wie Jesus – bereit war, einen Preis zu zahlen. Er wusste, dass Gott gesagt hatte: „Du wirst mit dem Tod bezahlen." Adam schoss den Pfeil trotzdem ab. Warum und inwiefern bezahlt Adam das mit dem Tod? Die Bäume und Ameisen sterben ja auch. Aber im Wachsen der Bewusstheit entsteht auch Bewusstheit über die Sterblichkeit. Bereits ein Kind weiß im Allgemeinen, dass das Leben ein Ende hat. So erhält der Tod in unserem Leben als Menschen eine andere Qualität. Wir fühlen uns viel sterblicher als Tiere oder Bäume. Aufgrund der wachsenden Erkenntnis ist für uns der Tod viel mehr ein Stachel als für andere Wesen.

Und was das Paradies betrifft: Wenn wir so brav dumpf geblieben wären und diesen Evolutionsschritt nicht getan hätten, gäbe es tatsächlich viele Probleme nicht auf diesem Planeten, keine Atombomben, kein Ozonloch, viele schreckliche Dinge wären uns erspart geblieben. Wir befänden uns in einem Paradies, aber in einem sehr unbewussten Paradies.

Adam und Eva öffneten eine Tür, aber sie erwies sich als eine doppelte Tür. Wir können, wenn wir der reinen Trennung und dem daraus folgenden Egoismus und der Lieblosigkeit folgen, durch diese Tür in mehr und tieferes Leiden gelangen, in Höllen aller Art. Aber wenn wir dem Pfeil folgen, den Adam und Eva in Richtung Erkenntnis und Bewusstheit abgeschossen haben, dann landen wir im eigentlichen Paradies und landen auch wieder in der Todlosigkeit, obwohl die Körper sterben. So kann ich das Ganze nicht als Erb*sünde* bezeichnen, sondern als eine geerbte

Aufgabe, als eine geerbte Herausforderung und eine geerbte Chance.

Was ist dann weiter passiert? Adam und Eva haben dieses Urparadies verlassen, haben Kinder bekommen. Das Nächste, was dann im Alten Testament erzählt wird, ist, wie ein Bruder den anderen erschlägt, und es setzt sich im Wesentlichen immer weiter fort mit schrecklichen Geschehnissen. Immer wieder geht es um Eroberung von Land, um Stämme und Kriege, um Heirat und Kinder, um Tod und Geburt, und immer wieder um den Menschen und das Göttliche, um Vertrauen und Gebet.

In diesem Stadium der Evolution, der Bewusstseinsentwicklung, war Gott ein sehr persönlicher Gott. Es ging nicht anders. Die Menschen hatten gerade erst vom Baum der Erkenntnis gegessen und stellten sich Gott vor als ein Ebenbild, als ihr Spiegelbild im Himmel. Sie stellten sich Gott vor als einen Vater, mit allen guten und schlechten Eigenschaften, die Väter so haben. In anderen Kulturen gab es Muttergottheiten, mit allen guten und schlechten Eigenschaften, die Mütter so haben.

Später wird dann die Geschichte von Moses erzählt. Die Juden waren immer sehr um Gerechtigkeit bemüht. In vielen ihrer Kriege ging es darum. Eines Tages erhält Moses auf dem Berg Sinai die Gesetzestafeln. Das menschliche Bewusstsein ist zu diesem Zeitpunkt – wie bei Kindern – noch sehr tollpatschig, und die einzige Möglichkeit, allzu großen Schaden zu verhindern, bestand darin, Gesetze zu erlassen. Das hat sich bis heute nicht geändert. Also verkündet Moses diese allbekannten zehn Gebote, die, um gröberen Schaden zu verhindern, absolut ihre Berechtigung hatten.

Mit Jesus geschieht dann ein riesiger Bewusstseinssprung. Mit der Entwicklung des Bewusstseins entwickelt sich auch das Gottesbild. Somit war das hoch entwickelte Bewusstsein von Jesus in der Lage, einen liebenden Gott zu sehen und den rächenden Gott seiner Ahnen zu transzendieren. Aber wir befinden uns in der Bibel schon 1.000 Seiten weiter, im Neuen Testament. Jesus vollzieht den Sprung in die absolute Bewusstheit, in die Liebe, und über jegliches Gesetz hinaus, was er auch ständig betont. „So weit geht das Gesetz, und ich aber sage euch, es geht darüber hinaus." Jesus vollzieht eine riesige Umwendung weg von der Trennung, weg von der Selbstbezogenheit hin zu einem Verschwinden in das Göttliche hinein, mit allen Konsequenzen im Leben. Dieses Verschwinden erfordert das Aufgeben des Ego und gleichzeitig die Entwicklung der einmaligen Individualität. Das ist das sanfte Joch, die leichte Last, von der er spricht: „Kommt her zu mir, alle, die ihr mühselig und beladen seid; ich will euch erquicken. Nehmt auf euch mein Joch und lernt von mir; denn ich bin sanftmütig und von Herzen demütig; so werdet ihr Ruhe finden für eure Seelen. Denn mein Joch ist sanft, und meine Last ist leicht." (Mt 11,28-30). Das ist seine Herausforderung.

Die Verheißung beginnt mit der Geschichte vom Sündenfall im Paradies. Und von Jesus sagt man: Er kam, um das Gesetz zu erfüllen. Jesus schloss den Kreis. Das heißt, dass es hier überhaupt nicht um eine Schuldfrage geht, sondern um Bewusstwerdung in der ganzen langen Geschichte mit Irrungen und Wirrungen von Anfang an. Alles Menschliche und Unmenschliche kommt da vor, es ist unsere Geschichte. Und Jesus ist dann das Ende der Geschichte – ein glorreiches Ende. Ich finde das alles wichtig, denn es verleiht ein viel tieferes Verständnis als die herkömmliche Sichtweise.

Ich glaube, wir können nur auf diese Weise wirklich verstehen, denn sonst bleiben die Geschichte von Jesus und seine Botschaft im alten Denken verhaftet. Dann hätten wir wieder das „Auge um Auge, Zahn um Zahn." (2. Mose 21,24). Diesmal wird halt der Sohn geopfert, was uns schon bei Isaak begegnet ist. Aber so ist es nicht, sondern es ist eine Vollendung und ein Darüberhinausgehen. Nicht um etwas abzubezahlen, sondern es ist etwas völlig Neues. Wer Ohren hat zu hören, der höre!

Frieden muss im Individuum anfangen

Frage: Als du über die Gebote wie „Du sollst nicht töten" gesprochen hast, da ist mir eingefallen: Kriege hat es aber nicht verhindert, oder?

Pyar: Ich glaube, Kriege gab es vor Christus und nach Christus ungefähr gleich häufig. Aber trotzdem sehe ich in der Botschaft der Liebe mehr Potenzial, Krieg unnötig zu machen oder die Unnötigkeit von Krieg bewusst zu machen, als in Gesetzen. Leider werden auch Jesus und andere Buddhas ständig missverstanden. Zum Beispiel herrscht im Irak gerade Krieg, und einer der Kriegsgegner ist ein christliches Land. Die einzige Chance, die wir haben, liegt immer im Individuum. Jeder Einzelne von euch und jede Einzelne von euch. Jedes Individuum, in dem Bewusstheit und Friedfertigkeit Platz nehmen und wachsen und es ganz einnehmen, birgt in sich ein riesiges Potenzial, das wiederum nach Außen strahlt und mehr Frieden möglich macht. Jedes Gesetz ist bis zu einem bestimmten Punkt hilfreich, aber es schafft keinen Frieden. Leider ist auch aus Jesus wieder ein Gesetz, wieder das Alte gemacht worden. Und somit hören wir so abstruse, sehr alttestamentarische Worte eines amerikanischen Präsidenten über die Schlacht zwischen Gut und Böse und über Armageddon. Diese Denkart beruht viel mehr auf den alten Vätern als auf Jesus. Sie ist nicht sanftmütig, nicht demütig, nicht das leichte Joch. Wichtig ist, dass wir einfach Friedlichkeit in uns vermehren und wachsen lassen.

Einfachheit und Radikalität

Jesus gibt sehr einfache Hinweise und Aufforderungen, wie es möglich ist, nach Hause zu kommen. Seine Art zu sprechen ist viel einfacher als die manch anderer Buddhas. Das liegt an seinem Publikum. Jeder Buddha bemüht sich – so gut er kann –, eine verständliche Sprache zu sprechen. Jeder Buddha bemüht sich, so zu sprechen, dass die Menschen um ihn herum seine Worte möglichst gut hören können. Das ist die eine Seite. Die andere Seite ist die Fähigkeit zu hören. Ohne sie geht es nicht. Da können sich die Buddhas den Mund fransig reden und ihr Herz ausschütten, das Hören muss da sein, zumindest ein wenig. Wenn ein bisschen Hören da ist, kann man von da aus weitergehen. Aber wir brauchen den Anfang. Jesus spricht mit Menschen, die nicht auf dem Gymnasium waren, die nicht studiert haben: Bauern, Fischer, Arbeiter, Prostituierte. Zwischenzeitlich spricht er auch mit Gelehrten, den Pharisäern, und ihnen sagt er meistens seine Meinung. Jesu Weg ist sehr einfach: Es gibt keine komplizierten Übungen, keine komplizierten Mantren, keine komplizierten Gedankenkonstrukte, keine komplizierte Philosophie, nichts Schwieriges zu lernen oder zu behalten, sondern er lehrt eine sehr einfache, klare Botschaft, die aber vollen Einsatz erfordert, denn solch einfache Worte kann man auch an sich vorbeifließen lassen. Diese wunderschöne einfache Botschaft braucht den vollen Einsatz des ganzen Menschen – Bauch, Herz, Geist, große Zehen, kleine Zehen, Ohrläppchen, Haarspitzen, den ganzen Menschen, was aber im Übrigen bei allen Buddhas nötig ist. Darunter geht es nicht. Und an diesem Punkt geht Jesus ziemlich radikal mit seinen Jüngern um. Er sagt ihnen wiederholt: Entweder – oder, hopp oder topp. So ein bisschen Reich Gottes zum Nachtisch geht nicht. Warum geht das nicht? Weil es um eine Umwendung geht, um eine tiefe, komplette Verwandlung. Durch den vollen Einsatz, indem man sein Herz auf etwas wirft, wird man zum ganzen Menschen. Nur so kann man in die Tiefe gehen. Deshalb ist es auch besser, *einen* Weg zu gehen, als in alles nur „hineinzuschnuppern".

Die Kunst der Verwandlung

Jesus ist ein Verwandlungskünstler. Er verwandelt Tote in Lebendige, er verwandelt Brot in sich selbst, verwandelt wenig Brot in viel Brot, Wasser in Wein, er kennt keine Grenzen im Verwandeln und Transformieren. Man muss diese Wundergeschichten nicht so wörtlich nehmen. Sie handeln immer von der Transzendierung dessen, was da ist, in das, worum es eigentlich geht: Simples Brot zu verwandeln in Göttlichkeit, tote Menschen aufzuwecken, von denen man denkt, sie seien wirklich schon vermodert. Lazarus lag ja schon einige Tage im Grab, bevor Jesus ihn erweckte, und Israel ist ein heißes Land. Aber selbst davon lässt sich Jesus nicht abhalten.

Jesus ist grenzenlos, er hat jede Grenze verloren. Und aus dieser Grenzenlosigkeit heraus ist es ihm möglich, in der Kraft der Verwandlung ansteckend zu sein. Und das über den Zeitraum von 2.000 Jahren. Das ist unglaublich, ist ein großes Wunder. Und obwohl vieles seiner Essenz, seiner Botschaft und der Wahrheit, die er gesprochen und vor allem gelebt hat, immer wieder verfälscht und verschüttet wurde, ist es nie gelungen, diesen Christus zu töten, seinen Geist zu töten. Deshalb ist diese Kraft immer noch da, und ihr spürt sie. Wenn Menschen in die Lage kommen, den Müll, den Staub und das Missverständnis beiseite zu räumen und mit der Essenz, der Wahrheit und der Liebe eines Buddha in direkten, berührenden, bewegenden, verwandelnden Kontakt zu kommen, geschehen innere Wunder. Und dieser hier ist ein Buddha, den die meisten von uns seit der Kindheit irgendwie wahrnehmen und kennen. Ihr könnt eine alte Freundschaft wieder beleben.

Die Bergpredigt

Eine Sammlung solch einfacher Hinweise, wie man nach Hause kommt, ist die so genannte Bergpredigt, wie sie im Evangelium des Matthäus im fünften bis siebten Kapitel aufgezeichnet ist. Den meisten ist nur ihr Anfang bekannt. Jesus ging wieder einmal auf einen Berg, was er meist tat, wenn er allein sein und beten wollte. Das geschah oft. Zum Beispiel: „Als er sie fortgeschickt hatte, ging er hin auf einen Berg, um zu beten" (Mk 6,46).

Der Anfang der Bergpredigt lautet: „Als er aber das Volk sah, ging er auf einen Berg und setzte sich." Wohin Jesus auch kam, die Menschen waren schon da und warteten. Gelegentlich zog er sich dann zurück, aber sie haben ihn doch gefunden. An diesem Tag wollte Jesus vielleicht gar nichts sagen, aber dann sprach er einen der längsten Texte des Neuen Testamentes:

Seligpreisungen

„Als er aber das Volk sah, ging er auf einen Berg und setzte sich. Aber seine Jünger traten zu ihm. Und er tat seinen Mund auf, lehrte sie und sprach: ‚Selig sind, die arm sind vor Gott, denn ihrer ist das Himmelreich. Selig sind, die trauern, denn sie sollen getröstet werden. Selig sind die Sanftmütigen, denn sie werden das Erdreich besitzen. Selig sind, die hungert und dürstet nach Gerechtigkeit, denn sie sollen satt werden. Selig sind die Barmherzigen, denn sie werden Barmherzigkeit erlangen. Selig sind die reinen Herzens sind, denn sie werden Gott schauen. Selig sind die Friedfertigen, denn sie werden Gottes Kinder heißen. Selig sind die um der Gerechtigkeit willen verfolgt werden, denn ihrer ist das Himmelreich." (Mt 5,1-10).

Soweit der Anfang.

Jesus dreht die herkömmliche Sichtweise vollständig um. Ihr merkt das vielleicht nicht auf den ersten Blick, weil ihr diese Texte schon so oft gehört habt und euer Geist sich an die Worte gewöhnt hat. Aber wenn man die Worte wirklich hört und wirklich in dich aufnimmt, ist es eigentlich vielleicht sogar erschreckend. Diese Sätze erschüttern – wenn man sie wirklich hört – auf jeden Fall die „normale" Struktur, die ja eigentlich die Säulen und Grundfesten und das Fundament des Egos bildet. Wenn ihr das nicht spüren könnt, dann habt ihr nicht wirklich zugehört. Das Ego ist so gebaut, dass es immer an mehr und mehr denkt, an Haben, an Konsum, an Reinziehen, an Befestigen, an Verteidigen, Angreifen, Besitzstand und Territorium. Das Territorium ausweiten, größer und besser werden, voller und reicher, gescheiter und klüger werden, und das Gewonnene dann immer wieder sichern. Das Ego ist ein Geist, der fremd geworden ist, und das ist sein Problem. Fremd geworden sich selbst, fremd geworden der Natur, fremd geworden der Existenz, und fremd geworden dem Göttlichen. Und aus dieser Fremdheit entsteht zunächst ein „Fremdeln", und daraus entstehen dann verschiedene Dinge: Angst, Verschließen und auch das Reinziehen. Ich denke mir immer wieder, was für ein Wahnsinn es ist, dass Menschen denken, sie könnten Land besitzen, Erde besitzen. Das ist eine Geisteskrankheit. Das geht nicht.

Gier, Besitz, Angst und Sorge überwinden

Aus dieser Entfremdung, aus diesem Fremdeln und aus dem daraus resultierenden Abgrenzen genauso wie aus der Verrücktheit des Besitzens und der Gier entsteht dann auch die Sorge, und die Sorge bewirkt wieder mehr Angst, und aus der Angst entsteht wiederum der Impuls, mehr zu sichern – und die Mauern werden immer dicker. Das betrifft nicht nur Materielles, sondern alle Ebenen unseres Lebens, auch die Beziehungsebene und die emotionale Ebene. Ihr wollt immer die schönen Gefühle haben, und die nicht so schönen wollt ihr nicht haben. Ihr wollt die Hochs und keine Tiefs, das ist dasselbe. Unglaublich viel Energie und Kraft wird in diesen ganzen Kram gesteckt, sei es jetzt auf materieller Ebene oder auf emotionaler Ebene, und auch auf spiritueller Ebene herrscht unnötige Kraftverschwendung. Das ist die Mühsal und die Last, mit der die Menschen dann zu Jesus kommen, und der ihnen sagt: „Ja, ich kann euch erquicken. Nehmt mein Joch, es ist leicht." Das bedeutet aber die Umkehr, was heißt, wirklich, gänzlich und ernsthaft diese ganzen Ideen wegzulassen und ins glatte Gegenteil zu kehren. Zum Beispiel: ‚Selig sind, die arm sind vor Gott.' Oder in einer anderen Übersetzung: ‚Selig sind die Armen im Geiste.' Und in einer dritten Übersetzung: ‚Selig sind die Armen" – ohne Zusatz.

Die verschiedenen Übersetzungen stammen aus verschiedenen Zeiten, sind aber eigentlich auch verschiedene Aspekte, ich halte alle drei für gültig. Es bedeutet wirklich, aufzuhören mit dem Raffen und anzufangen, neu zu sein, mit offenen Händen und offenem Herzen und offenen Türen. Nur wo die Hände leer sind, wo die Türen und die Herzen offen sind, kann Gott oder das Reich Gottes oder Buddha oder Jesus euch berühren. Nur da, wo Platz ist, kann Gott sein. Die Menschen haben sich so vollgestellt, und gleichzeitig haben sie das Gefühl, sehr im Mangel zu sein. Ich glaube, da ist im Inneren einfach ein Mangel an Platz. Da ist einiges zu entsorgen, loszulassen.

Armut im Geiste

„Selig sind, die arm sind vor Gott, denn ihrer ist das Himmelreich." Je leerer unsere Hände sind, umso größer ist die Fülle. Und genauso ist es mit dem Geist: Die Armut im Geiste ist etwas Wunderbares, sie ist nicht mit Dummheit zu verwechseln. Jesus ist nicht dumm. Buddha ist nicht dumm. Ich bin auch nicht dumm. Osho ist nicht dumm. Sie ist auch nicht unbedingt mit Ungebildetheit gleichzusetzen. Man braucht Bildung nicht, aber sie ist auch kein Hindernis. Ein Hindernis wäre zu denken, dass das, was im Kopf an Erfahrung und Wissen ist, irgendetwas bedeuten würde, irgendeine Sicherheit geben könnte oder damit etwas zu erreichen wäre. Hinderlich ist, dass ihr so voll seid mit alten Gedanken, und somit dem Göttlichen und dem Moment nicht mehr frisch begegnen könnt, was leider öfter der Fall ist. Dann muss man Platz schaffen, loslassen. Ein Loslassen durchaus auch im Sinn von Aufgeben: das Viele aufzugeben, viel an Verknöchertem und Altem und Totem und Hinderlichem herzugeben, damit Platz wird für den Geist Gottes.

„Selig sind, die arm sind vor Gott, denn ihrer ist das Himmelreich", das ist so wunderbar, denn selbst mit Gott würde man gern einen Handel abschließen und anführen: Dies und das habe ich auf meinem Konto an guten Taten, an Erkenntnis, an Sadhanas, an Meditationseinheiten, an spirituellem Erfolg angesammelt, jetzt müsste doch irgendwann einmal die Belohnung anstehen. Das ist gängiges Denken, das immer wieder auftaucht, oder? Aber das funktioniert nicht. Wir sind vor Gott und auch in Gott immer gar nichts, nichts und ohne etwas, völlig unbedeckt, völlig nackt, völlig besitzlos, auch besitzlos gerade was geistigen Besitz angeht. Und völlig offen, arm. Und in dieser Armut reich, unendlich reich, ohne eine Chance zur Territorialbildung, ohne eine Chance, wieder etwas zu befestigen.

Jesus stellt alles auf den Kopf, zum Beispiel Familie, Beziehung, Besitz, geistigen Besitz, Jobs – die Menschen sind Fischer oder gehen sonst irgendeiner Arbeit nach, und er sagt: „Komm einfach mit, folge mir." Und seine Jünger lassen alles stehen und liegen, verlassen ihr bisheriges Leben, ihre Familie, ihre Arbeit, und folgen ihm. Jesus ging sogar so weit, zu einem Menschen, der sein Jünger werden wollte, aber zuvor noch seinen verstorbenen Vater beerdigen wollte, zu sagen: „Folge du mir, und lass die Toten ihre Toten begraben!" (Mt 8,22). Er erschüttert radikal alle Strukturen, alle Konditionierungen und alle Grundfesten der Trennung des Bewusstseins. Es ist nicht sonderlich verwunderlich, dass er für die Gesellschaft nur drei Jahre erträglich war.

Akzeptanz von Schmerz

„Selig sind die trauern, denn sie sollen getröstet werden." Im ersten Satz ging es um den Geist und die Armut vor Gott und die Armut im Geiste. Jetzt spricht er von Gefühl. Viele Menschen denken, traurig zu sein wäre nicht gut oder man sollte nicht traurig sein, oder irgendwann wäre man nicht mehr traurig, und Buddhas wären nie traurig. Nein, auch hier ein Ende der Unterscheidung. Wir brauchen unterscheidende Weisheit, aber die Unterscheidung im Sinne von „das will ich haben" und „das will ich nicht haben" hört auf. Und damit wird einer der giftigen Anteile der Frucht der Erkenntnis aufgelöst. Jesus sagt nicht, dass die selig wären, die immer gut drauf sind. Jesus sagt, dass die selig sind, die trauern, das heißt, die in der Lage sind, auch das Schwere, das Traurige und das Tal unserer emotionalen Wasser wahrzunehmen und dieser Empfindung nicht auszuweichen. Nichts ist abzulehnen, und so kann man einfach traurig sein, wenn man traurig ist.

Die Burg des Ich muss wanken

„Selig sind die Sanftmütigen, denn sie werden das Reich besitzen." Das bedeutet eigentlich das Ende jeglichen Karrieredenkens, das Ende jeglichen Erfolgsdenkens, das Ende jeglichen Übervorteilens, das Ende des Vordrängelns an der Kasse, das Ende des sich ständig um sich selbst Sorgens, das Ende des sich über alles Aufregens, wenn etwas nicht ganz so läuft wie ich es mir vorstelle. Da wird etwas ganz weit. Diese Sanftmut ist Mut und hat viel Größe und Weite und unglaublich viel Platz. Dieser Jesus ist derselbe Jesus, der mit den Pharisäern Klartext redet, derselbe Jesus, der die Händler aus dem Tempel treibt. Das dürft ihr nie vergessen, er ist kein Duckmäuser, aber er hat sicher nie versucht, das größte Stück vom Lamm zu kriegen, und er hat sich auch keine Sorgen gemacht, wie er schläft und wo er schläft. Er sagte: „Die Füchse haben Gruben, und die Vögel unter dem Himmel haben Nester; aber der Menschensohn hat nichts, wo er sein Haupt hinlege." (Mt 8,20). Aber das hat ihn nicht weiter gestört. Wenn wir das wirklich und in einer freudigen, lachenden Ernsthaftigkeit in unser Herz nehmen, kann Krieg aufhören. Denn Krieg ist genauso wahnwitzig wie die Idee, Land zu besitzen. Kriege werden geführt um Land, Kriege werden geführt um Öl und um Wasser – die Kriege um Wasser beginnen gerade.

Merkt ihr, dass das eine Revolution ist, von der Jesus da spricht? Ich meine, wird es euch ein bisschen wackelig, oder sitzt ihr noch bequem? Es muss wackeln. Nicht in eurem Wesen, da bleibt bitte stabil, aber in der Festung, in der Burg des Ich muss es wackeln. Ich habe auch die Angewohnheit, immer wieder einmal an den Grundfesten der Ego-Burgen zu rütteln.

Jesus spricht immer wieder und wieder vom Reich Gottes, und dieses Reich Gottes ist genau das, weswegen ihr hier seid. Ihr habt Hunger und Durst danach. Es ist auch genau das, weswegen wir nach Pune gegangen sind, oder? Und Jesus sagt, es ist hier, „ … es ist ausgebreitet über der Erde, nur die Menschen sehen es nicht." (Thomas, Spruch 113). Das Reich Gottes ist nicht irgendwo, sondern hier, jedem verfügbar, wenn man nur den anderen Schrott auf der Seite lässt.

Gerechtigkeit

„Selig sind, die da hungert und dürstet nach Gerechtigkeit, denn sie sollen satt werden." Wir sind nicht sehr gerecht, und es gibt viele Menschen, die auf diesem Planeten nach Gerechtigkeit hungern und dürsten. Im Großen und im Kleinen, in Familien und Firmen und zwischen Staaten, zwischen Norden und Süden. Es gibt an so vielen Punkten in unserem menschlichen Zusammensein so viel Durst nach Gerechtigkeit. Ja, sicher werden die, die nach Gerechtigkeit dürsten, satt werden. Wichtig finde ich da, dass wir, so gut wir eben können, versuchen, unseren Teil dazu zu tun, um Durst zu stillen, wo Durst nach Gerechtigkeit ist.

Barmherzigkeit

„Selig sind die Barmherzigen, denn sie werden Barmherzigkeit erlangen." Barmherzigkeit ist Mitgefühl, und dort gibt es sowieso keine Grenzen mehr. Wenn Mitgefühl vorhanden ist, dann kann ich mich nicht abgrenzen. Jesus konnte sich von den vielen Brüdern und Schwestern nicht abgrenzen. Auch wenn er auf den Berg gegangen ist, auch wenn einmal wieder viel Volk da war, konnte er sich trotzdem nicht abgrenzen. Keiner von den Verrückten der Liebe!

Geh Schritt für Schritt und wende dich dem göttlichen Herzen zu!

Ihr habt euch vorgenommen, einen hohen Berg zu ersteigen. Das ist ganz, ganz wunderbar, und ihr seid alle sehr mutig. Die Existenz freut sich über jeden, der seine Bergschuhe schnürt und sich daran macht, diesen Berg zu besteigen. Dieser Berg ist die Möglichkeit oder die Erfüllung dessen, was Adam vorhatte und was Jesus für sich und uns erfüllt hat, was Buddha erfüllt hat. Aber es ist schon eine Bergtour, und die kann sich zwischendurch mühsam anfühlen, und es kann auch schweißtreibend sein. Und dann gibt es wieder Stellen mit einer wunderschönen Almwiese oder einem wunderschönen Baum. Ihr sitzt da, und alles ist ganz wunderbar, und ihr habt irgendwie fast das Gefühl, auf dem Gipfel des Berges zu sein, aber irgendwann macht ihr euch wieder auf, zieht eure Schuhe an und geht wieder ein Stück weiter. Und dann habt ihr vielleicht das Gefühl, dass es heute zu kalt ist oder zu heiß, zu steil oder der Weg zu eng. Es ist eine Tatsache, dass Menschen immer etwas zu jammern finden. Wie es ist, ist es nicht recht. Hat man eine Arbeit, jammert man, dass man so viel Arbeit hat. Hat man keine Arbeit, jammert man, dass man keine Arbeit hat. Ist der Berg steil, jammert man, dass er steil ist, ist er nicht steil, jammert man, dass es nicht vorwärts geht, dass es nicht schnell genug hinaufgeht. Ich sage manchmal, die Existenz oder Gott hat es nicht leicht mit uns. Also, geh Schritt für Schritt, und lerne Geduld, Ausdauer! Dann entdeckst du, dass im Gehen selbst, auch wenn es gerade noch so schweißtreibend sein mag, Seligkeit ist. Wenn du die Seligkeit sogar in dem mühsamen Schritt entdecken kannst, weil du weißt, dass das jetzt genau der richtige Schritt ist, dann ist das Reich Gottes da. Deshalb sagen die Zen-Leute: Der Weg ist das Ziel. Was macht es? Was macht es, wenn es manchmal mühsam ist?

Berührt und arm im Geiste sein

Wenn ich so essenzielle Sutren wie die Bergpredigt lese, ist es jedes Mal wieder eine tiefe Begegnung und Berührung, selbst wenn ich denselben Text schon lange kenne oder oft gelesen habe. Es ist immer wieder völlig neu, und so erfahre ich auch jetzt wieder tiefe Berührung. Und tatsächlich, je tiefer man geht und je weiter man wird, umso ärmer wird man im Geist. Was überhaupt nicht heißt, dass man dumm werden würde, da kann ich euch beruhigen. Ich lese die Bergpredigt – mehr noch, ich höre sie, und dieses Hören bewegt sich viel mehr im Herzen, als dass es sich gleich in Gedanken niederschlagen würde. Es schlägt Wurzeln im Herzen und treibt Blätter und Blüten und Früchte.

Dann gesellen sich noch Gedanken oder Überlegungen dazu – wunderbar. Aber zunächst einmal ist es ein Hören und Begegnen und Berühren und Berührtsein im Herzen. Bei den Sutren von Jesus oder Osho, Buddha oder Milarepa oder anderen wunderbaren Freunden ist das so. Das ist wichtig. Und dafür ist es völlig unerheblich, ob ihr einen Text schon hunderttausendmal gehört habt oder noch nie. Ich glaube, wenn es außer ein oder zwei Sutren von Jesus keine weiteren gäbe, und wir würden diese *wirklich* hören und *wirklich* leben, würde das völlig ausreichen, damit jeder in Frieden und Fülle leben könnte. Wirklich hören, wirklich leben und wirklich umsetzen. Über die Jahrtausende gesehen, gibt es eine Überfülle an Buddhas und eine Überfülle an Sutren, um es uns ein bisschen leichter zu machen, denn der eine hört das eine Sutra besser, der andere das andere. Prinzipiell aber würden zwei, drei Sutren reichen. Und bei jeder kann Verstehen geschehen.

Wie so oft ist es eine Frage der Qualität und eine Frage des Wie. Auch die Frage nach Fülle ist meinem Erfahren nach eine Frage nach Qualität und nicht nach Quantität. Man braucht nicht viel, eigentlich braucht man sehr wenig. Alles, was wir brauchen, ist da. Jesus zog mit seinen Jüngern durch das Land, und sie hatten nicht immer zu essen. Sie kamen am Sabbat an einem Weizenfeld vorbei, streiften die Ähren ab und aßen sie gleich am Feldrand. Das war natürlich ein Ärgernis.

Frage: Könntest du diesen Begriff der Armut im Geiste noch mal erklären? Irgendwie habe ich es noch nicht verstanden.

Pyar: Das ist doch schon mal gut, nichts wissen, nichts verlangen, nichts wollen, offen, leere Tasse, keine Philosophie. Das macht den Unterschied zwischen Philosophie und Religion aus. Philosophie, so wie wir sie verstehen (eigentlich ist es die Liebe zur Weisheit), ist der Ansatz, zu verstehen, zu wissen, zu durchdenken, mit Logik zu erfassen. Religion heißt, an einen Punkt zu kommen, an dem man sagt: „Ja, ich habe es versucht und ich verstehe es nicht. Ich weiß nichts, trotzdem nähere ich mich einem Mysterium, einem Feuer, dem Leben, der Stille, Gott, *ohne* alles. Ich habe nichts. So beginnt Berührt-Sein und Begegnung.

Scheu und Entschlossenheit

In diesem Berührtsein und in diesem Begegnen taucht Scheu auf, was immer wieder passiert. Das halte ich für wichtig. Diese Scheu beinhaltet eine Qualität, die bewirkt, dass man nicht so über etwas hinwegeilt oder einfach darüberwischt. Eine feine Scheu, die nichts mit Schüchternheit zu tun hat, sondern vielmehr mit Gebet und Religiosität. Gebet ist etwas so sehr Inneres. Diese Scheu befällt mich auch, wenn ich alleine bin. Sie hat nichts mit euch zu tun, sondern ist so sehr Inneres, dass sie auch da ist, wenn niemand sonst um mich herum ist. Das ist sehr kostbar. Das sind ganz feine Dinge, oder Nicht-Dinge. Und es ist wichtig, dass ihr diese Feinheit ebenso hütet wie das Feuer, und damit sorgsam umgeht und sie fördert. Auch das wird zu mehr Fülle in eurem Leben führen, zu viel mehr Fülle, als irgendetwas Äußeres euch geben könnte. Da ist diese Feinheit, die mit der Scheu einhergeht, und da ist gleichzeitig immense Kraft, Entschlossenheit und Feuer. Es hat beide Qualitäten. Beide sind Attribute des Göttlichen, und beides findet ihr nur ganz. ganz innen.

Vogelgesang ist Ausdruck des Letztendlichen

Manchmal entwickeln sich im Außen Umstände, die diese Qualität in euch zum Schwingen bringen – sowohl die Feinheit als auch die Wildheit. Und doch ist es ein Schwingen dieses Allerinnersten in euch. Hier ist es wichtig, das auslösende Element nicht mit dem Eigentlichen zu verwechseln, weil ihr euch sonst sofort von dem abhängig macht, was die Schwingung ausgelöst hat, und dann seid ihr wieder im Greifen. Wenn ihr zum Beispiel einen Vogel hört oder das wunderschöne Grün der jungen Blätter seht, die Schafe oder die Wolken oder einen schönen Menschen, oder wenn ihr verliebt seid, dann nehmt das wahr und besingt das in eurem Herz, aber nehmt es wahr als Ausdruck des Letztendlichen. Es ist nicht wirklich der Vogel. Es ist Gott, der sich als Vogel verkleidet hat. Es ist genau dieselbe Qualität wie in allem anderen. Wenn ihr das wahrnehmen könnt und nicht darauf wartet, dass genau derselbe Vogelgesang oder dieselbe Verliebtheit oder dieselbe Ergriffenheit wieder passiert, dann seid ihr immer in Fülle. Eigentlich ganz einfach, oder? Und dann ist da auch noch die Liebe, völlig unabhängig von irgendjemandem, völlig unabhängig davon, wie jemand auf euch zukommt. Die Liebe ist viel größer.

Das ist die Fülle, von der Jesus spricht und von der ich spreche und aus der wir sprechen. Eigentlich sprechen wir nicht so viel *von*, wir sprechen mehr *aus*, das ist zumindest in den meisten Fällen der Unterschied zwischen einer Predigt in der Kirche und diesem Versuch zu sprechen. Und weil wir aus der Fülle, aus dem Frieden, aus der Liebe, aus dem Feuer und aus der Hingabe sprechen, ist es möglich, dass da Magie, dass da Umwandlung geschieht, wenn euer Hören da ist, wenn eure Bereitschaft da ist, sich wirklich auf dieses Abenteuer einzulassen.

Authentizität der Sanftmut

Für uns alle und für den Planeten ist es absolut wesentlich und wichtig, dass ihr zu einer tiefen Transformation, zu einem wirklichen Umwandeln bereit seid. Wenn Jesus zum Beispiel über „Selig sind die Sanftmütigen, denn sie werden das Reich erben“ spricht, dann spricht er nicht von einer Maske von Sanftmut – die gibt es auch –, sondern er spricht von einer ganz tiefen und sehr kräftigen Sanftmut, die mitten aus dem Herzen und mitten aus dem Bauch heraus entspringt. Diese Sanftmut legt sich nicht als freundliche Geste oder als Abmilderung von Zorn über etwas. Jesus spricht immer von einem echten Ja, von einem ganzen, echten Ja, das durch alle Zellen geht. Das ist wichtig.

Jemand erzählte mir über seinen Zorn und seine Wut, und dass es ihn sehr berühre, wenn er einem Menschen begegnet oder in einem Film jemanden sieht, der sanftmütig ist. Das hat mich sehr bewegt, weil in genau diesem Berührt-Sein ein großes Potenzial liegt, Zorn, Wut und Ärger wirklich in der Tiefe umzuwandeln – wenn du dir zugestehst, dass auch dir, sei es jetzt oder erst nach längerer Übung, dieselbe Sanftmut möglich ist, die du an diesem Menschen bewunderst. Auf jeden Fall ist es dir jetzt möglich, einen Schritt darauf zuzugehen, und wenn es nur ein ganz kleiner Schritt ist. Jedem ist es möglich, jetzt einen Baby-Schritt zu machen. Manchmal sind auch Siebenmeilen-Schritte möglich, manchmal nur Baby-Schritte. Wichtig ist, dass es Schritte in die richtige Richtung sind.

Diese Umwandlung hat zwei Aspekte, braucht zwei Beine: Erstens den Zorn erst mal zu fühlen, ihn da sein zu lassen ohne ihn gleich der Nachbarin um die Ohren zu hauen. Du könntest zum Beispiel in der Dynamischen Meditation mit dieser Energie des Zorns Bekanntschaft machen. Also versucht nicht, eine sanftmütige Decke über den Zorn zu legen, sondern dem Zorn, der ja als das Gegenstück von Sanftmut erscheint, wirklich zu begegnen.

Und das Zweite wäre, beim nächsten Anflug von Ärger oder Zorn zu versuchen, es anders zu machen. Irgendetwas nervt euch, und normalerweise geht ihr auf die Barrikaden, aber diesmal sagt ihr einfach: „Okay." Einfach einmal anders damit umgehen, von Innen heraus, und schauen, wie sich das anfühlt. Zunächst bei kleinen Sachen, und dann bei größeren, und dann bei noch größeren Sachen. Ihr werdet entdecken, dass dieselbe Energie, die sich bisher in ihrer vergifteten Form als Zorn äußerte, sich irgendwann wirklich und bleibend in tiefes Mitgefühl verwandelt. Ihr könnt wirklich frei werden von Zorn oder Eifersucht und all diesen gestörten Emotionen.

Wenn nicht jeder Einzelne diese gestörten Emotionen in sich selbst überwindet und transformiert, gibt es kein Ende der Ungerechtigkeit und der Schrecken, die Menschen anderen Menschen antun. Wie kann es sein, dass ein Mensch einen anderen foltert? Es ist wichtig, dass wir da hinschauen, nicht wegsehen. Wir müssen uns damit auseinandersetzen. Es hilft nichts, keine Zeitung mehr zu lesen, um diesem Schrecken zu entgehen, denn genau das unterstützt den Schrecken, und genau so kann Transformation nicht geschehen. Transformation, Umwandlung bedeutet immer: nicht auszuweichen, sondern hindurchzugehen, und dann darüber hinauszugehen.

Es gibt im fehlgeleiteten menschlichen Bewusstsein eigenartige Mechanismen, die wir miteinander teilen, wie z.B. Hass und die Fähigkeit zu foltern. Das ist in keiner Weise ein Grund zu erstarren. Genau dieses Erstarren vor solchen Dingen oder dieses Schweigen und Nicht-wissen-Wollen begünstigen diese Dinge, weil man sie damit wieder im Keller hält – im Einzelnen und in der Politik und Gesellschaft. Außerdem finde ich es sehr wichtig, wegzukommen von dem Konzept: „Die anderen sind die Bösen – wir sind ja spirituelle Menschen“. Diese Schrecken im menschlichen Geist, die zu Schrecken im menschlichen Handeln führen, kommen aus den Wurzeln des Leids, kommen aus Ignoranz, Hass und Gier. Und sie sind dauerhaft transformierbar, wie Jesus und alle anderen Buddhas bewiesen haben und lehren. Um da hinschauen zu können ist sehr viel Achtsamkeit nötig, und es braucht sehr viel Mitgefühl für sich selbst und andere, um das zu integrieren, umzukehren und zu vergeben. Wir müssen aus der Tiefe und aus einer Gewissheit der Gottessohnschaft und Gottestochterschaft tiefe, gegründete Sanftmut, Friedfertigkeit, Barmherzigkeit, Armut im Geiste und Gerechtigkeit wachsen lassen.

Liebe und Integrität

Liebe kommt aus Ganzheit, aus Integrität. Wo keine Integrität, keine Ganzheit ist, wird die Liebe immer schwanken. Das heißt, du musst für deine Ganzheit sorgen, du musst erst einmal *dich* respektieren. Gründe für all diese eigenartigen Mechanismen in den dunklen Tiefen unseres Geistes, von denen ich eben sprach, sind unter anderem mangelnde Integrität, mangelnde Ganzheit, mangelnder Respekt für sich selbst. Und für diesen Respekt dir gegenüber und für diese Integrität und diese Ganzheit braucht man nichts von außen. Viele Menschen denken, für Selbstrespekt oder um ganz sein zu können bräuchten sie die Zuwendung von diesem oder jenem, oder bräuchten den Respekt oder die Anerkennung von anderen – und seien es die eigenen Eltern. Das ist ein Missverständnis, denn die Integrität ist in dir – sonst ist es keine.

Hochmut und Kleinmut

Frage: Wenn ich innerlich zu mir stehe, kommt sofort Hochmut auf.

Pyar: Hochmut – dieses Wort aus *deinem* Mund hat keine Realität, sondern ist nur ein Gedanke. Auch das gehört zu den Dingen, die dir eingeimpft worden sind und die nicht stimmen. Natürlich gibt es Hochmut, und er ist ein starkes Gift. Wenn ein Mensch hochmütig ist, muss man etwas dagegen unternehmen. Aber bei dir ist der Gedanke, dass du hochmütig sein *könntest* und der Gedanke, dass du nicht zu dir stehen darfst, das Gift. Dieses Gift nennt man Kleinmut. Kleinmut ist etwas völlig anderes als Demut, die ja ganz wunderschön ist. Meidet Hochmut, seid großmütig und demütig, nicht kleinmütig!

Opfer und Täter

Ich kann mich von Opfern oder Tätern weder abtrennen noch distanzieren. Und genauso geht es mir mit Freude, auch da bin ich distanzlos. Und aus diesem meinem Betroffensein heraus zitiere ich euch manchmal Berichte, wie z.B. über Folter im Irak. Es geht uns wirklich alle an. Niemand kann sich da ausschließen und niemand kann sich auf eine Insel der Seligen zurückziehen, solange nicht Frieden auf Erden ist. Natürlich gibt es Menschen, die das versuchen, aber es funktioniert nicht. Es sind immer wir, was zugleich auch immer eine tiefere Herausforderung zu noch mehr Achtsamkeit und zu größerem Vertiefen von Liebe und

Mitgefühl ist. Das ist etwas Wunderschönes und sehr Freudiges. Es trifft einen, es ist schmerzhaft und man weint, und gleichzeitig taucht durch das Verwandeln in Mitgefühl Freude in uns auf. Das ist wichtig.

Ich habe einen Brief erhalten, in dem Folgendes stand:

> *„Früher herrschte eine tiefe religiöse Verehrung der Natur. Das sind spürbare Wurzeln in mir. Doch dann kam die sinnlose Zerstörung durch die von Gott getrennten Menschen. Tiefer Schmerz, Frustration, sogar Hass und Groll sind entstanden. Als ich mir das gestern angeschaut habe, habe ich Dinge gesehen, die ich zuvor nicht gesehen hatte. Erstens: Ich war auch einer der Zerstörer. Das heißt, ich war und bin nicht nur Opfer, sondern auch Täter. Zweitens: Die Natur ist ein großes Geschenk Gottes, und ich habe kein Recht, es einzufordern, sondern kann mich nur an den Geschenken freuen, die gegeben werden. Drittens: Es ist alles ein großes Ganzes. Und alles ist zum Besten aller."*

P: Ja, es ist sehr wichtig, dass wir auch unsere Täterschaft sehen und anerkennen und den Schmerz darüber wahrnehmen.

F: *In mir ist immer noch ein sehr tiefer Schmerz. Wahrscheinlich ist da Vergebung erforderlich, aber es tut so weh. Alle Lieder aus christlicher Tradition, die hier gesungen worden sind, wie die Gospels zum Beispiel, konnte ich nicht singen, weil ich so heftige Widerstände dagegen habe. Vorhin habe ich versucht mitzusingen, konnte aber die Worte teilweise nur mit den Lippen formen, und ich habe starkes Herzklopfen.*

P: Das Herzklopfen ist ein gutes Zeichen. Da mögen Widerstände sein, aber dahinter ist ein Herz, das klopft.

Falscher Trost

Frage: Da ich sowohl Täter als auch Opfer war, ist von beiden Seiten Vergebung notwendig. Als Opfer muss ich den Tätern vergeben, und als Täter muss ich mir selbst vergeben. Und dann noch die Einsicht, dass alles im großen Zusammenhang steht, und auf das Ganze gesehen nur einem guten Zweck dient, selbst die Zerstörung, so schmerzhaft sie ist. Das ist ein Teil der menschlichen Evolution. Und die von Gott getrennten Menschen sind ja nur scheinbar getrennt, oder?

Pyar: Wir müssen von unserem Erfahren ausgehen. Alles andere ist Romantik.

F: Aber man kann nicht von Gott getrennt sein.

P: Ja, aber wenn du es nicht weißt und nicht erfährst? Dann bist du de facto von Gott getrennt. Weißt du, es stimmt beides. Aber wenn wir zu schnell sagen: „Es ist ja niemand von Gott getrennt" – was natürlich aus dem Absoluten betrachtet die Wahrheit ist –, dann sind wir nur oberflächlich, wenn unser Erfahren nun einmal ein anderes ist. Und das Leid und die Zerstörung und der Hass entstehen in diesem Getrenntsein, aus dieser Entfremdung vom Ganzen.

F: Genauso ist aber diese Trennung zwischen Täter und Opfer. Jetzt sehe ich, dass alles eins und in Gott ist, und dass die Schönheit der Natur von vor zweitausend Jahren auch nicht verschwunden ist.

P: Oh, nein. Die Natur ist kräftig. Aber wir sind auf der Kippe. Ich liebe diesen wunderschönen, blauen Planeten und alle, die darauf leben. Und wenn du wie vorhin sagst, die Zerstörung wäre zum Besten aller, dann sträubt sich etwas in mir.

F: Als die Menschen mit Ackerbau anfingen, mussten sie zuerst Wald roden. Und auch unsere ganze Technik wäre nicht ohne die Industrie möglich.

P: Ja, es ist eine Frage von Maß, von Achtsamkeit, von Ziel und Motivation, von Liebe oder Nicht-Liebe, von Selbstsucht oder Liebe. Es ist die Frage: Wie?

F: *Aber die Zerstörung hat irgendwie einen Sinn. Denn es gibt nichts Sinnloses. Gott macht keine Fehler.*

P: Gott macht keine Fehler. *Wir* machen Fehler. Es geht auf unsere Kappe. Und wir können Fehler machen, weil wir frei sind. Aber die Fehler kommen aus dem „Nein" kommen aus dem Abtrennen, aus dem Egoismus, aus Dummheit, aus Verblendung.

F: *Aber es hat auch eine Funktion.*

P: Brauchst du das zu deinem Trost oder als Ausrede?

F: *Es ist mir zumindest sehr hilfreich.*

P: Moment. Manchmal versucht der kleine Geist, Wahrheit für einen falschen Trost zu missbrauchen. Und dann verharmlosen wir das. Mir geht es einfach so: Im Angesicht der Zerstörung und dessen, was wir uns als Menschen oft gegenseitig und der Natur antun, dem Planeten, den Tieren, den Pflanzen, den Steinen, empfinde ich ganz einfach Schmerz und Trauer und die Notwendigkeit zum Handeln. Und ich sehe, dass es gewisse Mechanismen und Gesetzmäßigkeiten im menschlichen Geist gibt, die aus Verblendung kommen und dazu führen, dass wir als Menschen dies und das und jenes tun und anderes unterlassen. Ja, ich sehe dieses „sie wissen nicht, was sie tun". Und trotzdem und gleichzeitig habe ich Gewissheit, dass es unsere Bestimmung als Menschen ist, darüber hinauszugehen und Hass und Zerstörung und Gier hinter uns zu lassen, dass es unsere Bestimmung als Menschen ist und unsere Verheißung, in das Geistgeborene zu gelangen. Das ist für mich so. Ich weiß, dass dieses Potenzial in jedem Menschen vorhanden ist. Die Buddha-Natur, das Christus-Bewusstsein ist in jedem Menschen vorhanden. Und unter diesen Gesichtspunkten erscheint mir die Zerstörung dann doch als etwas weitgehend und unnötig. Wir könnten anders! Ich empfinde eine Notwendigkeit, nicht nur darüber zu sprechen, sondern entsprechend zu handeln, so gut ich kann.

F: Ich stimme dir total zu, und trotzdem sehe ich, dass die Menschheit ein Ganzes, dass wir alle wie ein Wesen sind.

P: Oh ja. Deshalb spreche ich ja von „wir".

F: Genau, und so gesehen ist es das Ego, weshalb die Menschheit ...

P: Exakt. Es ist das Ego. Und ich bleibe dabei. Meine Haltung dazu ist: Ich versuche nicht, das Ganze zu beschönigen, indem ich sage: „Unterm Strich ist selbst Zerstörung und Unrecht zum Besten", wenn ich doch sehe und empfinde, dass es *nicht* zum Besten ist. Dann bleibe ich bei meinem Empfinden und bleibe bei meinem Schmerz darüber. Das empfinde ich als ehrlicher und gerader, als mir einen Trost zu verschaffen durch so einen Satz. So bin ich.

F: Ich wollte schon von Kindheit an immer alles verstehen, und zwar das Ganze.

P: Ich weiß, und das ist dein größtes Problem. Weil man nicht alles verstehen kann.

F: Warum nicht? Das glaube ich nicht.

P: Das ist so. Es ist ein Naturgesetz. Ja, dann beiß dir die Zähne aus, das ist okay. Du beißt dir ja die Zähne schon seit vierzig Jahren aus, was zum Teil vielleicht zu deiner Schwermut beiträgt. Das heißt, du beißt dich letztlich selbst. Irgendwann wirst du an einen Punkt kommen, wo du zugeben musst: „Ich weiß nicht." Du kannst die Schönheit des Ganzen sehen, aber da ist nichts zu verstehen. Es ist keine Sache von Diskussion, und unsere Ehrlichkeit, unsere Geradheit und unsere Liebe verlangen, Schmerz als Schmerz zu nehmen und sich keinen philosophischen Trost zu verschaffen. Ja, gerade und aus dem ganzheitlichen Sehen heraus empfinde ich manches als sehr schmerzhaft.

Jesu Sprache ist Liebe und nicht Bestrafung

Im alten Testament geht es viel um Gesetz, Belohnung und Bestrafung. Zu großen Teilen befinden wir uns geistig noch im Alten Testament. Dieses Gesetzesdenken hat das Christentum vergiftet und setzt sich in all den Dogmen und in vielen der ex cathedra verkündeten Schriften fort. Ein ständiges „Du sollst, du sollst, du sollst und wenn nicht, dann! Und du musst …" – das ist nicht die Sprache von Jesus, sondern ein Wiederaufgreifen des Alten. Hier hat sich der Kleine Geist – eigentlich Satanas – die Frohe Botschaft gegriffen, dreimal durchgekaut, fünfmal umgerührt und eine grünliche Suppe daraus gekocht. Das ist sehr traurig, weil das Potenzial der Frohen Botschaft zu großen Teilen wieder zugedeckt wurde – mit großartigen Ausnahmen natürlich, wie Franz von Assisi und so vielen anderen. In diesen 2.000 Jahren gab es innerhalb der Kirche immer wieder Menschen, die Jesus verstanden und seine Botschaft sehr, sehr tief lebten, die auch kein Blatt vor den Mund nahmen und die Frohe Botschaft weiter trugen, trotz Kirche.

Es geht mir dabei noch nicht mal darum, die Kirche nur schlecht zu machen, sie hat ja z. B. auch die wichtige und segensreiche Aufgabe, zumindest die Worte möglichst getreu zu bewahren. Viele Tausend Mönche und Nonnen schrieben die Worte ab, wieder und wieder – in dieser Kirche genauso wie in der buddhistischen Gemeinschaft. Kopiermaschinen machen uns dies heute ein bisschen einfacher.

Das alte Gesetz fordert immer: „Du sollst". Und aus diesem alttestamentarischen Geist kommt auch die Idee der Verdammnis, was nicht Jesu Sprache ist. Das hat sich eingeschlichen, gehört aber nicht ins Neue Testament. Jesu Sprache, Botschaft und Wesen ist Liebe, und nicht Bestrafung. Er stellt Barmherzigkeit über das Gesetz. Und er hat so recht, weil nur sie wirklich umwenden und umwandeln kann. Das Gesetz verschafft Ausgleich oder Genugtuung, manchmal sogar Rache oder Vergeltung, aber in all dem wird die Verletzung, die Untat ständig wiederholt.

Dazu kommen wir noch in den nächsten Abschnitten der Bergpredigt.

Revolution und Transformation – über das Gesetz hinausgehen

„Ihr sollt nicht meinen, dass ich gekommen bin, das Gesetz oder die Propheten aufzulösen. Ich bin nicht gekommen aufzulösen, sondern zu erfüllen." (Mt 5,17). Jesus stellt sich nicht gegen die Vergangenheit, stellt sich nicht gegen seine Basis, sondern Moses und das Gesetz sind der Boden, auf dem Jesus zunächst einmal steht. Er sagt, er werde nicht die Basis sprengen, sondern es gehe darum, den nächsten Schritt zu machen. Das ist sehr wichtig, denn das ist der Unterschied zwischen dem Gift von Revolution und dem Balsam der Transformation. Transformation geht darüber hinaus und zeigt: Hier geht es weiter! Revolution schaut zurück und zerstört alles Alte, oft ohne eine Idee, was man aus den Trümmern machen könnte. Bei Revolutionen bleiben meist nur Trümmer übrig, kaum aber Kreativität. Transformation dagegen ist sehr kreativ und respektiert die Basis bei aller Offenheit, bei allem geradlinigen Kritisieren und Erneuern und Darüber-Hinausgehen. Und diesen Respekt zeigt Jesus. Aber die Rabbiner und Pharisäer haben das überhaupt nicht gehört! Die israelische oder jüdische Herrscherschicht war der Überzeugung, er würde das Gesetz zerstören. Das mag sich für sie so angefühlt haben, aber er hat ganz klar geäußert: „Ich bin nicht gekommen, das Gesetz aufzulösen, sondern es zu erfüllen und darüber hinauszugehen."

Gerechtigkeit

Jesus fährt fort: „Denn ich sage euch, wenn eure Gerechtigkeit nicht besser ist als die der Schriftgelehrten und Pharisäer, so werdet ihr das Himmelreich nicht sehen." (Mt 5,20). Er sagt, ihr müsst zur Liebe kommen, indem ihr über das Gesetz hinausgeht, ohne es zu zerstören oder zu verleugnen, denn es war nötig und ist in manchen Bereichen immer noch nötig. Aber – und das darf man nie vergessen – man darf aus dem, was über das Gesetz hinausgeht, kein neues Gesetz machen. Auch das ist in der Kirche immer wieder passiert. Ein ganz logischer Rückfall, der immer früher oder später passieren wird, wenn ein Meister stirbt. Bei Jesus dauerte es zwei- bis dreihundert Jahre, bis sich das Alte wieder eingenistet hatte, manchmal geht es auch schneller. Unsere Gerechtigkeit muss besser sein als die der Schriftgelehrten und Pharisäer, sie darf nicht am Buchstaben hängen. Die Schriftgelehrten und Pharisäer hingen und hängen sehr am Buchstaben des Gesetzes, und sie hängen sehr an einem Konzept von Gerechtigkeit, das auf Belohnung, Vergeltung und Bestrafung beruht. Ihr Bestreben ist, alles irgendwie auszugleichen, und das ist eine sehr oberflächliche Gerechtigkeit und ein sehr oberflächliches Gesetz. Dies führt dann auch zu all dem Pharisäertum: Wenn es Bestrafung oder Belohnung gibt, dann gibt es automatisch Furcht vor Bestrafung und Hoffnung auf Belohnung, und jeder benimmt sich „als ob“. Etwa so: In vielen Dörfern wurden Geschwindigkeitsmessgeräte installiert, und jeder weiß wo. Genau an diesen Stellen hält man sich an die Geschwindigkeitsbegrenzung, und ansonsten fährt man schneller. Das ist Gesetz, und so gehen wir mit Gesetz um, das ist immer so. Versteht ihr das? Das Gesetz bleibt an der Oberfläche. Das, was Jesus meint und worauf er hindeutet, geht ins Mark, geht ins Innere. Dem Gesetz kann man immer irgendwie ein Schnippchen schlagen, man kann so tun als ob, oder man sitzt seine Strafe ab. Aber bei dem, was über das Gesetz hinausgeht, kann man nicht ausweichen.

Das Unkraut an der Wurzel packen

Jetzt folgen in der Bergpredigt viele Beispiele, wo Jesus das Gesetz zitiert, dann aber hinzufügt: „Ich aber sage euch ...“:

„Ihr habt gehört, dass zu den Alten gesagt ist: Du sollst nicht töten, wer aber tötet, der soll des Gerichts schuldig sein.“ (Mt 5,21). Ein klares Gesetz: Das darfst du nicht, und wenn du es dennoch tust, passiert jenes. „Ich aber sage euch, wer mit seinem Bruder zürnt, der ist des Gerichts schuldig." (Mt 5,22). Jesus setzt hier sehr viel früher an, denn irgendwann tötest du deinen Bruder, aber zuvor hast du ihm schon zehn Jahre lang gezürnt. Er sagt, zürne deinem Bruder erst gar nicht, denn dann wirst du ihn nicht töten. Dann können wir uns das Gesetz sparen, weil wir das Gift im Geist beseitigen. Ja, es ist schon der Gedanke des Zürnens, dann das Gefühl des Zürnens, und zuletzt irgendwann kommt dann vielleicht die Handlung dazu. Das Gesetz greift nur die Handlung. Jesus und alle Buddhas aber schauen nach dem Geist und welche Bewegung im Geist stattfindet! Es geht darum, das Zürnen zu stoppen, bevor es überhaupt anfängt – schon so früh wie möglich innezuhalten, bevor die Welle so richtig in Bewegung kommt.

2. Vergebung

Vergebung üben in aller Radikalität – Groll beenden

„Darum, wenn du deine Gabe auf dem Altar opferst und dort kommt dir in den Sinn, dass dein Bruder etwas gegen dich hat oder du gegen deinen Bruder, so lass dort vor dem Altar deine Gabe und geh zuerst hin und versöhne dich mit deinem Bruder. Und dann komm und opfere deine Gabe. Vertrage dich mit deinem Gegner sogleich, solange du noch mit ihm auf dem Weg bist." (Mt 5,23-25). Jesus ist wirklich radikal, er sagt, ihr braucht euch gar nicht zum Meditieren hinzusetzen oder zu beten oder in den Tempel oder in die Kirche zu gehen oder nach Pune zu fahren, solange der Zorn da ist, solange ihr euch mit eurem Bruder und eurer Schwester nicht versöhnt habt. Und Bruder und Schwester sind nicht nur der Bruder und die Schwester, sondern auch die Nachbarin und der Chef und die Angestellten und auch die Fische – die wunderschönen Forellen mit den wunderschönen Punkten – und die Bäume und die Luft und die Erde und überhaupt das

Ganze. Versöhnt insbesondere da, wo es euch zwickt und wo ihr das Gefühl habt, es zwickt jemand anders, wo einfach Groll, Streit und Unerledigtes sind. Erledigt es, und erledigt es gleich. Es geht sehr schnell. Jesus sagt, vertrage dich mit deinem Gegner sogleich, solange du noch mit ihm auf dem Weg bist. Ihr seid gerade unterwegs zum Einkaufen, und dann kann man das erledigen. Man muss da keine stundenlangen Aussprachen haben, die führen nur zum Aufwärmen des Alten. Es geht darum, sich die Hand zu reichen und „Okay" zu sagen. Das heißt wiederum nicht, dass man sich mit jedem bis an sein Lebensende vertragen muss oder ihn ertragen muss, wenn man nicht zusammenpasst. Versöhnung und Respekt kann auch bedeuten: „Okay, und das war es jetzt, lass uns in Frieden auseinandergehen. Gehe du deines Weges, und ich gehe meines Weges ..." Das heißt, versöhnt euch, solange ihr euch noch nahe seid. Eure Wege können euch wieder zusammenführen – oder auch nicht, das weiß man nicht. Versöhnung zeigt sich nicht daran, dass man ewig aneinandergekettet nebeneinander einhertrottet und sich dann immer wieder gegenseitig die Ketten um die Ohren haut. Versöhnung hat etwas sehr Freies, und es sollte dann kein Groll bleiben. Wenn ihr euch mit jemandem versöhnt habt, dann lasst es eine vollständige Versöhnung sein. Sagt nicht: „Es ist okay, wir sind wieder gut", und in eurem Herzen bleibt ein Stachel. Wenn es gut ist, ist es wirklich gut, und dann gibt es kein Recht mehr, dieselbe Geschichte drei Tage, drei Jahre oder dreißig Jahre später wieder hervorzuholen. Das ist sehr wichtig! Es braucht auch da Radikalität und Totalität. Vergeben ist vergeben, fertig. Dann könnt ihr in den Tempel gehen und beten, und ihr seid im Einklang, auch im Einklang mit euch selbst! Manchmal ist man sich selbst der Gegner, mit dem Vergebung zu üben ist.

Frage: Kann ich mich versöhnen, wenn mein Lieblingsfeind nicht will? Seit Jahren habe ich meine Schuld eingesehen und sie auch gefühlt. Ich habe alles probiert – ich bekomme es nicht vom Tisch.

Pyar: Hast du ihm vergeben?

F: Nein, ich wollte, dass er mir vergibt.

P: Dann fehlt noch eine Kleinigkeit. Vergib du ihm! Was auch immer – alles. Vergib, was war und ist und kommen kann. Zum Versöhnen braucht es prinzipiell erst einmal nur einen – das ist eine gute Sache. Ja, das ist wichtig, das hab ich vergessen dazu zu sagen. Im Versöhnen sind wir auch ganz frei, denn da braucht es erst einmal nur mich dazu. Damit ich mich versöhnen kann, ist es nicht notwendig, dass der andere versöhnungswillig ist! Aber ich muss bereit sein, *ihm* zu vergeben. Und gleichzeitig wäre es natürlich schön und würde die Sache rund machen, wenn mir auch der andere Mensch vergeben kann. Aber erst einmal vergebe ich ihm.

Warum muss man sich versöhnen, um beten zu können?

Frage: Ich habe das so verstanden: Wenn ich mich nicht versöhnt habe, muss ich erst meine Hausaufgaben machen, bevor ich in den Tempel gehe. Meine Hoffnung ist, dass ich gerade im Tempel für das Versöhnen und Verzeihen Hilfestellung erhalte.

Pyar: Tempel sind Orte, an die man geht, um zu Beten.

F: Zum Beten brauche ich nicht in den Tempel zu gehen.

P: Das darf man nicht so eng sehen. Der Tempel kann dein Wohnzimmer sein, und letztlich ist es der Tempel in deinem Herz. Sich hinzusetzen und zu beten, auf dem Berg oder in der Straßenbahn – wenn du betest, ist der Tempel da. Natürlich gibt es Plätze, an denen schon viele Menschen im Gebet waren, und das pflanzt sich fort und ist hilfreich. Oder es gibt Plätze, an denen Buddhas meditiert haben, Höhlen, in denen Milarepa oder Padmasambhava saßen, Oshos Samadhi in Pune oder die Peterskirche in Rom. Ich liebe Rom und war schon öfter da. Meine liebsten Plätze waren das Pantheon und die Peterskirche. Ich wohnte nahe der Peterskirche und bin immer morgens schon um halb sieben dort hingegangen. Das ist ein Platz, der mich sehr an Oshos Samadhi erinnert. Es gibt solche Plätze, Plätze, an denen Unterstützung von Menschen und Wesen, die dort in Andacht gewesen sind und immer noch sind, zur Verfügung steht. Es gibt auch Orte, wo die Erde selbst Unterstützung zur Verfügung stellt. Solche Plätze nennt man Tempel. Und es ist gut, solche Plätze ohne Schuhe zu betreten. Man lässt die Schuhe draußen, man lässt den Ballast draußen, und man zeigt Ehrfurcht und Respekt vor diesem Platz. Wie anders soll ich mich DEM nähern als ohne Schuhe? Es ist ein Zeichen im Außen, aber ich halte das Zeichen im Außen für durchaus hilfreich und wichtig. Wir haben die Möglichkeit, durch ein Zeichen des Körpers unsere innere Haltung auszudrücken und sie damit auch zu verstärken. Aber die Schuhe auszuziehen alleine reicht nicht, sondern um dem Mysterium begegnen zu können, sollte man wirklich auch das Alte ablegen. Und das Zeichen des Körpers muss innerer Haltung entspringen.

F: *Mir leuchtet nicht ein, warum ich erst aufräumen muss, bevor ich in die Kirche gehen kann! Das klingt dann schon so, als wäre ich nicht willkommen.*

P: Das ist jetzt der kleine Geist, der ein paar Schleifen dreht. Fakt ist doch: Du *hast* die Botschaft schon gehört, oder? Jetzt geht es darum, sie umzusetzen! Ab jetzt gibt es keine Entschuldigung mehr!

Du bist sehr willkommen. Aber: Mit wem hast du Streit, wo ist das Problem, das man nicht lösen könnte? Wo ist der Zwist, den du nicht beilegen kannst, bevor du in den Tempel gehst?

F: *Also von allen möglichen Zwisten wäre der größte, dass ich nicht kommen dürfte, wenn ich nicht vorher irgendetwas gemacht habe, so etwas Schweres wie mich zu versöhnen.*

P: So was Schweres? Das ist unglaublich erleichternd!

F: *Aber es ist nicht einfach.*

P: Es geht hier nicht um einfach. Wenn du denkst, dass Gott oder Jesus oder sonst ein Buddha dir alles abnehmen können und du Hilfe finden würdest in dem Sinn von: „Jesus wird es schon richten", dann ist das ein herkömmliches und falsches Verständnis von Erlösung. Das ist genau das Missverständnis von „Jesus hat unsere Schuld auf sich genommen". Jeder Buddha wird dich immer wieder auf dich zurückwerfen und dir sagen: „Gehe hin und räume auf!"

Das Problem ist: Es ist nicht Gott, der sagt, du darfst nicht mit Schuhen in meinen Tempel kommen, sondern wir sind es, die uns nicht öffnen und Gott nicht hereinlassen. Genau dies demonstrieren wir, indem wir uns weigern, die Schuhe auszuziehen oder uns zu versöhnen. Wenn wir in den Tempel gehen oder versuchen zu beten oder inneren Frieden zu finden, und gleichzeitig haben wir innerlich Wut oder Hass auf jemanden, dann schneiden wir uns selbst von der Möglichkeit ab, wirklich zu beten. Da kann der Tempel noch so offen und Gott noch so präsent und Jesus noch so sehr voll Liebe sein – du kommst nicht hin, weil du dich selbst abschneidest. Also, bevor du in den Tempel gehst, versöhne dich mit deinem Bruder! Gott ist präsent und heißt jeden immer willkommen, hier gibt es keinen Mangel. Die Frage ist ja nur, inwieweit wir in der Lage sind, dem zu begegnen. Und da stellt sich manchmal das eine oder andere in den Weg. Das ist aber nicht auf Seiten des Göttlichen, sondern auf unserer Seite. Da muss man aufräumen.

Vergeben, obwohl es nicht gut war

Um zu vergeben, muss ich nicht sagen: „Es ist alles zum Besten". Vergebung heißt, zu sagen: „Ich vergebe dir, und ich vergebe mir, *obwohl* es nicht gut war."

Frage: Aber das erfordert vollständiges Anschauen von allem, was da ist, oder wie komme ich dort hin?

P: Oh, es ist ein großer Sprung des Herzens, eine große Öffnung des Herzens, und es ist nicht zu verstehen. Vergebung ist nicht zu verstehen. Dem Verstand müssen eigentlich die Haare zu Berge stehen, denn es ist jenseits des Verstandes. Ich finde die Geschichte des heiligen Stephan so wunderschön. Stephan lebte im ersten Jahrhundert nach Christus. Er war Christ, widmete sich der Versorgung der Armen und hielt feurige Reden, auch vor dem Hohen Rat der Juden. Er wurde verfolgt und schließlich gesteinigt. Hier ist ein Teil seiner Geschichte. Sie beginnt mit dem Ende seiner Rede vor dem Hohen Rat und endet mit seinem Tod:

„Ihr Halsstarrigen, mit verstockten Herzen und tauben Ohren, ihr widerstrebt allezeit dem Heiligen Geist, wie eure Väter, so auch ihr. Welchen Propheten haben eure Väter nicht verfolgt? Und sie haben getötet, die zuvor verkündigten das Kommen des Gerechten, dessen Verräter und Mörder ihr nun geworden seid. Ihr habt das Gesetz empfangen durch Weisung von Engeln und habt's nicht gehalten. Als sie das hörten, ging's ihnen durchs Herz, und sie knirschten mit den Zähnen über ihn. Er aber, voll Heiligen Geistes, sah auf zum Himmel und sah die Herrlichkeit Gottes und Jesus stehen zur Rechten Gottes und sprach: Siehe, ich sehe den Himmel offen und den Menschensohn zur Rechten Gottes stehen. Sie schrieen aber laut und hielten sich ihre Ohren zu und stürmten einmütig auf ihn ein, stießen ihn zur Stadt hinaus und steinigten ihn. Und die Zeugen legten ihre Kleider ab zu den Füßen eines jungen Mannes, der hieß Saulus, und sie steinigten Stephanus; der rief den Herrn an und sprach: Herr Jesus, nimm meinen Geist auf! Er fiel auf die Knie und schrie laut: Herr, rechne ihnen diese Sünde nicht an! Und als er das gesagt hatte, verschied er." (Apg 7,51-60).

Wenn man zu sehr die Form betrachtet, erschrickt man vor solchen Geschichten. Ich empfinde eine solche Geschichte als sehr ermutigend und unglaublich schön. Zu wissen, da ist ein Mensch – und es gibt viele solcher Menschen –, der gesteinigt wird und gleichzeitig in der Lage ist, den Himmel offen zu sehen. Er ist in der Lage, zu vergeben und in Liebe und Gebet zu bleiben. Das ist jenseits von Verständlichem.

F: *Gut, danke, das brauchte ich.*

P: Oh ja, danke Stephan. Gott sei Dank gibt es solche Menschen. Ist das nicht ein Segen? Mir ist es mit solchen Geschichten immer so ergangen, aber das ist vielleicht meine verrückte Art: Immer, wenn ich so etwas gehört habe und die Schönheit daran gesehen habe und sehe, dann macht mein Herz einen Sprung vor Freude, denn wenn das diesem Stephan möglich ist, diesem Jesus möglich ist, dann ist es *prinzipiell* möglich, und zwar mir und dir und jedem. Was für eine Verheißung! So sterben zu können: Der Himmel offen, und völlig unabhängig von dem, was da auf dich von außen zukommt.

Versöhnung erfordert eine veränderte Haltung

Frage: Bei mir geht Vergebung nicht so schnell. Meine Erfahrung ist, dass Versöhnen sich dann einstellt, wenn mir das Leben eine Erfahrung beschert, in der ich mich dabei erwische, dass ich selbst so bin wie der, dem ich vergeben soll, und es dann verstehen kann.

Pyar: Ja, es geht um Verstehen.

F: *Ich habe ziemlich schlechte Erfahrungen mit irgendwelchen Vergebungs-Übungen gemacht. Ich fand sie immer unglaublich künstlich. Es ging nicht tief, sondern war etwas Aufgesetztes. Meine Erfahrung ist, dass ich Gefühle von Wut und Verletzung erst einmal selbst ganz und gar durchleben muss. Diesen Teil habe ich oft zu überspringen versucht, um gleich in Versöhnung zu gelangen, weil ich nicht wütend und nicht verletzt sein darf.*

P: Es geht um eine Haltung und darum, dass es da etwas zu lernen gibt. Nur ist die Haltung eine völlig andere, wenn ich weiß, dass ich nicht wirklich beten oder in Frieden sein kann, wenn ich mit irgendetwas oder irgendjemandem in Zwist bin.

Wenn ich das weiß, dann werde ich damit völlig anders umgehen. Wenn ich aber denke, ich könnte das übergehen, ich könnte Versöhnung, Sich-Begegnen oder auch Sich-Verabschieden ewig auf die lange Bank schieben und in Retreats oder Meditationen wird es dann schon gut werden, dann ist das eine verdrehte Haltung, die nicht weit führt. Darum geht es. Und wenn die Übung ein bisschen größer ist, dann ist es möglich, dass man bereits auf dem Weg die Sache klärt. Das muss keine große psychologische Sache mit vielen Aussprachen werden.

Die Basis der Eltern ehren und über sie hinausgehen

„Jesus sprach: Wer seinen Vater und seine Mutter nicht ablehnt wie ich, wird nicht mein Schüler werden können. Und wer seinen Vater und seine Mutter nicht liebt wie ich, wird nicht mein Schüler werden können. Denn meine Mutter gab mir Illusion, aber meine wirkliche Mutter gab mir Leben." (Thomas, Spruch 101).

Wir sind immer noch bei dem Thema: Wie komme ich über das Gesetz hinaus und in Liebe, Wahrheit, Friedlichkeit, Sanftmut hinein? Das Gesetz ist die Basis. Jesus sagt, er käme nicht, das Gesetz aufzulösen, sondern es zu erfüllen, und um darüber hinauszugehen ins Eigentliche. Er will uns locken, über die Trennung, die im Gesetz noch sehr stark ist, hinauszugehen und zur Einheit zurückzukommen. Und hier ist es ähnlich! Jesus sagt, die leiblichen Eltern sind die Basis, ohne die wir in dieser Form nicht hier wären. Das zu leugnen wäre dumm. Wir können – was unsere Form angeht – unseren Stammbaum nicht auflösen oder vernichten. Aber wir dürfen da auch nicht stehen bleiben, sondern es ist eine Stufe, ein Trittbrett, ein sehr zu respektierendes und zu ehrendes Trittbrett. Die höchste Ehre, die wir diesem Trittbrett – unseren Eltern – erweisen können, ist, dass wir erwachsen werden und auf eigenen Füßen stehen. Nicht nur, was das Verdienen unseres Lebensunterhalts angeht, sondern wirklich in unserem Sein. Wir erweisen ihnen Ehre, wenn wir über sie hinausgehen. Wir erweisen ihnen Ehre, wenn wir diese Form nutzen, um über die Form hinauszugehen, und dann entdecken: Ja, unsere wahre Mutter und unser wahrer Vater sind ganz woanders. Unsere wahre Mutter ist Wahrheit und Liebe und Existenz, Göttlichkeit. Das sagt Jesus hier im Thomas-Evangelium. Wenn wir versuchen, unsere körperliche Herkunft abzuschneiden und zu leugnen, kommen wir nirgends hin. Das heißt, auch hier den mittleren Weg zu finden. Wir müssen uns abnabeln und groß werden und selbst gehen, und um Himmels Willen keine alten Schulden gegenüber den Eltern empfinden. Aber einfach die Basis ehren. Das eine geht nicht ohne das andere: Du kannst nicht wirklich groß werden, wenn du nicht die Basis ehrst. Und du wirst dich innerlich nicht von deinem Vater loslösen können, wenn es nicht in dir zu einer Versöhnung kommt. Alle Menschen haben Eltern, und fast alle erlebten irgendwann ein Elterndrama.

Versöhnung braucht nur einen

Ich selbst habe viel Erfahrung in Vater-Dramen. Über lange Zeit hatte ich keine Chance, eine Versöhnung im Außen herbeizuführen. Ich habe Briefe geschrieben, die unbeantwortet zurückkamen. Über fünfzehn Jahre war kein Kontakt möglich. Aber es war möglich – und deshalb habe ich gesagt, zur Versöhnung braucht es nur einen –, das in mir zu beenden, mir zu vergeben und ihm zu vergeben. Und irgendwann war es einfach okay. Trotzdem empfand ich es als großen Segen und wunderschön, dass wir uns für knappe zwei Jahre noch einmal getroffen haben, bevor mein Vater starb. In der ersten Begegnung mit ihm habe ich gemerkt, dass kein Groll übrig war, es war okay, und eigenartigerweise auch für ihn! Über unseren alten Zwist haben wir überhaupt nicht mehr gesprochen, es spielte keine Rolle mehr. Ich will damit sagen, dass man nicht jede Woche seine Eltern besuchen oder andauernd telefonieren oder alles tun muss, was sie wollen. Es geht um einen inneren Frieden. Und wenn es dazu noch möglich ist, Frieden im Außen zu schaffen, umso besser. Das Wesentliche ist, erwachsen zu werden in unserem Kopf, in unserem

Herzen. Das hat viel mehr mit unseren eigenen Gedanken und Projektionen zu tun als mit irgendeiner Vatergestalt im Außen. Auch Vatergestalten und Muttergestalten sind auswechselbar. Dann ist es halt der Guru oder der Lehrer oder der Chef oder der Ehemann oder sonst wer. Das heißt, die äußere Entfernung bringt gar nicht so viel. Innen muss es passieren. Ich finde das einfach wunderschön, und es ist eben beides nötig, auch die Ablehnung. Ohne die Rebellion, ohne die kreative Rebellion können wir nicht darüber hinausgehen. Nicht Revolution, Rebellion! Und was könnte Eltern mehr freuen, als wenn ihre Kinder weise sind und weiser werden als sie selbst, glücklicher werden als sie – das muss doch eigentlich das Beste sein. Jesus verlangt von seinen Schülern beides! Er sagt, wer das nicht hinbekommt, kann nicht sein Schüler werden.

3. Geburt aus dem Geist

Jesus verlangt ziemlich viel. Jemand fragte: „Was muss ich tun, um deine Schülerin zu werden?" Und ich habe geantwortet: „Du musst nur fragen." Und das stimmt ja auch. Wenn die Frage ganz tief und ganz echt ist, dann reicht das völlig, denn dann ist die Bereitschaft da, alles hinter sich zu lassen. Ja, es ist schon nötig, alles hinter sich zu lassen. Und mit „alles" meine ich alles! Alle Einwände des kleinen Geistes, alle Konzepte, alle Identifikationen, „euch" hinter euch zu lassen. Osho hat an irgendeiner Stelle so schön von Jesus gesagt: „Er nahm sich selbst vollkommen hinweg" – das ist es. Sich selbst vollkommen hinwegnehmen. Darum geht es. Der Rest passiert von selbst. Und Jesus, wie alle Meister, gibt dann immer noch einige Hinweise dazu, aber prinzipiell reicht „sich selbst vollkommen hinwegzunehmen". Dann passiert eine neue Geburt, und das ist eine Geburt, die nichts mehr mit euren leiblichen Eltern zu tun hat, sondern sie ist die Geburt aus dem Geist, wie Jesus das nennt, und das ist die wahre

Geburt, die Geburt eures eigentlichen Wesens. Das ist eine Geburt, die in dem Sich-selbst-vollkommen-Hinwegnehmen aus euch selbst kommt. In diesem Moment betretet ihr wirklich den Tempel und werdet selbst zur Opfergabe. Wir haben gelesen: „Wenn ihr in den Tempel geht und eine Opfergabe bringt …“ Keiner von euch hat mich gefragt: „Was ist eigentlich die Opfergabe?“ Die Opfergabe, die da zu bringen ist, bin ich selbst. Jedes andere Opfer ist nicht hinreichend. Das ist der Tempel. Und das ist ganz wunderbar.

Innere Reinigung

Zwist überwinden und zu Versöhnung gelangen, bevor man in den Tempel geht, ist so wichtig, und ich bin nicht bereit, auch nur ein Jota davon abzuweichen. Wenn ihr zum Beispiel zu eurem Geliebten oder zu eurer Geliebten geht, dann nehme ich an, dass ihr vorher duscht. Oder wenn ihr Besuch bekommt von Menschen, die ihr sehr gern habt, dann werdet ihr wahrscheinlich ein bisschen aufräumen. Nicht weil es darum ginge, was der andere Mensch von euch denkt oder wie man dann dasteht, sondern weil ihr es für den Freund schön machen wollt. Oder haltet ihr das anders? Um wie viel mehr ist es so, wenn wir uns dem göttlichen Geliebten nähern, wenn wir uns dem Mysterium nähern, wenn wir uns dem Tempel nähern, in dem es darum geht, uns vollkommen hinwegzunehmen. Da ist es gut, die Schuhe auszuziehen, und es ist gut, eine innere Reinigung vorzunehmen. Es ist gut, aufzuräumen und Läuterung, wie man es im christlichen Kontext nennt, zuzulassen. Dazu gehört, Zwiste beizulegen, Versöhnung zu schaffen. Wenn ihr Zwist und Streit und all diese Energie verschwendenden Dinge in den Tempel mitnehmt – Gott hat damit kein Problem, er heißt euch willkommen –, könnt *ihr* Gott nicht willkommen heißen, weil euer Kopf voll mit Streit ist und weil eure Energie in alle Richtungen zerstiebt. Eure Kraft und eure Energie müssen sich bündeln, konzentrieren, um über das Gesetz hinauszugehen und um zu dieser Neugeburt im Geist zu kommen. Wir haben genug Energie, aber wenn wir sie in Streit oder Zwistigkeit stecken, die wir ewig mit uns herumtragen und nicht zu Ende bringen, dann werden wir oft das Gefühl haben, wir hätten zu wenig Energie. Es liegt nicht daran, dass wir zu wenig haben, sondern daran, dass wir sie falsch benutzen. Dieselbe Kraft, die sich zum Beispiel in Zorn, Ärger oder Groll ausdrückt, kann sich auch in Liebe ausdrücken, in Gebet, in Tanzen, in Musik. Und es liegt an uns, wie wir die Kraft und die Energie, die uns gegeben ist, nutzen. Diese unsere Energie ist göttliche Energie, ist göttliches Feuer, es ist ein großes Geschenk und ist wesentlich und bedeutsam. Es ist wirklich bedeutsam, wie wir dieses Geschenk, diese Kraft, diese Energie einsetzen und umwandeln, was wir damit anfangen. Und genau darum geht es in diesen Sutren von Jesus.

Um Gesetzen zu folgen, muss man nicht sonderlich intelligent, sondern nur artig und hörig sein. Um über das Gesetz hinauszugehen, braucht es Intelligenz, eine Intelligenz des Herzens, braucht es ein tiefes Verstehen all dieser Dinge. Es braucht fühlendes, berührtes, berührendes Verstehen, sonst können wir nicht über das Gesetz hinaus, nicht für uns und nicht für andere. Tiefes Verstehen braucht Weisheit und Liebe. Diese zwei sind Mutter und Vater für die Geburt aus dem Geist: Weisheit und Liebe. Man muss wachsen, man braucht Geduld, braucht Gießen und Düngen, braucht Zeit und Kraft.

Reinigung beginnt im Geist

Weiter in der Bergpredigt: „Ihr habt gehört, dass gesagt ist, du sollst nicht ehebrechen. Ich aber sage euch, wer eine Frau ansieht sie zu begehren, der hat schon mit ihr die Ehe gebrochen in seinem Herzen.“ (Mt 5,27-28). Das Gesetz sagt, du sollst nicht ehebrechen. Das heißt, du übertrittst das Gesetz, sobald du mit der anderen Frau im Bett bist. Jesus sagt, das Problem fängt mit dem Gedanken an, das Problem fängt im Kopf an. Die Energieverschwendung, die Störung und der Ehebruch fangen in dem Moment an, wo du einen Menschen ansiehst, nicht einfach bewundernd oder voller Freude über seine Schönheit, sondern wenn Begehren dazukommt. Kennt ihr den Unterschied? Wir können unser aller Schönheit absolut genießen, können uns umarmen und wir können uns lieben. Aber wenn das Begehren dazukommt, „ich will diesen Mann oder diese Frau haben“, dann wird es giftig. Das heißt, dass wir mit dem Saubermachen auch hier viel eher anfangen müssen, nämlich im Kopf. Immer besteht das Problem im Kopf, der Rest folgt nach.

Dazu gibt es einen schönen Spruch, der glaube ich aus dem Talmud stammt:

„Achte auf deine Gedanken, denn sie werden Worte. Achte auf deine Worte, denn sie werden Handlungen. Achte auf deine Handlungen, denn sie werden Gewohnheiten. Achte auf deine Gewohnheiten, denn sie werden dein Charakter. Achte auf deinen Charakter, denn er wird dein Schicksal.“

Transformation von Sexualität

Frage: Zum Thema „Du sollst nicht begehren“: Als ich hier im Retreat ankam und all die schönen Frauen sah, habe ich mir gedacht, dass ein Männer-Retreat vielleicht besser für mich wäre.

Pyar: Unter den Frauen hier gibt es auch welche, die frei sind, die nicht verheiratet sind oder nicht mit einem Freund zusammenleben. Es heißt ja, du sollst nicht begehren eines *anderen* Frau!

F: Mir geht es jetzt um die Ablenkung, die mich daran hindert, bei mir zu bleiben. Wo fängt das an und wo hört das auf? Wenn ich die Schönheit der Frauen sehe und sie genießen kann – okay. Ich kann das Begehren in mir sehen, ich kann sehen, wie mein Geist das aufgreift und weiterspinnt und auch haben möchte! Solange ich da nicht völlig involviert bin und in Fantasien abdrifte, ist es okay. Sehe ich das so richtig? Vielleicht ist da auch nur ein Missverständnis in diesem christlichen Vermächtnis.

P: Ja, absolut richtig. Sexualität und all das muss ja erst mal gelebt werden. Auch da ist es so wie mit dem Gesetz und wie mit den Eltern. Da ist Sexualität, eine sehr natürliche und freudige Angelegenheit, wenn es gut läuft. Überhaupt nichts dagegen einzuwenden, aber es ist nicht das Ende der Geschichte, sondern der Anfang der Geschichte. Sie ist eine Basis, die du betrittst und die du lebst und genießt, ohne gleich deines Nächsten Frau zu begehren. Es gibt genug Frauen, die nicht mit jemand anderem zusammen sind – ganz wunderbar. Über diese Basis kannst du – wenn du bewusst damit umgehst und gleichzeitig mehr und mehr von diesem wahren Wein kostest, mehr und mehr in der Liebe wächst – irgendwann hinausgehen. Irgendwann wirst du über die Sexualität hinausgehen, aber nicht, weil du sie von Anfang an vermieden hast. Wenn du sie von Anfang an vermeidest, wirst du nie über sie hinausgehen, sondern du wirst sie immer mitschleppen. Wenn du sie unterdrückst, wird sie dir immer nachfolgen, und sei es nachts in deinen Träumen. Das funktioniert so nicht, das ist ein großes Missverständnis. Aber es ist auch ein Missverständnis zu glauben, in der Sexualität wäre die Erfüllung zu finden, auch wenn es sich bei gutem Sex manchmal fast so anfühlen mag. Sexualität ist doch formgeboren, und du musst über sie hinausgehen. Aber darüber hinaus geht es nur hindurch und nicht außen herum. Das heißt, genieße die Sexualität und bleibe dabei bewusst. Und halte nicht daran fest! Wenn es Zeit ist, darüber hinauszugehen, dann – um Himmels Willen – geh' darüber hinaus! Lass dich nicht von der Basis festhalten, wenn es Zeit ist, zu fliegen! Aber versuche auch nicht zu fliegen, wenn es Zeit ist, die Basis zu festigen. Es ist oft so, dass die einen mit den Flügeln flattern und fliegen wollen, wenn es noch nicht geht und es eigentlich Zeit wäre, die Basis zu festigen. Und andere wären so weit zu fliegen und krallen sich an der Basis fest. Beides ist dasselbe Missgeschick.

Radikalität ist nötig, um Spaltung zu überwinden

„Wenn dich aber dein rechtes Auge zum Abfall verführt, so reiße es aus und wirf es von dir. Es ist besser für dich, dass eines deiner Glieder verderbe und nicht der ganze Leib in die Hölle geworfen werde. Wenn dich deine rechte Hand zum Abfall verführt, so hau sie ab und wirf sie von dir. Es ist besser für dich, dass eines deiner Glieder verderbe und nicht der ganze Leib in die Hölle fahre." (Mt 5,29-30). Was heißt „Abfall"? Abfall heißt Spaltung, Abfall heißt Zwist, erst mal in einem selbst und dann natürlich um einen herum. Abfall heißt, aus der Bewusstheit zu gehen, Abfall heißt Betäubung, Abfall heißt, der Gier und dem Hass nachzugeben und nicht in der Liebe und in der Bewusstheit zu bleiben. Was bewirkt diesen Abfall, diese Abwendung? Meistens ist es irgendetwas im Kopf, irgendwelche Gedanken, irgendwelche Wünsche, Begierden, irgendwelche Furcht, irgendwelche Hoffnung. Dabei kann es natürlich um alle möglichen Themen und Objekte gehen, an denen sich Begierde oder Hoffnung, Furcht oder Ablehnung entzünden oder festmachen. Wann auch immer das passiert oder zu passieren droht, ist es sehr praktisch und gut, einfach alles, was ein Hindernis sein könnte zwischen mir und dem Tempel, zwischen mir und der Geburt im Geiste, wegzulassen – mehr und mehr und mehr. Jesus drückt das sehr radikal aus, und Jesus benutzt immer Bilder. Dieses Bild, das er hier verwendet, ist natürlich besonders kräftig. Aber es braucht diese gewisse Radikalität.

Das ist ähnlich wie in der Geschichte von Bodhidharmas Schüler. Bodhidharma redete lange Zeit mit niemandem, saß meditierend vor einer Wand. Er wartete auf den einen Schüler, dem er das Dharma übergeben kann. Oft kamen Menschen und sprachen zu ihm und hofften, als Schüler angenommen zu werden, aber er bewegte sich nicht einmal und drehte sich nicht um. Eines Tages kam ein Mann der Klarheit und der Wahrheit zu Bodhidharma. Er ging zu ihm und begrüßte ihn, aber Bodhidharma rührte sich nicht. Daraufhin setzte sich dieser Mann ein paar Tage lang neben Bodhidharma vor die Wand, ohne zu essen, ohne zu trinken; es war kalt, es regnete, aber er rührte sich nicht, und Bodhidharma bewegte sich auch nicht. Natürlich wusste Bodhidharma, dass sein Schüler da ist. Nach ein paar Tagen stand der Mann auf, trat vor Bodhidharma, zog sein Schwert und schlug sich die Hand ab. Bodhidharma bewegte sich immer noch nicht. Da sagte der Mann: „Wenn du dich jetzt nicht umdrehst, schlage ich mir auch meinen Kopf ab." Da drehte sich Bodhidharma zu ihm um und nahm diesen Mann als Schüler an. Er wurde sein Dharma-Nachfolger, der zweite Patriarch des Zen nach chinesischer Zählung.

Das ist die Qualität, die hier gefordert ist. Versteht das jetzt nicht so, dass ihr euch irgendwelche Gliedmaßen abhackt, aber diese Radikalität reicht noch wesentlich tiefer als die körperliche Ebene. Bekommt ihr einen Geschmack davon? Wenn euch also etwas am Gebet hindert, wenn euch etwas am Wachsen in Bewusstheit und in Liebe hindert, wenn euch etwas in eurer Hingabe an das Göttliche hindert, am Wachsen und Entwickeln eurer Lotusblume, bis sie voll erblüht, dann lasst um Himmels Willen alles, was auch immer es ist und euch hindert, zurück. Die Versuchung, die Lotusblume aufzugeben oder beiseite zu stellen oder wieder ein bisschen herunterzudrücken, ist groß und taucht immer wieder auf. Immer wieder gibt es die Tendenz, um irgendwelcher anderer Dinge willen, seien sie materiell, seien es Beziehungen oder emotionale Dinge, die Klarheit und Feinheit, die Bewusstheit und Meditation, die große Liebe und das Mitgefühl zurückzustellen. Jesus sagt, tue es nicht, lass alles weg, was dein inneres Wachsen und dein Heimkommen, die Klarheit, die Feinheit und Bewusstheit, hindert.

Die Gegenwart Gottes zu leben, macht trunken

Jemand schrieb wunderschön: „In der Gegenwart Gottes zu leben oder *die* Gegenwart Gottes zu leben, macht wirklich trunken, trunkener als irgendetwas sonst." Ja, trunken und gleichzeitig klar. Von normalem Wein wird man be-trunken. Von diesem Wein wird man trunken und ganz kristallklar und weit und offen. In der Gegenwart Gottes zu leben – ja, das ist so real, viel realer als alles, was euch real zu sein scheint. In dieser Gegenwart schrumpft und verschwindet alles, was so viel Bedeutung zu haben schien. Da ist kein Platz für Hoffnungen, kein Platz für Befürchtungen, für Angst, da ist kein Platz für Bedürftigkeit, kein Platz für Brauchen, kein Platz für „mich". Ihr werdet beobachten oder beobachtet vielleicht auch schon, dass dieses Feuer der göttlichen Liebe anfängt zu glimmen und dann zu brennen und dann zu lodern. Und dass ihr dann immer mal wieder dieses Feuer und euch selbst vom Alten nach unten ziehen lasst. Dann braucht es wieder ein bisschen Anfachen, Nachlegen, dann lodert es wieder. Die Kunst ist, immer früher die Dinge zu erkennen, die euch in das Formhafte zurückziehen. Lasst das Feuer brennen, springt hinein und lasst alles brennen, was auch immer da brennen kann! Die Gegenwart Gottes selbst verbrennt nicht, der Rest ist egal.

Man füllt nicht neuen Wein in alte Schläuche

Jemand fragte mich: „Was heißt hergeben, alles hergeben?" Hergeben heißt, wirklich alles verbrennen zu lassen, was brennen kann, heißt dich ganz zu geben, heißt sterben, heißt das, was du warst oder derzeit bist, aufzugeben, um wieder zu erstehen als „geistgeboren", als echt, als Gegenwart Gottes, voller Liebe. Was das dann für jeden einzelnen im Leben bedeutet, kann sehr unterschiedlich sein. Für Franziskus bedeutete es, alles hinter sich zu lassen, den Vater zu verlassen, sein Erbe zu verlassen und ohne alles im Äußeren loszuziehen. Für jemand anderen muss das nicht so aussehen! Was im Außen passiert, ist nicht das Wesentliche, um das Außen geht es gar nicht. Das Wesentliche ist das Innen, sind die leeren Hände innen, die Armut im Geiste, die Armut vor Gott. Wenn diese Armut da ist, dann ist es ziemlich schwierig, irgendetwas als seinen Besitz zu betrachten. „Das ist jetzt meins, das gehört mir und das halte ich fest" – das geht gar nicht. Ja, da mag auf meinem Konto Geld liegen oder es mögen Kleider in meinem Schrank hängen. Das sind Dinge, die mir zur Verfügung stehen und die ich auf eine Art benutze und verwalte, aber ich habe überhaupt nicht das Gefühl, dass mir da irgendetwas gehört. Die Dinge kommen und sie gehören uns nicht. Alles herzugeben bedeutet aber in erster Linie die ganzen Konstrukte, den Glauben an „mich", den Glauben an das, was alles nötig sei, damit es mir gut geht, loszulassen. Nichts ist nötig außer der Gegenwart Gottes. Und die ist real vorhanden! Nur dass sich das, von dem ihr glaubt, dass es nötig sei – seien es Kleinigkeiten oder große Sachen – dazwischen stellt. Insbesondere das Ego stellt sich dazwischen. Das einzige, was nötig ist für Freude und Fülle und Trunkenheit, ist vorhanden. Wenn ihr den Eindruck habt, es ist nicht vorhanden, dann liegt das daran, dass *zu viel* in euch und um euch vorhanden ist. Dann ist da etwas wegzuräumen. Jesus sagt: „Niemand flickt ein altes Kleid mit einem Lappen von neuem Tuch; denn der Lappen reißt doch wieder vom Kleid ab, und der Riss wird ärger. Man füllt auch nicht neuen Wein in alte Schläuche; sonst zerreißen die Schläuche, und der Wein wird verschüttet, und die Schläuche verderben. Sondern man füllt neuen Wein in neue Schläuche, so bleiben beide miteinander erhalten." (Mt 9,17-18). Ihr müsst die alten Schläuche wegwerfen! Und das müsst ihr für eine ganze Weile! Diese Weile kann unterschiedlich lang sein, ein paar Jahre, eine ganze Reihe Leben. Ihr müsst für diese Zeitspanne wieder und wieder die alten Schläuche wegwerfen. Sie gehen nicht von selbst weg! Du musst sie loslassen. Und du kannst es, wenn du hineinspringst. Du musst aktiv hineinspringen, es braucht deine Freiwilligkeit! Viele Menschen tänzeln voll Sehnsucht am Rande des Feuers, und gelegentlich berühren sie es – das sind Momente der Gnade. Aber gleichzeitig schrecken sie zurück und beginnen wieder zu tänzeln. Auch das kann eine ganze Weile dauern, und nichts ist dagegen einzuwenden. Aber irgendwann: Spring!

Hingabe erfordert Freiheit

In der spirituellen Szene kreist ein Märchen. Es muss auf einem großen Missverständnis beruhen und macht die Sache manchmal ein wenig mühsam. Jemand schrieb: „*Ramesh Balsekar sagt, Handlung geschieht und wir haben keine Wahl, nicht wirklich. Denn egal, wie lange wir überlegen und welche Entscheidung dann getroffen wird, es ist nicht unsere Entscheidung.*" Welch ein Missverständnis! Ihr seid von Grund auf freie Wesen! Wir sind als freie Wesen gemacht, das ist meine tiefste Erfahrung. Ich rede hier nicht irgendetwas, sondern ich lege Zeugnis ab von meinem Erfahren. Mein Gefühl ist, dass ihr alle Ramesh falsch versteht! Wenn ich Ramesh in die Augen schaue, wenn ich sein Leben betrachte, dann sehe ich, dass er sehr wohl Entscheidungen trifft, und dass er sehr wohl freiwillig und aus seinem Herzen heraus ins Feuer gesprungen ist. Ich kann nur aus meinem Herzen sprechen, und ich bin überhaupt nicht an irgendwelchen philosophischen Diskussionen interessiert. In meinem Herz ist Feuer und Liebe, und ich bin ins Feuer gesprungen. Niemand hat mich hineingestoßen, niemand hat mich hineingezogen. Es ist nicht von selbst passiert. Mir ist egal, was irgendjemand irgendwo sagt. Ich lege Zeugnis ab aus meinem Herzen.

Frage: Wenn es aber heißt, dass es kein Ich gibt, wer entscheidet?

Pyar: Das ist Philosophie. Sei einmal für einen Moment still und höre auf dein Herz. Was spricht dein Herz? Ihr seid so viel größer, als ihr denkt! Freiheit liegt prinzipiell in der Natur des Menschen. Je nach Grad der Öffnung und Grad der Bewusstheit umso mehr. Aber prinzipiell liegt sie in der Natur des Menschen, in jedem Herz, in jedem Geist. Wenn ein kleines bisschen Öffnung, ein kleines bisschen Bewusstheit da ist, dann stellt sich mehr und mehr die Frage: „Wofür gehe ich?", eine Frage, die sich euch in eurem Leben immer wieder stellt – und das kennt ihr! Ihr seid da immer wieder herausgefordert.

Und je nachdem, wie wir damit umgehen, können wir in Bewusstheit, Freiheit und Verantwortlichkeit zu gleicher Zeit wachsen. Unsere Antwort ist gefragt. Der Prozess der Bewusstwerdung durch die Dualität hindurch zurück in die Gegenwart Gottes erfordert immer wieder unsere Antwort und ist anders gar nicht möglich.

Hingabe ist nicht möglich ohne Freiheit, Verbeugung ist nicht möglich ohne Geradheit, Großzügigkeit nicht ohne Freiheit. Ich liebe dieses Feuer. Auch Liebe ist nicht möglich ohne Freiheit. Das alles ist höchst lebendig, höchst real und multidimensional. Ihr seid frei! Oft haben die Menschen Angst vor Freiheit, was verständlich, aber unnötig ist. Manchmal gibt es Trägheit, der es lieber wäre, wenn alles von selbst geht. Aber dem ist nicht so. Auch der Angst wäre es lieber, dass man nicht ins Feuer springen muss, sondern irgendwann einfach nicht anders kann. Ihr könnt bis zum Ende anders! Jesus hätte auch zum Schluss anders gekonnt, es war seine Freiheit, so wie es die Freiheit jedes Menschen ist.

Von neuem geboren aus Geist

Die erste Geburt aus der Form kann man nicht beeinflussen. Plötzlich ist man da, die Nabelschnur wird durchgeschnitten und man muss irgendwie klarkommen mit diesen Eltern und diesem Leben. Die zweite Geburt, die Geburt aus dem Geist, geschieht in Freiheit und geschieht in Hingabe, geschieht im Darüber-Hinausgehen. Sie ist kein Zwang! Und das ist das Wunderbare.

„Es war aber ein Mensch unter den Pharisäern mit Namen Nikodemus, einer von den Oberen der Juden. Der kam zu Jesus bei Nacht und sprach zu ihm." (Joh 3,1-2). Ein Mensch aus der etablierten Schicht, einer der Pharisäer, der Schriftgelehrten, war Jesus sehr zugetan und wollte ihn hören, aber er war feige und traute sich nicht, bei Tageslicht zu Jesus zu gehen. Also kam er nachts zu Jesus, nicht einmal in der Nacht hatte er seine Ruhe! „Und sprach zu ihm: ‚Meister, wir wissen, du bist ein Lehrer von Gott gekommen, denn niemand kann die Zeichen tun, die du tust, es sei denn, Gott ist mit ihm.' Jesus antwortete und sprach zu ihm: ‚Wahrlich, wahrlich, ich sage dir, es sei denn, dass jemand von neuem geboren werde, so kann er das Reich Gottes nicht sehen!' Nikodemus spricht zu ihm: ‚Wie kann ein Mensch geboren werden, wenn er alt ist? Kann er denn wieder in seiner Mutter Leib gehen und geboren werden?' Jesus antwortete: ‚Wahrlich, wahrlich, ich sage dir, es sei denn, dass jemand geboren werde aus Geist, so kann er nicht in das Reich Gottes kommen. Was vom Fleisch geboren ist, das ist Fleisch. Und was vom Geist geboren ist, das ist Geist. Wundere dich nicht, dass ich dir gesagt habe, ihr müsst von neuem geboren werden! Der Wind bläst, wo er will und du hörst sein Sausen wohl. Aber du weißt nicht, woher er kommt und wohin er fährt. So ist das bei jedem, der aus dem Geist geboren ist.' Nikodemus antwortete und sprach zu ihm: ‚Wie kann dies geschehen?' Jesus antwortete und sprach zu ihm: ‚Bist du Israels Lehrer und weißt das nicht? Wahrlich, wahrlich, ich sage dir: Ich rede, was ich weiß und bezeuge, was ich sehe. Ihr aber nehmt das Zeugnis nicht an. Glaubt ihr nicht, wenn ich euch von irdischen Dingen sage, wie werdet ihr glauben, wenn ich euch von himmlischen Dingen sage." (Joh 3,1-12).

Eine so schöne und wichtige Stelle! Vorhin habe ich gesagt, dass das Feuer zu brennen anfängt und ihr gelegentlich zulasst, dass etwas das Feuer klein macht oder erstickt, dass die alten Dinge, die alten Schläuche und die alten Lumpen, der ganze Ballast des Wünschens und Hoffens und der Vergangenheit und der Zukunft das Feuer klein und rauchig machen. Jesus hat von den zwei Qualitäten von Eltern gesprochen: Die leiblichen Eltern als Basis, die die Geburt in der Form ermöglichen, und dann das Darüber-Hinausgehen und das Wiedergeboren-Werden im Geiste aus der eigenen Mitte heraus, mit den Eltern Weisheit und Liebe. In die Geburt aus dem Geist, kann man aus der Form nichts mitnehmen. Daran muss man sich immer wieder erinnern, wenn das Alte, das Formhafte – was gleichwohl Basis ist – zu ziehen beginnt und euch beschwert und vernebelt. Dann erinnert euch, was geistgeboren ist, und erinnert euch der Gegenwart Gottes, die da ist und die alles ist, was nötig ist. Und sich dessen zu erinnern steht euch frei, sich dessen zu erinnern und die Konsequenz zu ziehen, steht euch frei. Sich zu erinnern und *keine* Konsequenz zu ziehen, steht euch auch frei. Oder sich überhaupt erst zu erinnern, steht euch frei. Die Konsequenz mag euch manchmal heftig erscheinen. Ja, sie ist es. Aber dann sagt nicht: „Ich kann nicht anders." Es braucht Zeit und es braucht Geduld, und ich habe gesagt, diese „kleine Weile" kann ein paar Jahre und kann auch ein paar Leben dauern. Trotzdem, macht einen Schritt nach dem anderen.

Verantwortung und Demut

Frage: Mich beschäftigt Verantwortung. Mich verfolgt ständig „Es ist sowieso nie gut genug" oder „Ich bin nie gut genug".

Pyar: Das gehört zu den alten Schläuchen! Es hilft nichts, darüber nachzudenken, und es hilft nichts, dir immer wieder zu sagen: Ja, du bist doch gut genug. Da hilft kein Trost.

F: Genau diesen Trost hätte ich gerne von dir gehabt.

P: Trost bekommt ihr nicht. Hier hilft weder ein „noch besser werden" noch hilft Bestätigung. Viele Menschen denken, es würde helfen, wenn sie nur genug Bestätigung bekommen würden! Die wollen sie dann gerne von mir, aber an dem Punkt gebe ich sie meistens nicht. Da hilft nur, das ganze Paket loszulassen oder sich klarzumachen: „Okay, ich weiß, ich bin nicht würdig, dass du eingehst unter mein Dach, doch komm und sprich nur ein Wort, so wird mein Knecht gesund." In dieser Bibelstelle, die die meisten von euch aus der Kirche kennen, heißt es ursprünglich „mein Knecht". Es geht da um den kranken Knecht eines Mannes. Jesus musste als Heiler zu den Leuten hingehen. Der Vater dieses Sohnes hatte aber das Gefühl, dass er nicht gut genug sei, nicht würdig sei, Jesus in seinem Haus willkommen zu heißen. Deshalb sprach er ihn auf der Straße an und sagte: „Herr, ich bin nicht wert, dass du unter mein Dach gehst, aber sprich nur ein Wort, so wird mein

Knecht gesund.“ (Mt 8,8). Wir sind nie gut genug. Das ist so. Wir können und sollen natürlich wachsen und besser werden, aber gut genug sind wir nie. Das heißt, die Verantwortlichkeit muss sich mit Demut paaren. Und das ist wunderbar, denn das verhindert Stolz und Arroganz.

Wie der kleine Geist die Öffnung des Herzens verhindert

Frage: Mit dieser Verantwortung ...

Pyar: Merkt ihr, dass ihr oft zu schnell seid? Ich sage euch etwas und ich merke, wie die Quelle, die hinter dem Wort und zwischen den Worten ist und aus der das Wort herkommt und das, was ich damit bezeuge, an euer Herz anklopft und sich etwas zu öffnen beginnt. Und im selben Moment kommt schon das nächste Wort von euch. Das ist Vermeidung! Und einem Leser ergeht es sicher oft nicht anders als einem Zuhörer. Lasst es doch erst einmal hineinsinken! Eigentlich ist das, was da gerade gesprochen wurde, genug, um drei Wochen damit zu sitzen! Lasst es hinein, lasst die Alchemie wirken. Aber schon kommt wieder der kleine Geist und will den nächsten Happen: „Und da war doch noch dies und noch das, und da war doch noch jenes ...“ Der Mangel-Geist erhebt sich. Da ist Fülle, aber manchmal ist es mit euch ein bisschen wie mit dem Kater, der mich zu Hause besucht. Er ist ein sehr hungriges Wesen, und wenn ich mit der Futterschachtel komme, ist er so aufgeregt, dass er mir jedes Mal vor Aufregung die Schachtel aus der Hand schlägt und ich das Futter nicht in die Schüssel füllen kann. Da empfinde ich dann Traurigkeit in meinem Herzen. Verstehst du, was ich meine?

Ich spüre, dass dein Herz, dein Wesen so hungrig danach ist, gleichzeitig aber etwas in dir und in euch zurückschreckt. Drei Tendenzen sind es vor allem, die euch immer wieder zurückwerfen:

Das eine ist das Zurückschrecken, das andere ist die Trägheit, und das dritte sind die alten Gewohnheiten, die euch immer wieder verschließen. Der Sog nach unten, der Sog des Formhaften, oder wie Osho einmal sagte: Der Stein, der die Rose erschlägt.

Ich spüre eure Sehnsucht und den Durst und den Hunger, und ich spüre auch, wie eine kleine Öffnung geschieht und Heilung und weiteres Öffnen und ein Verlassen dieses selbstgeschaffenen Kerkers möglich wären. Und dann taucht dieser Räuber wieder auf und kleidet sich in eine neue Frage oder in „Das muss ich jetzt aber auch noch wissen" oder in „Das reicht nicht" oder in ein „Ja, aber", und macht dann das Genährt-Werden, das Erfahren von Fülle und Friedlichkeit *jetzt*, die Gegenwart Gottes *jetzt*, unmöglich. Und so ergeht es euch die ganze Zeit, hier noch weniger als draußen. Also übt hier, hier ist es leichter.

Warten und Läuterung

Viele von euch beteten irgendwann um Befreiung, beteten, dass Gott sie in sich aufnehmen möge, dass Gott, wie Ramana sagt, sie fressen möge. Viele von euch haben schon lange diese Sehnsucht. Manchmal liegen viele Jahre zwischen diesem Gebet und dem „Davon-schmecken-Dürfen. Im besten Fall – und egal wie lange es ist – sind es Jahre oder Leben, in denen Läuterung möglich ist. Es sind Jahre oder Leben des Übens, des Wachsens, der Reinigung und des Praktizierens, damit alle alten Schläuche und alten Lumpen und der alte Müll entsorgt werden, damit die Tasse leer wird, das Herz leer wird, ihr ganz hinweggenommen werdet, auf dass Gott Platz hat. Es sind Jahre, in denen das Feuer genährt wird. Es sind Jahre des Wartens. Ich habe lange gewartet. Ich bin gut trainiert im Warten. Gut trainiert zu warten ohne zu erwarten, und gleichzeitig in der Ausrichtung und in einer „rechten Bemühung" zu bleiben – aus meiner Freiheit heraus. Und genau dasselbe tue ich jetzt auch. Wenn ich hier sitze, ist da auch dieses Warten. Ich streue Samen und habe keine Ahnung, wann sie aufgehen – warten. Da ist Gewissheit und da ist Zuversicht und da ist tiefstes Zeugnis, aber da ist überhaupt kein Wissen über die Zeit und die Stunde. Na, dann warte ich eben! Und zugleich ist auch hier bei ständigem Ungenügen ein Bemühen und ist auch Gebet, und hier ist Trunkenheit und sehr viel Feuer. Oh ja, ich freue mich! Seid wachsam, was euren Geist angeht! Lernt ihn zu nutzen, anstatt euch von ihm fressen zu lassen.

Einfachheit

„Ihr habt weiter gehört, dass zu den Alten gesagt ist, du sollst keinen falschen Eid schwören und sollst dem Herrn deinen Eid halten. Ich aber sage euch, dass ihr überhaupt nicht schwören sollt, weder beim Himmel, denn er ist Gottes Thron, noch bei der Erde, denn sie ist der Schemel seiner Füße, noch bei Jerusalem, denn sie ist die Stadt des großen Königs. Auch sollst du nicht bei deinem Haupt schwören, denn du vermagst nicht, ein einziges Haar weiß oder schwarz zu machen. Eure Rede aber sei: ja, ja, nein, nein. Was darüber ist, das ist von übel." (Mt 8, 33-37). Ganz einfach und klar und gerade. Wenn ich ja sage, sage ich ja, und wenn ich nein sage, sage ich nein. Punkt. Was soll ich da schwören? Versucht, es einfach zu machen, das ist wichtig für das Training des Geistes: Simpel, gerade, entrümpeln. Ja – nein. Alte Schläuche – weg damit. Kommt zurück in die Gegenwart Gottes! Wisst, es braucht sonst nichts. Und lebt danach, zieht die Konsequenz.

Transzendenz und Alchemie

Bei Jesus geht es um die Wissenschaft der Transzendenz und um die Wissenschaft der Alchemie. Jesus würde das nicht Wissenschaft nennen, aber gerade in diesem Sutra der Bergpredigt geht es ständig und nur um „hinübergehen". Und dieses Hinübergehen erfordert den ganzen Einsatz, erfordert wirklich eure ganze Energie, verlangt euer Leben. Buddhistisch formuliert: Um aus dem Rad des Samsara auszusteigen, muss man alles einsetzen. Das ist es, was all diese verrückten Buddhas gemacht haben! Sie alle haben über eine lange Zeit alles auf eine Karte gesetzt. Atisha zum Beispiel schreibt am Schluss seines Textes: „Indem ich das Karma früherer Übung wachrief und von tiefer Hingabe angetrieben wurde, missachtete ich Unbill und Beschimpfungen und erhielt mündliche Unterweisung über das Auflösen der Ichverhaftung."[9] Es handelt sich hier also um ein Training, das unter Umständen – oder meistens – mehrere Leben dauern kann oder dauert. Atisha sagt genau dasselbe wie Jesus! Er missachtet Unbill und Beschimpfung, übt voller Hingabe und erhält Unterweisung über das Auflösen der Ich-Verhaftung. Genau darum geht es hier, wenn Jesus zum Beispiel von den alten Schläuchen spricht oder von Reinigung oder vom Samenkorn, das sterben muss.

Vom Formgeborenen zum Geistgeborenen

Das, wo ihr hingeht, steht über dem, wo ihr herkommt. Das Geistgeborene steht über dem Formgeborenen. Wenn ihr euch dazwischen befindet, dann ist es wichtig, dem bereits Geistgeborenen in euch die Treue zu halten. Das war bei Jesus nicht anders als bei Buddha. In dem Moment, in dem Buddha als Geistgeborener auftauchte, war vom Prinzen Siddharta nichts mehr übrig, er war verschwunden, und wo Christus als Geistgeborener auftaucht, ist von Jesus nichts mehr übrig. Das ist ein wirkliches Hinüber-Gehen, ein Sterben und Auferstehen. Das ist etwas Endgültiges, denn gestorben ist gestorben. Jesus setzt sich über vieles hinweg und zeigt damit eigentlich dieses Hinübergehen vom Formgeborenen zum Geistgeborenen. Er schert sich nicht um Naturgesetze! Er verwandelt das eine in das andere, er macht aus sieben Broten ein paar tausend. Nicht einmal vor dem Tod hat er Respekt, er weckt die Leute einfach auf, er treibt Dämonen aus und verfrachtet sie in Schweineherden – er ist völlig respektlos, was all das angeht. Und doch sagt er: „Ich zerstöre das Gesetz nicht, ich erfülle es nur, ja, ich erfülle es und gehe darüber hinaus." Genauso ist es mit dem, was bereits anklang: Zum Beispiel unsere physischen Eltern, die uns die Illusion und

---

9 Mehr dazu in Pyar Troll, Bodhichitta – das erwachte Herz, Aurum Verlag Bielefeld, 2005.

die Form geben, und die wahre Mutter Weisheit, der wahre Vater Mitgefühl, die uns die Möglichkeit zur Transzendenz geben, die uns ermöglichen, geistgeboren zu sein. Wir sprachen über Sex und Liebe und den Weg von Sex zu Liebe, zu Gebet. Immer wieder taucht das auf ... hinübergehen, darüber hinausgehen. Und da erreichen wir, was das angeht, jetzt eine haarige Stelle, denn die Herausforderung zur Liebe, zur Feindesliebe, ist wirklich groß.

Und ich kann zeigen, ich kann da sein, ich kann hinweisen und erinnern, ich kann euch herausfordern, selbst in Flammen zu stehen, aber ich kann euch Feuer nicht erklären. Dieses Hinübergehen kann man nicht erklären, man kann es nur tun. Das erlebe ich hier oft, wenn wir sitzen und meditieren. Ihr solltet gut zuhören, während wir still sitzen! Es ist Sitzen in der Gegenwart Gottes. Es geht um Leben aus der Gegenwart Gottes in der Gegenwart Gottes, und darum, die Gegenwart Gottes zu leben. Da ist kein Platz für Grenzen. Da gibt es keine Bedürftigkeit, da gibt es auch kein Genügenmüssen, all das gibt es nicht.

4. Die Liebe

Vom Gesetz zur Liebe

Jesus spricht in anderen Worten als Atisha, er ist ein anderer Mensch und hat ein anderes Publikum, und die Annäherung an Atisha ist eine völlig andere als die an Jesus. Bei Jesus ist das eine sehr persönliche Annäherung, sehr intim und sehr direkt. Es ist eine Liebesgeschichte. Jesu Weg ist ein Bhakti-Weg, ein Weg der Hingabe, wobei sich in der Tiefe dieser Hingabe alle Schleier lüften und mehr und mehr Mysterien enthüllt werden. Tiefe Weisheit enthüllt sich da, und zwar nicht über den Intellekt, sondern direkt. Deshalb sagt Jesus von sich: „Ich bin eine Tür". Das würde Atisha so nicht sagen. Aber bei Jesus ist das so. Und er lehrt hier das Hinübergehen in vielen Aspekten. Da stoßen wir auch immer wieder auf das Über-das-Gesetz-Hinausgehen – vom Gesetz zur Liebe. Die Liebe steht immer über dem Gesetz, die Liebe ist höher als das Gesetz. Deshalb wird sich die Liebe auch gegen das Gesetz wenden, wo das Gesetz der Liebe widerspricht. Jesus selbst hat viele Gesetze gebrochen. Er hatte am Sabbat gearbeitet und geheilt, was ihm sehr übel genommen wurde. Er hielt sich auch an andere Gesetze nicht, zum Beispiel die Hände zu waschen vor dem Essen, was bei den Juden ein Gesetz der Reinheit ist. Die Pharisäer hatten beobachtet, dass weder er noch seine Jünger sich vor dem Essen die Hände wuschen. Jesus sagte, das sei nicht nötig, denn nicht das, was in den Mund hineingehe, mache uns unrein, sondern das, was aus unserem Mund herauskomme: „Und Jesus sprach zu ihnen: ‚Seid denn auch ihr noch immer unverständig? Merkt ihr nicht, dass alles, was zum Mund hineingeht, das geht in den Bauch und wird danach in die Grube ausgeleert? Was aber aus dem Mund herauskommt, das kommt aus dem Herzen, und das macht den Menschen unrein. Denn aus dem Herzen kommen böse Gedanken, Mord, Ehebruch, Unzucht, Diebstahl, falsches Zeugnis, Lästerung. Das sind die Dinge, die den Menschen unrein machen. Aber mit ungewaschenen Händen essen macht den Menschen nicht unrein.'" (Mt 15,16-20). Was aus dem Mund herauskommt, was aus eurem Herzen kommt, zeigt, wessen Geistes Kind ihr seid. Jesus hat immer wieder und zum Teil auch absichtlich viele Gesetze gebrochen, weil er der Liebe treu sein musste.

Nur Liebe überwindet Hass – Die tiefste Alchemie

„Ihr habt gehört, dass gesagt ist, Auge um Auge, Zahn um Zahn." Das ist das Gesetz, eine simple Angelegenheit, und das ist heute noch unser Gesetz, und so funktioniert die Welt auch heute noch. Wenn ihr in der Welt Erfolg haben wollt, dann müsst ihr euch daran halten. Wenn ihr aber hinübergehen wollt, könnt ihr euch irgendwann nicht mehr daran halten, und dann werdet ihr in der Welt höchstwahrscheinlich nicht sonderlich erfolgreich sein. „Ich aber sage euch, dass ihr nicht widerstreben sollt dem Übel, sondern wenn dich jemand auf deine rechte Backe schlägt, dem biete die andere auch dar. Und wenn jemand mit dir rechten will und dir deinen Rock nehmen, dem lasse auch den Mantel. Und wenn dich jemand nötigt, eine Meile mitzugehen, so geh mit ihm zwei. Gib dem, der dich bittet und wende dich nicht ab von dem, der etwas von dir borgen will." (Mt 5,38-42).

Dies macht die Sache eigentlich einfach, und es ist eine tiefe Verwandlung. Wenn jemand aggressiv auf mich zukommt, und ich antworte mit Aggression, was ist dann verändert, und was habe ich letztlich davon? Es geht einfach weiter! Es ist das alte Rad. Er schreit mich an, ich schreie ihn an, er schreit zurück – das bringt nichts. Im Dhammapada steht einer meiner Lieblingssätze von Buddha: „In dieser Welt wurde Hass noch nie durch Hass vertrieben, nur die Liebe vertreibt den Hass. Dies ist das Gesetz, uralt und unerschöpflich."[10] Jesus spricht von dem gleichen Gesetz, das über das menschliche Gesetz hinausgeht. Wenn ich der Aggression Widerstand entgegensetze, wenn ich dem Hass Hass entgegensetze, vermehre ich Hass. Wenn ich – und dazu ist Stärke nötig – den Schmerz des Hasses und der Verletzung hereinnehmen und zulassen, in meinem Herzen fühlen und sich in Liebe verwandeln lassen kann, dann hat der Hass auf Dauer keine Chance. Das braucht oft einen langen Atem. Aber es ist wahrscheinlich die tiefste Alchemie, die tiefste Magie, die möglich ist. Und das heißt nicht, dass man nicht gerade sein könnte, dass man nicht seine Meinung äußern könnte. Das heißt nicht, dass man die Dinge nicht beim Namen nennen könnte! Es geht um die Qualität, die Qualität von Hass oder die Qualität von Mitgefühl und Offenheit.

Osho spricht in diesem Zusammenhang über Energiesparen. Dem Hass Hass entgegenzusetzen ist simple Energieverschwendung. Diese Energie wird eigentlich für die innere Umwandlung,

---

10 Zitiert aus: Osho, Der Weg des Buddha, Osho Verlag Köln, 1995.

für Gebet und Meditation benötigt. Die Energie brauchen wir zum Hinübergehen, und wir können es uns nicht leisten, sie in Scharmützeln zu verschwenden. Wir können es uns einfach nicht leisten, unsere Energie in Streit und Kampf und Zank zu investieren. Das leuchtet ein, denn es kommt sowieso nichts dabei heraus. Osho sagt dann auch noch, wenn jemand auf dich zukommt und dich schlägt: Eigentlich ist der aggressive Akt ja schon in dem Moment passiert, in dem der andere daran gedacht hat, dich zu schlagen. Es ist sowieso schon passiert, warum willst du noch eines draufsetzen? Gescheiter ist, du sagst zu ihm: „Danke schön, und wenn Sie wieder mal was brauchen ..." (Lachen) „...dann kommen Sie vorbei." Davon sprechen Jesus und alle anderen Buddhas. Atisha nennt das ‚Widrige Umstände in den Bodhipfad verwandeln'. Die Botschaft der Buddhas ist radikal, weil es einfach nicht anders geht, um zu diesem Punkt des Hinübergehens kommen zu können. Wenn ihr wirklich hinübergegangen seid, in eurer Christus-Natur unverrückbar ruht, dann werdet ihr wie Jesus sagen: „Bei Auge um Auge mache ich nicht mehr mit, sondern ich widerstrebe dem nicht, was mir entgegenkommt".

Um dahin zu kommen, ist es aber notwendig, dass ihr eine Basis habt, dass ihr eure Stärke gefunden habt, dass ihr in eurem Hara seid und auf euren Füßen steht. Genauso mit der Form: Erst muss es in der Form sein, um dann über die Form hinauszugehen. Genauso mit dem Ego: Erst müsst ihr ein Ego haben, dann könnt ihr es fallen lassen. Keine Abkürzungen, keine Vermeidungen. Genauso mit dem Sex: Erst muss er da sein und genossen, gelebt und erfahren sein, und dann kann er etwas anderem weichen. Immer zum richtigen Zeitpunkt. Aber die Richtung muss klar sein!

Hier geht es einfach um ein großes Einverständnis, und zwar ein Einverständnis aus Freiwilligkeit. Nicht, weil ich nicht in der Lage wäre, nein zu sagen oder weil ich sowieso keine Wahl hätte, sondern es ist ein Einverständnis aus Freiwilligkeit. Ein Aspekt davon wäre auch, nicht immer über alles zu schimpfen, sondern das zu schätzen, was vorhanden ist. Und auch nicht knausern! Wenn jemand dich bittet, eine Meile mit ihm zu gehen, dann gehst du zwei. Und wenn jemand etwas von dir erbittet, dann gib ein bisschen mehr! Das dreht das Herkömmliche um, das löst die Grenzen auf, das ist die Revolution.

Frage: Freiheit ist mir das Wichtigste. Ein Aspekt in dieser Geschichte mit der anderen Wange stört mich sehr. Bittet mich jemand, dann gebe ich und gebe mehr – kein Thema, oder ihn zu begleiten – überhaupt kein Thema. Aber da habe ich die Wahl! Wenn jemand auf mich zukommt und mir etwas wegnimmt oder mich für seine Aggressivität benutzt, dann nimmt er mir die Freiheit. Dann kann ich nicht entscheiden, ob ich ihm das gebe, er nimmt das einfach. Ich merke jetzt schon beim Reden, wie da die Wut in mir hochsteigt. Ich mag mich nicht benutzen lassen.

Pyar: Das ist sehr schön, was du da sagst, denn ich habe den Eindruck, ich habe in einer solchen Situation sehr wohl die Wahl: Wie reagiere ich? Reagiere ich mit dem alten „Auge um Auge", oder probiere ich es anders? Und ist es nicht so, dass ich mich mehr benutzen lasse, wenn ich in dasselbe Muster einsteige und damit eigentlich in die Hässlichkeit mit einsteige, als wenn ich in der Schönheit bleibe?

F: Das ist eine Herausforderung, ja. Das ist noch ganz weit entfernt, aber ich arbeite daran.

P: Wunderbar! So gefällt es mir! Habt ihr das gehört? All die Ungeduldigen und Frustrierten unter euch, ja? Einfach: Ja, das ist eine Herausforderung; es ist noch weit weg, aber ich arbeite daran. Super.

Weites Ziel – weiter Focus

Frage: *Ich bin einfach nur berührt davon, wie du zu uns sprichst. Ich habe wirklich diesen Geschmack der Großzügigkeit, von der du sprichst, die nicht so eingegrenzt ist, die einfach Raum hat zu geben, Raum hat, alles hineinzulassen. Ich weiß aber aus meinem Alltag, dass ich in Situationen oft nicht so viel Raum habe. Das bewundere ich zum Beispiel an dir, dass du immer für alles Raum hast, egal wie viele Leute etwas von dir wollen.*

Pyar: Ich kann schon manchmal nein sagen … Innehalten, schütteln, kratzen, weitermachen: Erinnerst du dich? Wie ein Hund. Das Schütteln nicht vergessen! Innehalten! Ich gestatte mir Raum …

F: *Ja, aber du lässt dich auch oft auf Dinge ein, die dich von deinen Zielen abbringen. Zum Beispiel wenn du deine Ruhe haben willst oder Kaffee trinken willst …*

P: Es ist nicht mein Ziel, Kaffee zu trinken oder zu frühstücken. Meine Ziele habe ich anders definiert. Wenn du sagen würdest, ich ließe mich von meinen wirklichen Zielen abbringen, müsste ich das gründlich prüfen! Wenn ich meine Ziele so kurzstecken würde, auf den nächsten Kaffee oder das nächste Frühstück, auf die nächste Pause, das nächste Ins-Bett-Gehen oder das nächste Wochenende zum Beispiel, dann hätte ich natürlich das Gefühl, dauernd gestört zu werden. Aber mein Ziel ist Folgendes: Ich stehe im Dienst und will im Dienst stehen. Und dieses Leben und die kleinen Ziele habe ich schon lange abgegeben. Von dem aber, was mir wirklich kostbar ist, von dem Schatz, von der Gegenwart Gottes, von der Liebe, kann mich so schnell nichts abbringen. Ob da noch Zeit für einen Kaffee rausspringt oder nicht, finde ich nicht so wichtig. Ich liebe es, Kaffee zu trinken, aber wenn die Zeit nicht reicht, dann bekomme ich halt keinen, das ist nicht so dramatisch. Ich fühle mich nicht beengt – weder in Zeit noch in Raum – weil mein Ziel einfach weiter ist. Ich kann es nicht einmal „Ziel“ nennen. Mein Anliegen ist das, was ich als den Schatz und als die Kostbarkeit betrachte. Dafür bin ich im Dienst, und dem gilt mein Leben ohne Kompromisse. Der Rest ist nebensächlich. Ich genieße auch die kleinen Dinge wie Kaffee-Trinken, einen schönen Spaziergang und das alles, aber es ist nicht wichtig und mir fehlt nichts, wenn es nicht da ist. Und wenn ich den Eindruck habe, meine Ausrichtung, meine Treue zur Gegenwart Gottes und meine Art, die Gegenwart Gottes zu leben, erfordert, die Telefonstecker herauszuziehen, dann tue ich das. Gelegentlich mache ich das! Alle Stecker raus, Türe zusperren, Computer ausschalten, und dann habe ich Raum für Gebet und Meditation. Aber egal, ob jetzt die Telefonstecker gerade draußen sind oder nicht – mir geht es nur um die Gegenwart Gottes, darum, die Gegenwart Gottes zu leben. Mir geht es um Mitgefühl und Weisheit. Und das ist sowieso eine tägliche 24-Stunden-Angelegenheit.

Liebet eure Feinde

„Ihr habt gehört, dass gesagt ist, du sollst deinen Nächsten lieben und deinen Feind hassen. Ich aber sage euch, liebt eure Feinde und bittet für die, die euch verfolgen, damit ihr Kinder seid eures Vaters im Himmel. Denn er lässt seine Sonne aufgehen über Böse und Gute, und lässt regnen über Gerechte und Ungerechte. Denn wenn ihr liebt, die euch lieben, was werdet ihr für Lohn haben? Tun nicht dasselbe auch die Zöllner? Und wenn ihr nur zu euren Brüdern freundlich seid, was tut ihr Besonderes? Tun das nicht alle? Darum sollt ihr vollkommen sein wie euer Vater im Himmel vollkommen ist.“ (Mt 5,43-48).

In der Begegnung mit solchen Sutren, insbesondere Sutren eines Buddhas und Bodhisattvas wie Jesus, der ein Mensch der Hingabe ist, ist es wichtig, sich den Menschen anzuschauen. Wenn ihr nur die Worte allein nehmt, wird der kleine Geist die Worte aufgreifen und sie missverstehen. Wenn es aber möglich ist, solchen Verrückten der Liebe wie Osho oder Jesus oder vielen anderen im Herzen zu begegnen, dann wird eine andere Art von Verstehen auftauchen – die Art von Verstehen, die notwendig ist und die Jesus auch fordert: Tief aus der Tiefe heraus, von eurem Wesen zu seinem Wesen zu eurem Wesen – ein Wesen. Jesus konnte über solch delikate Angelegenheiten so offen sprechen, weil er spürte, dass seine Zuhörer bereit waren, ihn zu hören. Ob sie ihn wirklich immer hören konnten, ist eine andere Frage, aber sie waren *bereit*, ihn aus der Tiefe heraus zu hören. Sie waren nicht verkopfte, sondern einfache Menschen, die wussten, wie man einen Acker pflügt, wie man Brot bäckt, wie man Fische fängt. Sie wussten etwas über die Natur, über Regen und Sonne. Nicht, weil sie es gelesen hatten, sondern weil sie Sonne und Regen auf ihrer Haut kannten und liebten.

Bei dem Thema Feindesliebe ist viel Missverständnis möglich, und geschieht auch immer wieder. Das gröbste Missverständnis wäre, wenn man Jesu Worte in einem alttestamentarischen Sinn verstünde, nämlich als ein neues Gesetz. Das funktioniert nicht und führt zu großem Durcheinander und zu Leiden. Was Jesus hier aufzeigt, ist eine Möglichkeit, ist unsere Bestimmung, die wir nur durch eine tiefe Transformation verwirklichen können. Es ist ganz bestimmt nichts, das man von Außen aufpfropfen könnte. Aber genau das wird immer wieder versucht, und es führt nur zu neuen Schrecken. Ich frage mich zum Beispiel, wie diese amerikanische Soldatin im Irak in diese schreckliche Situation einer folternden Täterin geraten ist. Ich frage mich, wie viel an unterdrücktem, nicht gelebtem, nicht erkanntem, nicht gefühltem Zorn in ihr ist. Ich frage mich, wie viel an aufoktroyierter Bravheit und unterdrückter Stärke in ihr ist. Ich frage mich, ob sie jemals gelernt hat, für sich zu stehen. Ich frage mich nicht nur, wie es um ihre Opfer steht, sondern auch, wie es um sie steht.

Deshalb ist wesentlich, dass ihr euch diesen Menschen Jesus anschaut. Derselbe Mensch, der von der Feindesliebe spricht –

und ich muss ihm das abnehmen, weil er das bis in die letzte Konsequenz gelebt hat, weil es in meinem Herzen resoniert und ich es als Wahrheit begreife – ist derselbe Mensch, der die Händler aus dem Tempel treibt. Er ist ein gerader, aufrechter Mensch, selbst vor Gericht. Pilatus fragt ihn: „Bist du der König der Juden?" Und Jesus, der weiß, dass er sich in einer gefährlichen Situation befindet, antwortet einfach: „Du sagst es." Eine ganz klare Aussage, die nur aus unglaublicher Stärke kommen kann. Da ist nichts von Duckmäusertum oder Kopfeinziehen oder Seine-Kraft-nicht-Leben spürbar. Es ist derselbe Mann, der fast täglich ein verbales Scharmützel mit den Pharisäern ausficht und ihnen eine Ohrfeige nach der anderen verpasst, wohl wissend, dass das eine gefährliche Angelegenheit ist. Aber er tut es, weil er die Wahrheit in sich nicht verleugnen kann, und dazu braucht es Kraft und Klarheit und Geradheit und Stille. Es ist derselbe Mann, der die Händler aus dem Tempel treibt und dabei sogar körperliche Gewalt anwendet. Aber auch das entspringt seiner tiefen, brennenden Liebe zum Göttlichen und zur Wahrheit, nicht aus irgendeinem persönlichen In- oder Output. Er will dabei nichts für sich.

Ich habe über das Thema nachgedacht und kontempliert. Ich habe keine Ahnung, wie ich mich verhalten würde, wenn ich zum Beispiel mit meiner jüngsten Schülerin, diesem wunderschönen Mädchen, unterwegs wäre und jemand würde sie angreifen. Es könnte sein, dass ich zur Tigerin werde – oder der Tiger aus mir herauskommt. Das ist eine Frage, die ich nicht im Sinn einer Regel beantworten kann. Wenn ich versuchen würde, im Sinne einer Regel zu antworten, würde ich genau diesen so oft gemachten Fehler machen, nämlich aus den Worten Jesu wieder ein neues Gesetz zu machen: „So hast du dich zu verhalten, dann bist du auf der richtigen Seite." Das Wesentliche ist die Transformation dieser Kraft in den Menschen, die sich allzu oft als Hass, Gewalt, Zorn, Eifersucht äußert.

Liebe nicht gegen Hass austauschen – Transformation der Kraft

Ich weiß, dass ich nicht bereit bin, Liebe gegen Hass einzutauschen. Ich bin auf keinem Gebiet bereit, das Höhere gegen das Niedere einzutauschen. Ich bin nicht bereit, Wahrheit gegen Wissen einzutauschen. Ich bin nicht bereit, das Geistgeborene gegen das Formgeborene einzutauschen. Und ich bin jederzeit bereit, für die große Liebe, für das Geistgeborene, für die Wahrheit und das Mitgefühl alles loszulassen oder alles zu geben und alles einzusetzen und dafür einzustehen – mit allem, was hier ist, mit jeder Faser dieses Körpers und dieses Geistes, dieses Herzens, und mit diesem Leben. Das weiß ich. Welche Form das in irgendeiner Situation annimmt, weiß ich nicht. Aber ich bin nicht bereit, den Tempel, die Liebe, die Gegenwart Gottes zu verlassen, nur weil jemand mit Aggression, Hass oder mit Vorwurf auf mich zukommt. Und das kann durchaus erfordern, die andere Wange hinzuhalten. Das ist das Wesentliche.

Und für dieses Einstehen ist genau die Kraft und die Stärke nötig, die hier im Bauch wohnt und die in den meisten Leben in Grenzgefechten vergeudet wird, in Scharmützeln um das Persönliche – wie hoch die Hecke zum Nachbarn ist und wie hoch sie sein darf, oder in den hunderttausend Gefechten des täglichen Lebens, in die ihr eure Kraft hereinsteckt, in der Hoffnung auf ich weiß nicht was. Das müsste ich mir echt aus den Fingern ziehen, auf was man da hoffen könnte. Habt ihr das so weit?

F: (Zwischenruf) Im Moment!

Pyar: Ja, ich finde das wunderbar, dass du das sagst. Das ist sehr ehrlich und entspricht oft den Tatsachen. Aber lasst es in euch Wurzeln schlagen. Tiefe, tiefe, tiefe Wurzeln.

Diese Worte von Jesus sind auch noch auf andere Art missbraucht worden: Sie wurden als Werkzeug der Ausbeutung missbraucht und dadurch völlig verdreht. Es ist ziemlich leicht, Menschen auszubeuten und klein zu halten, wenn ihr ihnen zuvor ständig diese Sätze um die Ohren haut. Obwohl man selbst nicht dazu bereit ist, soll der andere klein beigeben und seine andere Wange hinhalten. Das wurde und wird auf vielen Gebieten in übelster Art verdreht und missbraucht: In der Kolonialzeit, in der Sklaverei, im Kapitalismus, andauernd. Das geschieht, wenn dieser Ich-Ich-Ich-Geist sich diese Worte greift.

Alchemie der Liebe

Der Mensch ist irgendwie mit einer Leiter vergleichbar. Sie steht im Kreatürlichen, in der Natur oder auch im Animalischen, und sie reicht hoch, hoch in die Liebe, in die Gegenwart Gottes, in die Friedlichkeit, in das, was jenseits jeder Trennung ist. Da, wo alles, was zwei war, zu einem wird. Unsere Aufgabe und unsere Bestimmung ist, auf dieser Leiter emporzusteigen. Dazu benutzen wir die Sprossen der Leiter, aber wenn man versucht, mit der fünften Sprosse zu beginnen, funktioniert es nicht, sondern man wird immer wieder herunterfallen. Und wenn man sich weigert, die nächste Sprosse zu erklimmen und sich an der Sprosse festklammert, auf der man steht, oder sogar wieder hinuntersteigt, erfüllt sich diese wunderbare menschliche Bestimmung und Chance natürlich auch nicht.

Hier geht es um diese tiefe, segensreiche Alchemie und um die wahnwitzige Herausforderung dieses wunderbaren Buddhas, in der Liebe so weit zu gehen, dass ich keine Feinde kenne, sondern in jedem Menschen und Wesen mich sehen kann, Gott sehen kann, egal, wie dieses Wesen oder dieser Mensch sich an der Oberfläche verhalten mag. Um dieser wahnwitzigen Herausforderung begegnen zu können, ohne dabei verdreht, krank oder schwach zu werden, ist es absolut essenziell, die Basis zu stärken. Da bin ich sehr dankbar für die Möglichkeit, die wir zum Beispiel mit der Dynamischen Meditation haben. Ihr müsst stark sein, lebendig sein, freudig sein. Ihr braucht Feuer im Bauch, im

Herzen. Und dann müsst ihr wissen, wie man diese Kraft einsetzt und wie man sie nicht vergeudet. Die bisherigen Verschwendungsmöglichkeiten waren Zürnen, Begehren, Schwören, Vergelten und Hassen. Lernt, wie ihr in Liebe diese Kraft, dieses Feuer und dieses Wasser einbringen könnt.

Es gibt eine Erzählung aus der japanischen Kultur: Sie handelt von einem wilden Menschen, einem Draufgänger mit einem Schwert, der gerne Menschen tötet. Er hat also Kraft, setzt sie aber sehr ungeschickt ein. Er trifft auf einen Meister, der tief in Meditation oder Gebet versunken dasitzt. Der wilde Typ geht, das Schwert schwingend, auf den Meister zu, aber dieser bewegt sich nicht – er sitzt einfach da. Das steigert die Wut des Angreifers zusätzlich, so wie eine nicht gewohnte Reaktion Angreifer normalerweise besonders wütend macht. Er schreit den Meister an: „Weißt du nicht, dass ich ein großer Krieger bin, der ohne mit der Wimper zu zucken Köpfe abschlägt?" Der Meister öffnet die Augen, sieht ihn an und sagt: „Und weißt du nicht, dass ich der Mann bin, dem man den Kopf abschlagen kann, ohne dass er mit der Wimper zuckt?"

Die Haltung dieses Meisters entspringt genau dieser Kraft. Das ist keine Niederlage, kein Kopfeinziehen, sondern entsteht aus ungeheuer viel Kraft. Ich bin sicher, dass dieser Meister von seiner Kraft und seinem Potenzial her in der Lage gewesen wäre, diesen Krieger mit einem Handkantenschlag zu besiegen, aber er hat sich anders entschieden. Er hat diese Freiheit. Feindesliebe resultiert nicht daraus, dass ich nicht die Kraft hätte zu kämpfen, sondern daraus, dass die Kraft sehr wohl da ist, die Entscheidung aber anders lautet. Sie entsteht, wenn man nicht bereit ist, sich von Hass anstecken zu lassen, wenn man nicht bereit ist, aus der Liebe zu weichen. Genau deshalb ist es so wichtig und notwendig, dass ihr alle tiefe Wurzeln habt, dass ihr in euch Kraft habt. Ihr müsst gerade sein in euch, um an diesen Punkt zu kommen, von dem Jesus spricht.

Es kann auch eigenartige Formen annehmen. Mir fällt noch eine Geschichte dazu ein: Ein Meister ist auf einem Schiff unterwegs. Der Kapitän ist ein übler Bursche und plant, alle Leute auf dem Schiff zu töten, um sie zu berauben. Der Meister weiß oder spürt das. Nach einiger Überlegung, was zu tun ist, entscheidet er sich, den Kapitän umzubringen. Er tötet den Kapitän, und erklärt gleichzeitig seine Bereitschaft, das Karma dieser Tat und zusätzlich das Karma des Kapitäns, der bereits viele Menschen ermordet hatte, auf sich zu nehmen. Für den Kapitän hätte es ja ziemlich üble karmische Folgen gehabt, wenn er alle Leute auf dem Schiff umgebracht hätte. Der Meister will also nicht nur die Reisenden auf dem Schiff retten, sondern auch dem verbrecherischen Kapitän künftiges Leiden ersparen. Auch das ist eine Form von Feindesliebe, eine sehr tiefe, sehr hohe, sehr subtile und komplexe Angelegenheit.

Wichtig sind hier:

a) Wurzeln.

b) Ausrichtung. Zu wissen: Was ist kostbar? Wofür gehe ich? Wofür will ich meine Kraft einsetzen? Wofür stehe ich mit Haut und Haar ein?

c) Verstehen. Ohne Verstehen der Mechanismen, die mit Hass und mit Begehren zu tun haben, ist es sehr schwierig, darüber hinauszugehen. Ich meine damit nicht dieses andauernde psychologische Auseinanderpflücken. Ich meine damit ein sehr essenzielles, begegnendes Verstehen. Im Verstehen, im Erkennen ist es möglich, darüber hinauszugehen.

Hass macht eng. Ihr streitet zum Beispiel mit einem Nachbarn um die Höhe der Hecke. Schon wird euer Fokus eng. Es gibt so viele Gelegenheiten, in denen euer Fokus eng wird. In eurem Kopf ist nur noch Hecke und der feindliche Nachbar, in eurem Bauch ist Aufruhr, in eurem Herz ist etwas Zerreißendes, und ihr leidet fürchterlich. Und natürlich denkt ihr, dass der Nachbar an eurem Leiden Schuld ist. Liebe dagegen weitet den Fokus, Liebe blickt immer weit. Um aber in der Transformation so weit zu kommen, dass es sogar möglich ist, die zu lieben und für die zu beten, die euch Übles antun oder euch verfolgen, ist es notwendig, immer das Größere im Auge zu behalten und immer mehr die Grenze des kleinen Ich, des kleinen Geistes zu sprengen. Mit genau dieser Kraft.

Bei seiner Kreuzigung zeigt Jesus glasklar, dass die Liebe größer ist als Hass und Gewalt. Von außen betrachtet, befindet er sich in einer Situation der Hilflosigkeit, er hat keine Bewegungsmöglichkeit, ist im Todeskampf, wird gequält und ermordet. Aber Jesu Herz ist viel größer. Die Liebe ist viel, viel größer, und die Kapazität und das Potenzial der Vergebung ist viel, viel größer. Aber auch dazu braucht es genau diesen Menschen, in dem Stärke ist. Es braucht viel Stärke. Und ihr habt die Stärke, ihr müsst sie nur entdecken, zu ihr stehen und sie weise lenken. Dann habt ihr eigentlich keine Feinde, und dann gibt es in Wirklichkeit keine Niederlagen. Es mag im Außen Niederlagen, sogar extreme Niederlagen geben, aber was größer ist, ist größer. Ihr müsst es nur sehen. Es ist eine Herausforderung und es bleibt eine Herausforderung. Und diese Herausforderung hat kein Ende.

Aus welcher Kraft kommt Transformation?

Frage: Aus welcher Kraft heraus können wir diese unglaubliche Lebensveränderung vollziehen, Feindesliebe und diese Dinge? Für mich gibt es zwei verschiedene Energien. Eine, die dazu da ist, die Persönlichkeit, diese illusionäre Persönlichkeit, aufzubauen und aufrecht zu erhalten, und die andere, um davon wegzugehen.

Pyar: Nein, das stimmt nicht. Das ist in Wirklichkeit *eine* Energie, und es ist immer *deine* Entscheidung, worauf du sie richtest. In der Physik gibt es vier fundamentale Kräfte, aber Energie gibt es nur eine. Die fundamentalen Kräfte in der Physik sind bereits Ausdrucksformen der einen Energie, ob das jetzt Magnetismus oder Elektrizität ist. Es gibt nur einen Topf mit Energie, und es ist immer wieder deine Wahl, ob du sie in den Aufbau deiner Sandburg, in Vergängliches, in Formgeborenes, in die Illusion, in Kampf, Scharmützel und Streit investierst oder in Gebet, in Hingabe, in das Durchschauen der Illusion, in Erkenntnis, in Meditation. Es ist dieselbe Kraft.

F: *Jesus sagt: „Niemand kommt zum Vater denn durch mich." (Joh 14,6). Ich verstehe das so, dass ich aus meiner eigenen Kraft heraus das Göttliche nicht erlangen oder zur Verwirklichung bringen kann, sondern nur, indem ich mich als der illusionäre Persönlichkeitsmensch dem Göttlichen freiwillig unterordne oder ausliefere oder die Hingabe an das Göttliche vollziehe.*

P: Exakt. Und in dieser Freiwilligkeit setzt du die Kraft in Richtung Geistgeborenem ein. In dieser Hingabe an das Göttliche setzt du die Kraft in Richtung Transformation ein.

F: *Aber es ist doch ganz etwas anderes, als wenn ich jetzt damit beschäftigt bin, meine Persönlichkeit aufzubauen, mein Selbstwertgefühl zu pflegen oder meine Macken abzuschaffen.*

P: Das ist eine andere Richtung, aber dieselbe Kraft.

F: *Aber zuerst muss man dieses andere, diese Basis schaffen?*

P: Ja, du kannst es dir wie eine Pyramide vorstellen, die eine bestimmte Höhe und bestimmte Stufen hat, und logischerweise musst du erst die Basis bauen. Das ist fast so, als wenn sich in dieser Pyramide eine Spirale befände, und indem du die Kraft in dieser Spirale nach oben bewegst, baut sich die Pyramide auf. Wenn du versuchst, diese Pyramide in der Mitte zu beginnen, kann daraus offensichtlich nur ein Luftschloss werden. Das geht nicht. Wenn du dich aber bereits auf mittlerer Höhe dieser Pyramide befindest, dann taucht immer die Wahl auf, in welche Richtung du diese Kraft weiter einsetzt. Du kannst die Kraft weiterhin in mehr Feinheit und tieferes

Gebet und tiefere Hingabe und in Liebe und sogar Feindesliebe gehen lassen, oder du kannst die Spirale wieder zurückdrehen und baust die Pyramide der Transformation sozusagen wieder ab – und gibst die Kraft in den Wiederaufbau der illusionären Persönlichkeit. Der Wiederaufbau der illusionären Persönlichkeit geschieht, indem du alten Mustern folgst, wieder in den alten Trott gehst, die alten Schläuche wieder herausholst, die alten Lumpen wieder vom Müll holst. Ab einer gewissen Sprosse dieser Leiter taucht die Frage der Entscheidung permanent auf. Ganz am Anfang ist das noch nicht so deutlich, weil es noch nicht wirklich zwei Richtungen gibt. Da geht es einfach darum, eine Basis zu bauen. Aber irgendwann stehen die Basis und das erste Stockwerk, dann das zweite, und dann bekommst du vielleicht Angst oder die alten Gewohnheiten beginnen, dich in Versuchung zu führen. Dann ist Wachsamkeit gefragt und das, was wir schon besprochen haben an der Stelle, wo Jesus sagt: „Wenn es dein Auge ist, das dich in Versuchung bringt, dann reiß dein Auge aus."

F: *Aber was mache ich, wenn ich jetzt im dritten Stock bin und dann auf einmal bemerke, dass da keine Basis ist?*

P: Das kann nicht sein, dann war es ein Luftschloss, und in Wirklichkeit ist keine Basis und damit auch kein drittes Stockwerk da. Es gibt hier immer zwei Möglichkeiten, herunterzufallen.

Es gibt Menschen, die versuchen, der Basis, der Form auszuweichen, versuchen, dem Leben auszuweichen. Sie stürzen sich in ein spirituelles Luftschloss in der Hoffnung, dem Leben zu entkommen. Das ist ein Luftschloss, das Reich der Götter. Manchmal führt das in Extremfällen sogar bis zu einer Psychose, einer Dissoziation, einer tiefen inneren Trennung. Oder es ist der Weg in völlige Unbewusstheit, das heißt, unterhalb des Menschlichen. Dann gehst du in den tierischen Bereich zurück, trottest durch die Gegend, bekommst nichts mit und bist vielleicht halbwegs zufrieden, aber sehr dumpf. Diese Dumpfheit des Unten-Herausfallens aus dem Dilemma, in dem wir als Menschen nun einmal sind, und der Versuch, mich in ein spirituelles Traumschloss zurückzuziehen, um die ganze Arbeit zu vermeiden, liegen sehr nahe beieinander. Es sind sehr ähnliche Zustände. Diese beiden Zustände sind die eine Seite des Herunterfallens.

Die andere Seite ist, dass Menschen, die sehr wohl auf einer Basis gegründet sind und sehr wohl wissen, worum es geht, ins Schwanken und in Zweifel geraten und denken, sie müssten ständig an der Basis bauen, die ja längst da ist, und nicht bereit sind, weiterzugehen, weil sie einfach Angst oder Widerstand haben, ihr Ego und ihre Selbstbezogenheit oder das Hängen an der Illusion der kleinen Freuden und kleinen Bequemlichkeiten und Trägheiten wirklich hinter sich zu lassen um des Reiches Gottes willen, wie Jesus sagen würde. Für diese Weigerung und Angst gibt es natürlich viele gute Ausreden und scheinbar gute Gründe. Von „Ich bin nun mal so" oder „Ich brauch das nun mal" bis zu „Ich kann das nicht" oder „Ich will ja schon, aber jetzt geht es nicht – erst später".

Also gibt es beides: Die Möglichkeit des Herunterfallens, indem man der Basis ausweicht, und die Möglichkeit des Herunterfallens, indem man wirkliche Transformation hinausschiebt oder vermeidet.

Innere Stärke

Frage: Pyar, bitte sprich noch einmal über wirkliche, wahre „innere Stärke", über die wirklichen Qualitäten von innerer Stärke. Denn ich spüre, dass sich die Stärke bei mir verändert, früher war sie eine durch alles hindurchgehende Kraft, und jetzt ist sie schwächer im Sinne von: Ich halte nicht mehr so viel aus wie früher. Es ist jetzt aber auch mehr eine Kraft von innen da, die neu, aber auch sehr empfindsam ist. Das heißt, ich brauche gerade noch ganz viel Raum, diese Kraft zu schützen.

Pyar: Oh ja, absolut. Gib ihn dir.

F: *Ich ziehe mich sehr oft zurück, bin aber in einem Beruf, in dem ich sehr viel mit Menschen zusammen bin. In meiner Freizeit bin ich richtig unsozial geworden, weil ich nur noch alleine bin.*

P: Das ist völlig okay. Kannst du ruhig.

F: *Da ist etwas, worüber ich mir nicht ganz im Klaren bin. Diese andere, neue Kraft ist schärfer, kompromissloser, und ich weiß nicht, ob sie zu sehr ausschließend, zu fokussiert ist. Ich hatte schon immer die Neigung in meinem Leben, sehr konzentriert auf irgendetwas zuzusteuern.*

P: Das ist sehr vorteilhaft!

F: *Aber es ist auch eine sehr urteilende Kraft. Was für mich nicht stimmt, stelle ich relativ scharf zur Seite.*

P: Nein, das ist nicht urteilend, sondern unterscheidend und aussortierend. Wunderbar.

F: *Ja, aber das drängt im Moment relativ viel aus meinem Leben heraus.*

P: Natürlich, du musst doch Platz schaffen! Das ist notwendig. Und der Zweifel, der da gerade spricht, ist die Stimme der Gesellschaft. Das bist nicht du. Das ist die Stimme deiner Eltern: „Du musst angepasst sein! Du musst sozial sein!" Nicht im Sinne von Liebe, sondern im Sinne von angepasst und für jeden Mist verfügbar. Das nenne ich den Resozialisierungsversuch der Gesellschaft, der Umwelt, der Menschen um dich herum, insbesondere auch der internalisierten Gesellschaft, also der Stimmen in dir, die du sozusagen in dich hineingenommen hast, die aber die Gesellschaft repräsentieren und nicht dich und das Göttliche.

F: *Ich war jetzt eine ganze Weile außerhalb dieser Gesellschaft und bin jetzt wieder Teil von ihr und merke, dass bestimmte Dinge für mich einfach nicht mehr stimmen.*

P: Natürlich, und das werden noch mehr werden. Es werden immer mehr Dinge, die nicht mehr stimmig sind.

F: *Wo ist die Unterscheidung zu Härte?*

P: Wieso ist das Härte? Wie kommst du jetzt darauf?

F: *Du sprachst von Kompromisslosigkeit, die sich mit Weite vereint ...*

P: Würdest du sagen, einem Bodhidharma mangelt es an Weite? Auch, wenn er zehn Jahre vor dieser Wand sitzt und sich nicht dazu überreden lässt, mit ins Kino zu gehen?

F: *Nein.*

P: Kannst du schmecken, worum es da geht? Man kann jeden Mist mitmachen, jeder Einladung folgen und immer für Small Talk bereit sein, immer ans Telefon gehen und sich alles anhören, jeden Abend in die Kneipe gehen und ständig unter Menschen sein, und gleichzeitig total eng, völlig abgekapselt und völlig um sich selbst kreisend, nicht in Liebe, sondern in Bedürftigkeit sein. Liebe und Bedürftigkeit gehen nicht zusammen, und ich fürchte, die meisten Menschen, die sich permanent in diesem sozialen Sog und Zwang befinden und sich diesem Zwang beugen, sind sehr bedürftig. Sie versuchen, ihre Bedürftigkeit zu sättigen, was nie gelingt. Deswegen kann der Sog und der Zwang der Gesellschaft so stark sein, weil die Gesellschaft verspricht: „Das musst du tun, damit du ein kleines Häppchen bekommst." Wenn ihr authentisch werdet und eure Wurzeln in euch selbst findet, mit euch selbst und im Alleinsein glücklich seid, dann verschwindet diese Bedürftigkeit. Und dann zieht und zerrt die Gesellschaft an dir: „Mit dir ist ja nichts mehr anzufangen! Was bist denn du für einer?"Oder es sind die Stimmen in deinem Kopf: „So geht das nicht. Du wirst unsozial, und das ist eng."

Dann erinnere dich an Bodhidharma oder erinnere dich an Osho. Würde irgendjemand von euch sagen, Osho wäre eng oder unsozial gewesen? Aber er verbrachte außer ein oder zweimal am Tag die ganze Zeit in seinem Zimmer, und er ging nicht mit auf die Partys und war auch nicht mit Leuten essen. Es ist wirklich sehr hilfreich, diese Buddhas zu betrachten. Ein

Grund, warum Buddhas Form annehmen, ist, damit man sie als Menschen betrachten kann, nicht nur als Worte. Sie übermitteln nicht nur Geist und Botschaft, sondern wie sich die Botschaft und der Geist und die Liebe und das Geistgeborene anfühlen. Es ist wichtig, den Menschen Bodhidharma zu betrachten, wenn es um so eine Frage geht. Es ist wichtig, den Menschen Osho zu betrachten, und sich diese Frage zu stellen. Und wenn es um die Liebe und um die Feindesliebe und um Über-das-Gesetz-Hinausgehen aus Stärke heraus geht, ist es wichtig, den Menschensohn und Gottessohn Jesus in seiner Lebendigkeit und seiner Realität zu betrachten. Versteht ihr? Nutzt diese Chance, bitte.

Dem Übel nicht widerstehen

„Ihr habt gehört, dass gesagt ist, Auge um Auge, Zahn um Zahn. Ich aber sage euch, dass ihr nicht widerstreben sollt dem Übel, sondern, wenn dich jemand auf deine rechte Backe schlägt, dem biete die andere auch dar. Und wenn jemand mit dir rechten will, und dir deinen Rock nehmen, dem lasse auch den Mantel. Und wenn dich jemand nötigt, eine Meile mitzugehen, so gehe mit ihm zwei. Gib dem, der dich bittet, und wende dich nicht ab von dem, der etwas von dir borgen will. Ihr habt gehört, dass gesagt ist, du sollst deinen Nächsten lieben und deinen Feind hassen. Ich aber sage euch, liebt eure Feinde und bittet für die, die euch verfolgen, damit ihr Kinder seid eures Vaters im Himmel. Denn er lässt seine Sonne aufgehen über Böse und Gute, und lässt regnen über Gerechte und Ungerechte. Denn wenn ihr liebt, die euch lieben, was werdet ihr für Lohn haben? Tun nicht dasselbe auch die Zöllner? Und wenn ihr nur zu euren Brüdern freundlich seid, was tut ihr Besonderes? Tun das nicht alle? Darum sollt ihr vollkommen sein wie euer Vater im Himmel vollkommen ist." (Mt 5,43-48).

Hier weist er auf die Transzendenz hin: So vollkommen zu sein wie das Göttliche selbst. Er weist sehr weit und sehr tief, und es ist alles drin. Und so wahr. Mein Herz schlägt damit.

5. Wachsamkeit

In jedem Retreat und auch an anderen Punkten eures Weges taucht ein spezieller Punkt auf, der eure Wachheit erfordert:

Nach einer Zeit intensiven Übens entsteht eine starke nach innen und oben gerichtete Kraft, eine starke Kraft der Transformation und der Transzendenz. Und das ist ja eure Sehnsucht. Gleichzeitig tritt an diesem Punkt dann eine Gegenkraft auf, die versucht, euch in die andere Richtung zu ziehen, hinein in das Alte, in die alten Schläuche. Das ist immer so, und das ist auch im Leben so. Deshalb ist es gut, dieses Muster im Retreat zu beobachten! Diese nach außen ziehende Kraft, die Kraft des alten Menschen sozusagen, die Kraft des Irdischen äußert sich unterschiedlich. Manchmal wird dann zum Beispiel mitten im Stille-Retreat mehr gesprochen. Oder es zeigt sich die alte Bedürftigkeit, die alte Angst: „Moment mal, so tief solltest du dich nicht auf die Liebe einlassen, es könnte ja sein, dass du verschwindest." Oder: „Moment, da war doch noch alles Mögliche, was ich erledigen muss, und ich brauche doch noch dies und das und jenes!" Kennt ihr das? Das ist immer wieder ein heikler Punkt. Jesus spricht in diesem Zusammenhang immer wieder von Wachsamkeit. Zum Beispiel: „Das sollt ihr aber wissen: Wenn ein Hausvater wüsste, zu welcher Stunde in der Nacht der Dieb kommt, so würde er ja wachen und nicht in sein Haus einbrechen lassen." (Mt 24,43). „Darum wachet! Denn ihr wisst weder Tag noch Stunde." (Mt 25,13).

Die Räuber nicht eindringen lassen

„Jesus sprach: ‚Gesegnet der Mensch, der weiß, wo die Räuber eindringen, denn so kann er aufstehen, seine Kräfte sammeln und sich rüsten, bevor sie eindringen können.'" (Thomas, Spruch 103).

Dieses „Bevor-sie-eindringen-Können" ist eine Herausforderung, denn ihr habt schon erfahren, dass man die Räuber meist erst dann bemerkt, wenn sie schon im Haus sind, wenn man schon, im Drama, im Irrtum oder in der Gier ist und sich auf die eine oder andere Art verstrickt hat. Natürlich gibt es auch dann noch Mittel und Wege, um sich wieder zu klären und zu entwirren. Aber geschickter ist es, wenn man es vorher bemerkt. Aber das braucht Übung. „Aufstehen" heißt, nicht träge herumzuhängen. Ich habe den Eindruck, dass die Trägheit und Schlaffheit, die manchmal von Menschen Besitz ergreift, einiges mit mangelndem Selbstwertgefühl zu tun hat. Und ich weiß, dass in jedem Menschen und in jedem Wesen die Kraft der Aufrichtigkeit und Geradheit vorhanden ist. Es scheint eben manchmal ein bisschen anstrengend oder mühsam. In Wirklichkeit ist es gar nicht anstrengend oder mühsam, sondern ganz natürlich. Aber diese dumpfe, träge, schlaffe Wolke versucht manchmal, den Geist zu greifen. Und dann versumpft ihr zum Beispiel vor dem Computer oder dem Fernseher, oder hunderttausend Dinge beginnen euch zu fesseln. Manchmal ist es auch gar nichts im Außen, aber innen hängt ihr in dieser zähen Emotions-Gedanken-Wolke. Dann seid ihr im Geist zusammengefallen und der Körper folgt dann manchmal nach. Die Chinesen sagen: „Der Geist folgt der Vorstellung und der Körper folgt dem Geist." Das heißt auch umgekehrt: Damit kann man arbeiten, um die Räuber wieder aus dem Haus zu vertreiben, oder sie erst gar nicht einzulassen. Man kann sich wieder an den Grund und die Glorie, Würde und Kostbarkeit erinnern, die unabhängig von allem ist, und den Geist erneut ausrichten, und auch den Körper ausrichten, und wieder von vorne anfangen.

Die Kräfte sammeln

Man kann seine Kräfte sammeln. Manchmal taucht ein Gefühl der Kraftlosigkeit auf, nicht, weil keine Kraft vorhanden wäre, sondern weil die Kraft zerstreut ist. Das geschieht, weil ihr eure Kraft in hundert Kleinigkeiten investiert habt, die so wichtig erscheinen und es gar nicht immer sind. Und dann habt ihr das Gefühl: Hilfe, ich habe keine Zeit, ich habe keine Kraft, ich habe keine

Energie. Dann sammelt eure Kräfte wieder zusammen und richtet sie wieder aus! Das ist, als ob man einen Wagen mit Pferden fährt. Ihr habt von mir aus einen 16-Spänner, das ist schon ein recht königliches Gefährt, aber es ist eurer würdig. Nur, man muss solch ein Gespann auch fahren können. Ja, wenn diese 16 Pferde in 16 Richtungen laufen, dann geht der Wagen kaputt und ihr kommt nirgends hin. So ist es auch mit eurer Kraft. Ihr habt einen Haufen PS, aber ihr müsst sie auf die Spur, in eine Richtung bringen. Und auch das Kräfte-Sammeln ist ein bisschen Übungssache. Die Kraft ist da. Es ist nicht immer körperliche Kraft da, das meine ich damit gar nicht. Es kann sogar sein, dass irgendwann der Körper sehr schwach wird, weil man alt oder krank wird oder einfach müde ist. Diese Kraft meine ich gar nicht, sondern eine viel tiefere, grundlegendere, weitreichendere Kraft in euch. Und ihr kennt sie. Jeder kommt mit dieser Kraft in Berührung, wobei es da auch oft Verwechslungen gibt: Irgendetwas passiert im Außen, das hilft, eure Pferde auf die Spur zu bringen, und ihr fühlt euch super. Dann denkt ihr, es läge an diesem Vorkommnis außen, sei es eine tolle Frau oder ein toller Mann, ein Erfolg oder sonst irgendetwas. Aber daran liegt es gar nicht. Es liegt daran, dass ihr eure Pferde an die Zügel genommen habt und sie in einer Richtung laufen. Und dazu braucht es diese äußeren Anlässe nicht. Wenn ihr dann wieder nach derselben Situation sucht, um dieselbe Kraft zu haben, dann seid ihr schon wieder auf einen Räuber hereingefallen. Dann habt ihr wieder das Außen mit dem Innen verwechselt. Deshalb ist es wesentlich, genau zu beobachten. Was ist es wirklich?

Sich rüsten

„Kräfte sammeln und sich rüsten." Womit könnten wir uns hier rüsten? Mit Wachheit, Ausdauer, Geduld, gesunder Disziplin, Mitgefühl. Das ist schon eine recht gute Ausrüstung. Die Rüstung ist einfach eine innere Ausrüstung. Es gibt sehr viele Ausrüstungsgegenstände dieser Art, die hilfreich sein können, und ihr werdet viele entdecken. Wichtig ist: „Bevor sie eindringen können."

Das heißt, es ist von Vorteil, immer wieder die Kräfte zu sammeln, aufzustehen und sich zu rüsten, auch wenn man glaubt, es seien keine Räuber weit und breit.

Jesus spricht auch an anderen Stellen sehr viel über Wachsamkeit. Er sagt: „Achtung, ihr wisst nicht den Tag und die Stunde, ihr wisst nicht, wann die Räuber kommen." Räuber sind auch nicht dumm. Sie suchen regelrecht nach den Momenten, wo ihr *nicht* aufpasst, sie kommen, wenn ihr im Urlaub seid. Was folgern wir daraus? Auf diesem Weg gibt es keinen Urlaub. Kein Urlaub, sondern aufstehen. Kein Urlaub, sondern Kräfte sammeln. Kein Urlaub, sondern sich rüsten. Kein Urlaub, sondern Sammlung, Versenkung.

Ali in der Schlacht

Noch eine Geschichte zu diesem Thema. Sie stammt von Rumi und heißt „Ali in der Schlacht":

„Lernt von Ali, wie man kämpft, ohne dass das Ego daran teilhat.

Eines Tages in einer Schlacht besiegte er einen bestimmten Ritter und zog schnell das Schwert. Der Ritter lag hilflos auf dem Boden, aber er spie in Alis Gesicht. Ali ließ das Schwert fallen, entspannte sich und half dem Mann auf seine Füße.

‚Warum hast du mich verschont? Wie kommt es, dass sich der Blitz in seine Wolke zurückgezogen hat? Sprich, mein Prinz, damit meine Seele beginnen kann, sich in mir zu bewegen wie ein Embryo.'

Ali war still. Und antwortete still: ‚Ich bin Gottes Löwe. Nicht der Löwe der Leidenschaft. Mein Herr ist wie die Sonne und ich habe kein Verlangen, außer für das Eine. Wenn der Wind einer persönlichen Reaktion kommt, dann gehe ich nicht mit ihm. Komm durch diese Öffnung in mir. Deine Unverschämtheit war besser als jede Höflichkeit, denn in diesem Moment, jetzt, bin ich du und du bist ich. Ich gebe dir dieses geöffnete Herz, so wie Gott Geschenke gibt. Das Gift deines Spuckens wurde zum Honig der Freundschaft.'"

Ali war der Bruder Mohammeds und einer der Mitgründer des Islam, wohl mehr der mystischen Komponente des Islam. Nur um Missverständnissen vorzubeugen: Diese Geschichte ist ein wunderschönes Bild, ein Gleichnis, das natürlich nicht bedeutet, Krieg oder Kampf oder Töten gut zu heißen! Also hört genau hin, um den Sinn zu verstehen …

„Lernt von Ali, wie man kämpft, ohne dass das Ego daran teilhat."

An den Kämpfen im Allgemeinen nimmt das Ego nicht nur teil, sondern das Ego ist der Kriegsherr. Ali wurde auch „Löwe Gottes" genannt. Er tat nichts, das nicht aus seinem tiefsten Zentrum kam. Wenn ihr nur das tut, was aus eurem tiefsten Zentrum herrührt, dann sind eure Kräfte garantiert gesammelt, dann habt ihr auch genug Kraft, Zeit und Energie für das, was ansteht. Dann habt ihr Zeit zum Meditieren und Zeit, das zu erledigen, was zu erledigen ist. Zeit für ein offenes Ohr, wo ein offenes Ohr nötig ist. Ihr habt dann auch die Kraft zu sagen: „Nein, jetzt halt deinen Mund", wenn es gar nicht um ein offenes Ohr geht, sondern jemand einfach Storys erzählt oder Aufmerksamkeit heischt. Ihr wisst, wann ein Nein das Ja ist und ihr wisst, wann ein Ja das Ja ist, wenn ihr ein Löwe Gottes seid und nur das tut, was aus eurem tiefsten Zentrum herrührt und im Dienste Gottes und des Wohls des Ganzen steht.

„Eines Tages in einer Schlacht besiegte er einen bestimmten Ritter und zog schnell das Schwert. Der Ritter lag hilflos auf dem Boden, aber er spie in Alis Gesicht. Ali ließ das Schwert fallen, entspannte sich und half dem Mann auf seine Füße."

Ist das nicht eine eigenartige Szene? Ali hat seinen Gegner besiegt, er liegt bereits am Boden. Ali hält das Schwert in der Hand und dann spuckt der Besiegte auch noch. Normalerweise würde man – noch dazu in einer Kriegssituation – erwarten, dass Ali jetzt erst recht zuschlägt. Aber Ali hält inne, lässt das Schwert fallen und hilft dem bereits besiegten Ritter auf die Beine.

„Warum hast du mich verschont? Wie kommt es, dass sich der Blitz in seine Wolke zurückgezogen hat?“

Ein Blitz, der sich schon in der Entladung befindet, ist nicht mehr zu stoppen. Aber dieser Blitz von Alis Schwert hat sich in die Wolke zurückgezogen.

„Sprich, mein Prinz, damit meine Seele beginnen kann, sich in mir zu bewegen wie ein Embryo“.

Zwei Menschen begegnen sich auf dem Schlachtfeld. Beide haben ihre Kräfte gesammelt und sind gerüstet. Obwohl sie sich in dieser Kampfsituation befinden, verhalten sie sich respektvoll. Und dazu noch, obwohl der eine dem anderen ins Gesicht spuckte. Der Besiegte nutzt diese Situation auch nicht aus und geht Ali an die Gurgel, sondern er nimmt diese Geste wahr und stellt die richtige Frage: „Sprich, mein Prinz. Was ist da geschehen? Sprich, damit meine Seele sich bewegen kann in mir wie ein Embryo, damit ich geboren werden kann.“

„Ali war still. Und antwortete still: ‚Ich bin Gottes Löwe. Nicht der Löwe der Leidenschaft. Mein Herr ist wie die Sonne und ich habe kein Verlangen, außer für das Eine.‘“

Ich bin Gottes Löwe. Nicht der Löwe der Leidenschaft. Da scheint es auch ein Entweder-Oder zu geben. Die Leidenschaft zieht einen nach hier und dort. Sie ist nichts Gesammeltes, auch wenn sie gelegentlich für eine gewisse Zeit gesammelt scheint. Sie sammelt sich auf ein Objekt der Leidenschaft, so lang, bis man das Objekt hat, und dann vielleicht noch ein bisschen darüber hinaus, aber nicht sonderlich lange, und dann sucht sie sich wieder ein neues Objekt. Die Leidenschaft ist heiß, ist Feuer, aber ein falsch geleitetes Feuer. Sie ist wie Feuer, das neben dem Ofen brennt. Das ist ungünstig, denn da brennt das Haus ab und das Essen wird nicht gar. So ist die Leidenschaft. Es ist gut, es zu merken, bevor das Haus brennt. Wenn ihr dasselbe Feuer, das bisher zu Leidenschaft wurde, im Ofen hütet und nicht zulasst, dass es daneben brennt, ist es das göttliche Feuer. Das ist der Unterschied zwischen dem Löwen Gottes und dem Löwen der Leidenschaft. Der Löwe der Leidenschaft wirkt auch stark, faszinierend und verlockend. Der Löwe Gottes aber hat dieses Feuer, sich selbst und sein Leben in den göttlichen Dienst gestellt. Er hat die Stärke des Feuers zu seiner Verfügung und wird nicht vom Feuer kontrolliert und hin und hergezerrt wie der Löwe der Leidenschaft. Und er hat den Mut, innezuhalten, den Mut, vollkommen im Dienst des Göttlichen zu stehen, selbst wenn es ihn seine Bequemlichkeit, die Erfüllung seiner Wünsche oder gar das Leben kosten sollte. Schließlich riskiert Ali ja in seiner Geste, von dem bereits besiegten Gegner getötet zu werden.

Der Löwe Gottes sagt: Ich habe kein anderes Verlangen, außer für das Eine. Er ist aufgestanden. Die Kräfte sind gesammelt. Er ist gerüstet.

„Wenn der Wind einer persönlichen Reaktion kommt, dann gehe ich nicht mit ihm."

Auf diese Art kann man zum Beispiel merken, dass ein Räuber auftaucht. Die Geschichte begann so: „Lerne von Ali, wie man kämpft, ohne dass das Ego teil daran hat." Das Ego zeigt sich in persönlicher Reaktion. Als dieser andere Ritter ihm ins Gesicht spuckt, wäre die persönliche und gewöhnliche Reaktion, beleidigt oder wütend zu sein und den anderen zu töten. Und diese persönliche Reaktion, diese innere Wallung, dieser Wind persönliche Regung scheint in Ali aufgetaucht zu sein, doch er folgt ihr nicht, sondern handelt anders als dieser Wind der persönlichen Regung wollte: Er hält inne und lässt das Schwert fallen. Dem Göttlichen treu zu sein ist ihm wichtiger als dem Wind persönlicher Regung zu folgen, und er riskiert dafür sein Leben. Und er weiß, dass er, sobald solch ein Wind aufkommt, das Schwert nicht führen kann, denn persönliche Regung, persönliche Reaktion ist unfrei. Reaktionen sind Ketten, eine folgt auf die andere. Jemand macht was mit euch – zack! –, ihr reagiert. Darin liegt keine Freiheit, kein freies Handeln. Diese Kettenreaktion führt zu weiteren Kettenreaktionen. Eins kommt aus dem anderen. Denn der andere reagiert auch wieder. Wenn du ihn schon umgebracht hast, dann reagiert er im nächsten Leben. Aber er wird reagieren. Dieser Wind der persönlichen Reaktion ist der Anfang der Leidenschaft. Oder er ist der Wind, der das Feuer der Leidenschaft noch anfacht.

Es gibt viele Winde, die voll des Ärgers, der Lust und der Gier sind. Sie wirbeln den Unrat herum, aber der feste Berg unserer wahren Natur bleibt, wo er immer gewesen ist. Die Frage ist nur, ob ihr euch in dem Unrat bewegt, der von den Winden herumgetrieben wird, oder ob ihr auf dem Berg sitzt. Der Löwe Gottes sitzt auf dem Berg. Es gibt jetzt nichts mehr außer göttliche Qualitäten.

„Komm durch diese Öffnung in mir. Deine Unverschämtheit war besser als jede Höflichkeit, denn in diesem Moment, jetzt, bin ich du und du bist ich. Ich gebe dir dieses geöffnete Herz, so wie Gott Geschenke gibt. Das Gift deines Spuckens wurde zum Honig der Freundschaft."

Das ist Alchemie, Umwandlung aus einem tiefen Selbstverständnis, aus einer tiefen Großzügigkeit und Kraft heraus. Nicht aus einem Unvermögen und Kopf-Einziehen, sondern Alchemie und Umwandlung – ein offenes Herz mit großer Kraft und mit Schwert und mit Feuer. Mit allen Attributen.

Diese totale Offenheit und diese tiefste Umwandlung sind nur auf der Grundlage von Kraft und Aufgestandensein möglich, wenn man nicht träge ist, sondern gesammelt und gerüstet. Was für eine Glorie ist der Mensch, wenn er dieses Potenzial erkennt, lebt, nutzt und dafür geht. So wie Ali, der sagt, er habe kein anderes Verlangen als nach dem Einen. In dieser Geschichte findet ihr sehr viele Werkzeuge. Ich liebe es, euch diverse Ausrüstungsgegenstände zur Verfügung zu stellen, damit niemand sagen kann, er habe keine Rüstung gehabt.

Die Angst des Wassers vor dem Kochen

Ich weiß, dass ab einem bestimmten Punkt, sagen wir einmal so bei achtundachtzig Grad, Wasser Angst bekommt, es könnte kochen. Und dann versucht es, sich abzukühlen. Das ist jetzt keine physikalische Aussage, aber eine menschliche. Dieses Abkühlen geschieht auf verschiedene Arten. Meist passiert es durch Gedankenspiele, aber es gibt viele Methoden der „Abkühlung". Und ihr werdet feststellen, dass ihr jeden Tag an einem Punkt seid, wo die Entscheidung fürs Kochen oder fürs Abkühlen ansteht. Wollt ihr weiter kochen, auch wenn es vielleicht tatsächlich so sein könnte, dass ihr dabei verdampft, oder wollt ihr vorsichtshalber ein wenig „kleinen Geist" dazu schütten, damit es wieder etwas kühler, normaler oder gewohnter wird? Den kleinen Geist hineinzuschütten ist immer wieder der Anfang der alten Leier, der Anfang des alten Leidens, ist eben ein Nicht-weiter-Hinübergehen, sondern ein Zurückgehen, ist Entfliehen. Und dabei habt ihr solche Sehnsucht. – Ich antworte dieser Sehnsucht eures Wesens, dafür bin ich da. Und jeder kennt von sich selbst seine verschiedenen Mechanismen. Wenn ihr sie noch nicht kennt, dann bitte lernt sie kennen. Ihr müsst sie kennen, sonst kriegt ihr es überhaupt nicht mit. Das ist wichtig. Denn es läuft bei jedem etwas anderes ab, das einen wieder aus der Andacht, aus der Liebe zieht, zurück in die Geschichte, ins Begehren, ins Zürnen, ins Schwören, ins Argumentieren, was natürlich erst einmal schützend erscheint, nur – es geht hier nicht um Schutz.

Die Bergpredigt geht über den Verstand hinaus

Alles das, wovon Jesus in der Bergpredigt spricht, geht über den Verstand hinaus. Das kann man nicht verstehen, das ist sogar absolut dem Verstand entgegengesetzt, läuft dem Verstand zuwider, der versucht, mich gegen Unbill zu schützen. Es richtet sich gegen den gesellschaftlichen Verstand, der versucht, mich anzupassen und ins Kollektiv einzufügen. Jesu Worte sind für den kleinen Geist absolut jenseits aller Möglichkeit zu verstehen. Und gleichzeitig ist Verstehen möglich. Nur ist das ein Verstehen auf einer anderen, tieferen, essenziellen, existenziellen Ebene. Existenziell ist richtig, denn bei diesem Verstehen setzt ihr Kopf und Kragen aufs Spiel. Hier geht es die ganze Zeit um Hopp oder

Topp. Das ermöglicht existenzielles Verstehen im Knochenmark, in den Zellen. Nicht einmal wirklich im Knochenmark, sondern noch tiefer.

Um das Verstehen zu vertiefen, ist es notwendig, das Verstandene zu praktizieren und umzusetzen im Umgang mit sich und allem anderen. Darum geht es hier. Es ist eigentlich ganz einfach.

Rechtes Geben

„Habt acht auf eure Frömmigkeit, dass ihr die nicht übt vor den Leuten, um von ihnen gesehen zu werden. Ihr habt sonst keinen Lohn bei eurem Vater im Himmel. Wenn du nun Almosen gibst, sollst du es nicht vor dir ausposaunen lassen, wie es die Heuchler tun in den Synagogen und auf den Gassen, damit sie von den Leuten gepriesen werden. Wahrlich, ich sage euch, sie haben ihren Lohn schon gehabt. Wenn du aber Almosen gibst, so lass deine linke Hand nicht wissen, was die Rechte tut, damit dein Almosen verborgen bleibe. Und dein Vater, der in das Verborgene sieht, wird dir's vergelten." (Mt 6,1-4).

Was auch immer ihr macht, macht es nicht, um gesehen zu werden, macht es nicht, um so oder so dazustehen. Damit folgt ihr nur dem alten Muster der Gesellschaft. „Prahle nicht", sagt Atisha. Wenn du irgendetwas mit der rechten Hand gibst, dann ist das Sache der rechten Hand, und du hast es längst vergessen. Und die Linke weiß es nicht, und umgekehrt. Am besten vergisst man es sowieso gleich. Und was gegeben ist, ist gegeben, ist vorbei und vergessen.

6. Gebet

„Wenn ihr betet, sollt ihr nicht sein wie die Heuchler, die gern in den Synagogen und an den Straßenecken stehen und beten, damit sie von den Leuten gesehen werden. Wenn du betest, so gehe in dein Kämmerlein und schließ die Tür zu und bete zu deinem Vater, der im Verborgenen ist. Und wenn ihr betet, sollt ihr nicht viel plappern. Die Menschen, die plappern, meinen, sie werden erhört, wenn sie viele Worte machen. Darum sollt ihr ihnen nicht gleichen. Denn euer Vater weiß, was ihr bedürft, bevor ihr ihn bittet." (Mt 6,5-8)

Und dann kommt das Vaterunser:

„Darum sollt ihr so beten: Unser Vater im Himmel. Dein Name werde geheiligt. Dein Reich komme. Dein Wille geschehe, wie im Himmel, so auf Erden. Unser tägliches Brot gib uns heute. Und vergib uns unsere Schuld, wie auch wir vergeben unsern Schuldigern. Und führe uns nicht in Versuchung, sondern erlöse uns von dem Bösen." (Mt 6,9-13.)

Für mich ist Gebet wunderbar. Nur gehört es auch zu den Dingen, die ich nicht wirklich erklären kann. Einiges habe ich schon gesagt, und viel mehr weiß ich nicht. Das ist für mich sicher keine Sache der Worte. Manchmal sind da Worte, aber nicht viele. Es ist die Kunst, in der Gegenwart Gottes zu sein und zu leben. Und es ist etwas sehr, sehr Inneres und sehr Intimes. Es gibt auch Meditation, in Meditation zu sein, ohne irgendetwas. Da ist auch kein „Du". Es gibt aber auch für mich gelegentlich dieses große „Du", und dann öffnet es sich ähnlich wie eine Blume, ohne Worte. Da ist Dankbarkeit und Lobpreisung. Und es gibt auch für mich Situationen, wo Unterstützung notwendig ist, manchmal zum Beispiel in einem Retreat. Es gibt auch Gebet, das nicht viele Worte hat: Ich sitze hier und bin mir der Begrenzung hier in der Form sehr bewusst und nehme Zuflucht zum Größeren. Manchmal kann das auch Form annehmen, ein Mantra oder ein Gebet wie das Vaterunser. Manchmal ist es ohne jede Form, ohne Worte. Im Gebet ist für mich immer eine große Verbeugung. Darin ist das ganze Mensch-Sein ausgeschüttet, in all seinen Aspekten, mit Lächeln und Lachen und Tränen und Begrenzung in dieser Form. Und da ist Liebe enthalten. Im Gebet ist für mich kein Erreichen-Wollen. Ich erfahre die Möglichkeit des Gebets als eine sehr große Kostbarkeit im Mensch-Sein. Es ist auch ein großes Potenzial, eine Hilfe in diesem Hinübergehen und Hinübergehen. Da geht es mir ähnlich wie an manchen anderen Punkten: Auch wenn ich das Ganze überhaupt nicht erklären kann und es völlig paradox ist, bin ich nicht bereit, diese Kostbarkeit und diese Möglichkeit von Gebet „wegzuadvaitisieren", indem ich sagen würde: „Ja, es besteht ja sowieso keine Trennung", oder: „Wer betet denn da zu wem?" Ich glaube, mehr kann ich dazu nicht sagen.

Gebet ist innere Haltung

Frage: Vielen Dank, Pyar. Gebet ist auch für mich eine sehr wichtige Sache. Im Alltag, wenn ich mich zum Meditieren hinsetze, bin ich ziemlich im Kopf und nicht so sehr im Herzen. Ich werde zwar oft still, aber diese Qualität des Gebets ist nicht immer da und ich merke, sie würde mir gut tun. Manchmal versuche ich es mit einem Gebet aus Worten, und zunächst kommt das nicht wirklich aus meinem Herzen, aber dann kommt diese stille Qualität des Gebets, und dann brauche ich die Worte nicht mehr. Mir ist gerade eine verrückte Bitte eingefallen: Kannst du mir ein Gebet sagen, mit dem ich meine Kraft bündeln kann? Also, ich bete manchmal das Tara-Mantra, aber oft kommt mir auch das Ave Maria auf Spanisch. Das Vaterunser kann ich nicht vollständig, glaube ich.

Pyar: Schön. Danke. Ich finde es wichtig, sich nicht unbedingt an bestimmten Worten festzuhalten. Wenn es dir darum geht, deine Aufmerksamkeit und deine Kraft zu bündeln, dann kannst du das zwar mit Worten ausdrücken: „Ich würde gerne meine Kraft bündeln." Aber würdest du sagen, dass diese Worte wirklich das ausdrücken, was dann passiert?

F: Es ist mehr der Wunsch, in diese tiefe Verbeugung, die Gebet für mich bedeutet, hineinzurutschen. Es ist wunderschön, sich hinzusetzen und es wird still, aber ich merke, dass mein Herz oft verschlossen ist, und so ist es nur die halbe Miete oder noch weniger. Es ist der Wunsch, einfach „ja“ sagen zu können. Oft hilft ein gesprochenes Gebet, obwohl es die Worte an sich nicht sind. Und ich habe ein großes, tiefes Gefühl von Verehrung, aber es ist jetzt nicht da.

P: Tara, Bodhisattvas, Heilige usw. sind Ausdrucksformen, die es uns ein wenig leichter machen, weil man sie anschauen und anfassen kann. Ich verstehe, worum es dir geht. Es geht um die innere Haltung, eine innere Gebetshaltung. Oshos Prayer-Meditation beginnt mit erhobenen Armen, das ist das Gebetsmudra der Juden – einfach nach oben offen. Dann folgt die Verbeugung, einfach die Verbeugung und alles, was sie ausdrückt. Das ist mehr als Worte sagen können, viel, viel mehr. Und welche Worte dann kommen werden, wird sich zeigen, falls überhaupt Worte kommen. Aber worum es da geht, sind nicht bestimmte Worte oder ein bestimmter Ritus oder eine bestimmte Form, sondern es ist etwas Tieferes als Form und Wort und Ritus, so schön all die Riten sind. Mantren sind hilfreich, das steht gar nicht in Frage. Aber das, was du meinst, muss noch tiefer gehen.

F: Wenn es nicht von alleine kommt, kann ich es irgendwie herbeiführen?

P: Es stimmt nicht, dass es nicht kommt. Die Wahrheit ist: Zumindest der Keim davon ist da. Sonst könnte diese Frage gar nicht auftauchen.

F: Jetzt ist es ganz da.

P: Jetzt ist es sowieso ganz da. Aber auch in dem Moment – wie soll ich sagen –, wo du Durst bekommst nach Gebet, beweist der Durst, dass das Gebet zumindest als Keim schon da ist. Dann folge dem und öffne dein Herz für Gott.

F: Ja, ich werde genau aufpassen und dem Durst nachspüren, folgen. Ein guter Pfad.

Beten und Mantren

Frage: Mir ist das Thema Beten ziemlich unklar. Ich bin in der christlichen Tradition aufgewachsen und mir wurde das Bild vermittelt, es gäbe einen lieben Gott, der mich beschützt und alles sieht. Ich habe zum Beispiel auch das Vaterunser gebetet, aber als ich dann zu meditieren begann, fiel das Beten von mir ab, und ich habe einfach nur meditiert. Jetzt habe ich eine kleine Tochter und ich frage mich, versäume ich da etwas, wenn ich ihr das Beten nicht beibringe? Bis jetzt kann sie das Gayatri-Mantra ...

Pyar: Das Gayatri-Mantra ist ein wunderschönes Gebet!

F: Meine Frage ist: Ist die Wortwahl beim Vaterunser noch adäquat?

P: Ja.

F: Für mich ist an dem Wort „Vater-Gott" eine Diskrepanz entstanden. Ich habe jetzt Hemmungen, wieder ein normales Vaterunser zu lehren.

P: Die Frage ist, ob dieses Gebet in deinem Herzen ist. Du kannst deinem Kind nicht etwas beibringen, was nicht aus dir kommt.

F: Betest du das Vaterunser?

P: Manchmal ja. Aber man kann einem Kind nicht beten beibringen, indem man sagt: „So geht das, meine Tochter." Du betest, und dein Kind darf dabei sein. Und dann wird es da hineinwachsen, so wie das mit dem Gayatri-Mantra geschieht. Du musst dir keine Sorgen darüber machen, was du dein Kind jetzt lehrst, sondern dein Kind atmet deine spirituelle Praxis. Dann wird es Fragen stellen, und du kannst entsprechend deinem Erfahren antworten.

F: Sie möchte sonntags mit mir in die Kirche gehen, weil sie das bei ihren Großeltern und bei ihrer Freundin sieht.

P: Wie alt ist deine Tochter? – Sechs. Na, wenn du nicht in die Kirche gehen willst, kann sie ja mit ihrer Freundin in die Kirche gehen … Du musst ja nicht. Damit lehrst du dein Kind gleich, dass man nicht alles mitmachen muss; aber es ist wunderbar, und wenn dein Kind in die Kirche gehen will, musst du es in die Kirche gehen lassen. Dann geht es halt mit der Freundin, mit sechs kann man ja alleine gehen.

F: *Ich kann sie durchaus auch begleiten, wenn sie das möchte, aber ich selbst habe keine Lust. Die Wortwahl in der Kirche passt nicht mehr für mich.*

P: Das kann ich gut verstehen. Und deine Tochter kommt ja auch in den Satsang. Sie wird dann auch irgendwann einmal fragen: Wieso sagen die das so, oder was heißt denn das?

F: *Ich finde es halt sehr schön, dass dieses Vaterunser trotzdem möglich ist.*

P: Da ist ein Bodhisattva, ein Buddha, genannt Jesus oder Christus, der seinen Jüngern sein Gebet weitergibt, so wie Buddha Dinge weitergegeben hat. Wie könnte das ungültig werden? Wir müssen wissen, was „geistgeboren" ist. Es ist kristallen und klar, voller Freude und voller Liebe, und es ist unabhängig von Form. Wenn wir das „geistgeborene" und das Formgeborene ständig vermischen, dann haben wir ein Durcheinander im Kopf. Das ist viel in der christlichen Geschichte und in allen anderen Religionen passiert. Hier im Vaterunser aber haben wir etwas Herz- und Geistgeborenes, das nicht zerstört werden kann, nur weil Kirchen Dreck darauf schütten. Es kann verdeckt werden, aber dann muss man es wieder ausgraben, was ich gerade versuche. Aber es kann nicht zerstört werden! Wahrheit ist Wahrheit.

Gebet und das große Du

Frage: Ich habe Schwierigkeiten mit dem Begriff „Gott". Wer ist das denn? Das ist ja christlich, diese Person, die mit ihrer Allmacht uns gegenübersteht, die Gesetze setzt und Sanktionen startet, sobald wir nicht spuren.

Pyar: Das ist alttestamentarisch!

F: *Ja, aber das wird in der Kirche immer noch so vertreten. Die andere Seite wäre dieses Bild: Es gibt keinen Gott, es gibt Göttlichkeit – hat Osho immer gesagt –, und die ist in mir. Das ist kein Gegenüber, das ist kein Du und mir nichts Fremdes, sondern das ist irgendwie Ich.*

P: Für mich ist Gott beides. Er ist einerseits Ich und in meinem Menschsein ist er auch Du. Ich kann durchaus – und tue das auch – ein Tara-Mantra beten und wirklich die Tara meinen. Ich kann auch das Vaterunser beten und wirklich den wahren Vater meinen, obwohl ich gleichzeitig weiß – nicht weiß, sondern es erfahre –, dass da keine Trennung ist. Trotzdem ist auch das Du in mir da und ich finde das wunderschön, ich genieße das regelrecht. Und wahrscheinlich ist es Jesus ähnlich gegangen. Er spricht ja davon, dass er und der Vater eins seien, und gleichzeitig spricht er den Vater im Himmel im Gebet an. Das ist so schön, denn dadurch, dass keine Trennung zwischen Gott und mir besteht und ich gleichzeitig die Möglichkeit habe, Du zu sagen, ist da das Potenzial, in der Hingabe immer noch tiefer und tiefer zu gehen. Das ist so wunderbar! Es ist etwas Mystisches und ich kann es nicht logisch erklären, es klingt sogar absolut widersprüchlich. Das macht mir natürlich erst recht Spaß! Denn immer da, wo Paradoxien sind, geht es lang. Jedenfalls ist mein Erfahren so. Ich kenne überhaupt keine Trennung mehr zwischen dem Göttlichen und meinem Wesen. Und zugleich – nicht einmal abwechselnd, sondern gleichzeitig – ist da dieses riesige Du. Ich empfinde riesige Dankbarkeit und auch Andacht und Hingabe und Liebe, ganz viel Liebe und Feuer. Dieses Du hat dieses Ich längst aufgefressen, und trotzdem …

Gewissheit

Frage: Ich hatte ein tiefes Erfahren voller Leuchtkraft, das mich in die Tiefe brachte, auch als Person. Die Erfahrung verblasst ja dann im Lauf der Zeit. Manchmal hält es Tage oder auch Stunden an, aber dann wird es einfach mehr wie eine Erinnerung. Wenn ich das dankbar in mir halte, dass das in meinem Leben war, es aber in der Intensität nicht wieder herhole, ist das dann Festhalten?

Pyar: Also, da geschieht ein dich in die Tiefe katapultierendes Erkennen, Liebe. Das *Erfahren* davon verblasst dann erstmal. Was bleibt, ist Erinnerung, völlig richtig. Die Erinnerung, wenn du sie als das nimmst, was sie ist, ist doch wunderbar. Da ist eine Erinnerung, und es ist zugleich Bestätigung, denn wenn du auch nur einmal den Himmel offen gesehen hast, dann kannst du nicht mehr behaupten, das gibt es nicht, ohne dich damit komisch zu fühlen.

F: *Ja, denn Erinnerung wäre zu wenig für das Ganze. Es ist wie du sagst, Bestätigung ...*

P: ... ohne zu versuchen, dieselbe Erfahrung oder genau dieselbe Erfahrung wiederherzustellen. Aber trotzdem schafft das Gewissheit. Richtig?

F: *Ja, denn die Leuchtkraft verschwindet. Sie ist einfach wie Farben oder Licht. Das tut dann schon etwas weh. Aber es ist auch eine Instanz in mir, die das nicht zurückholen würde, denn das war einmalig kostbar und kann nicht wiederholt werden. Aber mit der Gewissheit wäre es so: Das bleibt ja in mir.*

P: Exakt. Und die lass bitte nicht los.

7. Alltag

Die Zartheit der Blume und die Wildheit des Feuers behüten

An manchen Orten in Indien werden abends Schiffchen aus Bananenblättern, bestückt mit Kerze, Blumen und Weihrauch, in den Fluss gesetzt, damit sie in Richtung Ozean schwimmen. Die Menschen beten dabei, dass sie selbst wie diese Bananenschiffchen sein wollen, die bereit sind, das Alte zu verlassen und sich dem Göttlichen, dem Ozean hinzugeben. Sie beten darum, dass sie von der Verwirrung des Geistes hin zum göttlichen Herzen geführt werden mögen. Seid auch Ihr bereit, wie diese Schiffchen den Fluss hinabzuschwimmen!

Seid sacht! Da ist viel Zartheit, die sich bei euch zeigt. Wunderschöne, kostbare Zartheit. Seid behutsam mit dieser Blume. Es sind immer die zwei: Die Zartheit der göttlichen Blume und gleichzeitig die Wildheit des göttlichen Feuers. Das ist simultan. Und ihr empfindet das auch. Mit Sachtheit das Feuer hüten und nicht wieder die alten Schläuche benutzen! Jemand kam gestern zu mir, der eine wunderschöne, wilde Gemeinschaft im Tessin hat, die er so nach und nach hierher einlädt, worüber ich mich sehr freue. Wunderschöne Menschen bringst du mir da. Und er hat sich und seine Freunde zwischen den Retreats und zwischen den Satsangs beobachtet und dabei Wesentliches festgestellt. ... magst du es nicht selbst sagen? Ich fand es sehr wichtig.

Frage: Diese innere Schönheit zu erleben, zu erfahren, ist ja eigentlich sehr einfach. Es genügt, zu dir zu kommen, zum Beispiel.

Pyar: Es ist noch einfacher. Es genügt, dazusein. Es genügt, offen zu sein. Es genügt, in der Gegenwart Gottes zu leben und die Gegenwart Gottes zu leben.

F: *Dann aber geht es darum, Fühlen, Denken und Handeln in Einklang zu bringen mit dieser inneren Erfahrung. Und das muss man dann beschützen und achtgeben, worauf man seine Aufmerksamkeit lenkt, welche Gesellschaft man pflegt. Mit Gesellschaft meine ich Menschen, Orte, aber auch Bücher, Musik, alles.*

P: Wunderschön. Ja, es ist wesentlich und hilfreich, sich mit dem zu beschäftigen und mit dem zu umgeben, was die Blume düngt und das Feuer nährt, und sich nicht mit dem zu umgeben und zu beschäftigen, was die Blume erdrückt und das Feuer erstickt. Ansteckung geht in beide Richtungen. Auch darum ist eine Sangha so wunderschön und kostbar. Man ist mit Menschen zusammen, die in dieselbe Richtung gehen. Lasst euer Leben einfach leicht sein, begrüßt jeden Moment, feiert jeden Moment. Das Feiern ist manchmal ein ganz stilles, feines Feiern, manchmal ein kräftigeres, lauteres Feiern. Es ist dasselbe Feiern, und der Ausdruck des Feierns ist bei verschiedenen Menschen auch verschieden. Und alle Ausdrucksformen sind wunderschön. Aber lasst dieses Feiern in eurem Herzen sein. Lasst die Dankbarkeit in eurem Herzen sein, für all die Geschenke, in jedem Moment. Lasst all euer Tun und all euer Nicht-Tun auch von Moment zu Moment ganz da sein, und lasst es von Gebet durchwoben sein. Alles, über die ganze Zeit. Lasst euer Leben freudedurchweht sein und von Liebe durchlodert. Von Moment zu Moment. Die ganze Zeit. Und lasst es stilledurchflutet sein. Lebt die Gegenwart Gottes. Das ist das Reich Gottes, jetzt, hier, ausgebreitet über der Erde, ausgebreitet in euch. Ohne Vergangenheit. Ohne Zukunft. Immer neu. Ohne Bedürfnis. Ohne Furcht. Ohne Hoffnung. Einfach. Ganz einfach. Und stark. Da ist der Tiger im Tank. Auch wenn ich vielleicht manchmal nicht so aussehe oder wenn zum Beispiel meine Stimme manchmal leise ist. Da ist der Tiger im Tank, genau wie in euch. Ja, da ist Kraft. Und da ist Wachsamkeit notwendig. Stellt Wächter auf an den Toren, damit die Räuber nicht eindringen können.

Keine Perlen vor die Säue werfen

„Ihr sollt das Heilige nicht den Hunden geben und eure Perlen nicht vor die Säue werfen, damit die sie nicht zertreten mit ihren Füßen und sich umwenden und euch zerreißen." (Mt 7,6). Das hat mindestens zwei Aspekte. Euer innerstes Erfahren und diese Kostbarkeit, diese Blume sind heilig und zart. Und gleichzeitig erliegt ihr immer wieder der Verführung, diese Blume jedem zu zeigen, meist durch Worte, aber auch auf andere Art. Und da kann es leicht passieren, dass die Blume Schaden nimmt. Ja, werft Perlen nicht vor die Säue. Seid still damit und nährt die Blume in euch. Es reicht, einfach da zu sein, so, wie man ist. Redet nicht viel über die Dinge des Tempels, wenn ihr nach Hause kommt, auch nicht untereinander. Sehr viel Achtsamkeit und Feingefühl sind hier nötig, weil die Blume Behüten braucht, und weil durch Erzählen eine spezielle Art von Ego, nämlich das spirituelle Ego, Nahrung bekommen kann. Das ist der eine Aspekt, nach außen.

Es gibt aber auch den anderen Aspekt, nach innen: Werft auch diese Blume, dieses Feuer, diese Kostbarkeit und die Dinge des Tempels nicht den Säuen und Hunden eures Verstandes vor. Lasst nicht zu, dass die Säue und Hunde eures Verstandes sich an dieses Futter heranmachen. Es tut dem Verstand nicht gut, er verträgt dieses Futter gar nicht. Da bekommt der Verstand Probleme, manchmal starke Probleme. Dieses wunderbare Instrument muss mit den richtigen Dingen gefüttert werden. Wenn der Verstand die falsche Nahrung kriegt, wird er krank. Wenn wir es zulassen, dass die Säue und Hunde des Verstandes sich an den Dingen des Tempels vergreifen, sich über die Opfergaben des Tempels hermachen, versuchen, die göttliche Blume zu verdauen oder sich über das Feuer hermachen, schrumpft die Blume, und das Feuer wird erstickt. Lasst das nicht zu, stellt Wächter auf! Es gibt sechs Tore. Von diesen Toren spricht auch Jesus. Es gibt die Tore der Sinne: Augen, Ohren, Nase, Fühlen, Schmecken, und es gibt zusätzlich das sechste Tor des Denkens. Stellt Wächter auf! Schaut aus der Mitte des Tempels auf das, was auch immer passiert! Hört aus der Mitte des Tempels, und ihr seht den Himmel offen! Und die Gegenwart des Göttlichen in allem.

Jesus sprach: „Gesegnet der Mensch, der weiß, wo die Räuber eindringen. Denn so kann er aufstehen, seine Kräfte sammeln und sich rüsten, bevor sie eindringen können." (Thomas, Spruch 103). Das ist auch Geradheit, innere Geradheit, die hilft, das Feuer zu hüten.

Wissen, wo mein Schatz ist

„Ihr sollt euch nicht Schätze sammeln auf Erden, wo sie die Motten und der Rost fressen, und wo die Diebe einbrechen und stehlen. Sammelt euch aber Schätze im Himmel, wo sie weder Motten noch Rost fressen und wo die Diebe nicht einbrechen und stehlen." (Mt 6,19-20).

Ja, schaut auf das, was bleibt. Alles, was kommt und geht, ist wunderschön und genießbar, aber kommt und geht. Schaut auf das, was bleibt, auf das, was der Tod nicht nehmen kann.

„Denn wo dein Schatz ist, da ist auch dein Herz." (Mt 6,21).

Hier geht es um das Sammeln und das Konzentrieren der Kraft. Und ihr kennt das, wie es immer wieder passieren kann, dass sich eure Kraft und eure Stärke zerstreuen. Dann werdet ihr verwirrt, nervös und ängstlich, niedergeschlagen und mutlos. Wenn das geschehen sollte, überlegt euch: Wo ist mein Schatz? Was ist mein Schatz? Was ist der Schatz in meinem Leben? Was ist das Wichtigste? Und ja, da, wo euer Schatz ist, ist euer Herz und ist eure Kraft. Daran muss man sich vielleicht gelegentlich erinnern. Besser noch ist es, nicht zu vergessen, wo der Schatz ist und sein Leben danach auszurichten, dann werdet ihr gar nicht erst zerstreut.

„Niemand kann zwei Herren dienen. Entweder er wird den einen hassen und den anderen lieben, oder er wird an dem einen hängen und den anderen verachten. Ihr könnt nicht Gott dienen und dem Mammon.“ (Mt 6,24).

Mammon heißt, „Geld“, heißt „Welt“, heißt „Form“.

„Darum sage ich euch, sorgt nicht um euer Leben, was ihr essen und trinken werdet. Auch nicht um euren Leib, was ihr anziehen werdet. Ist nicht das Leben mehr als die Nahrung, und der Leib mehr als die Kleidung? Seht die Vögel unter dem Himmel an, sie säen nicht, sie ernten nicht, sie sammeln nicht in die Scheunen, und euer himmlischer Vater ernährt sie doch. Seid ihr denn nicht viel mehr als sie? Wer ist unter euch, der seines Lebens Länge eine Spanne zusetzen könnte, wie sehr er sich auch darum sorgt. Und warum sorgt ihr euch um die Kleidung? Schaut die Lilien auf dem Feld an, wie sie wachsen. Sie arbeiten nicht, auch spinnen sie nicht. Ich sage euch, dass auch Salomo in all seiner Herrlichkeit nicht gekleidet gewesen ist wie eine von ihnen. Wenn nun Gott das Gras auf dem Feld so kleidet, sollte er das nicht vielmehr für euch auch tun, ihr Kleingläubigen? Darum sollt ihr nicht sorgen und sagen, ‘Was werden wir essen? Was werden wir trinken? Womit werden wir uns kleiden?’ Nach dem allen trachten die Heiden. Denn euer himmlischer Vater weiß, dass ihr all dessen bedürft. Trachtet zuerst nach dem Reich Gottes und nach seiner Gerechtigkeit, so wird euch das alles zufallen. Darum sorgt nicht für morgen, denn der morgige Tag wird für das Seine sorgen. Es ist genug, dass jeder Tag seine eigene Plage hat.“ (Mt 6,25-34).

Ja, und dann fehlt einfach noch der Schluss: „Darum, wer diese meine Rede hört und tut sie, der gleicht einem klugen Mann, der sein Haus auf Fels baut. Als nun ein Platzregen fiel und die Wasser kamen und die Winde wehten und stießen an das Haus, fiel es doch nicht ein. Denn es war auf Fels gegründet. Und wer diese meine Rede hört und tut sie nicht, der gleicht einem törichten Mann, der sein Haus auf Sand baute. Als nun ein Platzregen fiel und die Wasser kamen und die Winde wehten und stießen an das Haus, da fiel es ein. Und sein Fall war groß.' Und es begab sich, als Jesus diese Rede vollendet hatte, dass sich das Volk entsetzte über seine Lehre. Denn er lehrte sie mit Vollmacht, und nicht wie ihre Schriftgelehrten." (Mt 7,24-29).

Also, baut das Haus auf Fels. Hören und dann umsetzen, ins Leben bringen. Hören und tun. Hören und experimentieren. Hören und entdecken. Hören und selbst gehen, Schritt für Schritt für Schritt, immer von da aus, wo man gerade ist. Ganz einfach. Ganz einfach und sehr freudig.

Das ganze Leben gebetdurchwoben, freudedurchtränkt, liebedurchlodert und stilledurchflutet sein lassen

Frage: Manchmal habe ich Raum und genieße den einfach nur, kann in meinem Herzen sein, in Stille sein, und die Stille ist ganz lebendig. Ich kenne auch die Situation, Raum mit Aktivitäten vollzustopfen. Manchmal geschieht aber auch ein Drittes: Da ist viel Raum, aber ich fühle mich lustlos oder dumpf, eben nicht in Kontakt mit dem Göttlichen. Manchmal höre ich mir dann einen Satsang an, ich kann dann auch Kundalini machen, ich kann joggen gehen, und das hilft mir, mich aus meinem Dumpf-Zustand wieder herauszubringen. Ist das jetzt Ablenkung?

Pyar: Nein, das ist Medizin.

F: Ich kann manchmal nicht unterscheiden, was Medizin und was Ablenkung ist.

P: Das ist eine Frage des „Wie"und nicht des „Was".

F: Wenn ich also zum Beispiel in einer dumpfen Stimmung bin und denke: „Gut, dann fange ich mit meiner Zeit jetzt einfach etwas anderes, Nützliches an, und mache meine Steuererklärung." Was ist das dann?

P: Das hängt davon ab, wie du es machst. Es ist ja richtig, die Steuererklärung muss gemacht werden, ich mach sie ja auch.

Und natürlich nutzt man dazu einen Tag oder eine Stunde, wo gerade Zeit ist. Logisch. Die Frage ist nur, was mit deinem Geist dabei passiert. Gehst du völlig in dem Zahlenwirrwarr auf, kommst du in Sorge und wirst wütend auf das Finanzamt, oder überkommt dich die Lust am Betrügen, oder was passiert dabei? Oder tust du einfach, was zu tun ist, schreibst die Zahlenkolonnen herunter, füllst die Formulare aus und bleibst dabei in der Mitte und vergisst den Schatz im Himmel nicht? Wenn wir den Schatz, die Kostbarkeit, die Gegenwart Gottes nicht vergessen, dann fällt es uns relativ leicht, dem Kaiser zu geben, was des Kaisers ist. Dann ist da kein Widerstand, dann machst du es einfach.

So ist es mit allem. Es ist eine Frage des „Wie". Die Frage ist, ob du in der Lage und willens bist, auch das Ausfüllen der Steuererklärung gebetdurchwoben, freudedurchtränkt, liebedurchlodert und stilledurchflutet sein zu lassen. Wenn du dazu willens bist, ist das ein Leben in der Gegenwart Gottes. Dann wird da keine Dumpfheit sein. Dann ist die Steuererklärung auch keine Flucht vor dir selbst, vor Gott oder vor dem Moment oder der Gegenwart, sondern ein neuer Tanz und auch Gebet. Ich finde, eine Steuererklärung gibt ein wunderbares Beispiel ab. Sie ist deshalb ein wunderbares Beispiel, weil sie ja fast jeden nervt, und sich die Hälfte der Menschen denkt: „Alles, nur das nicht!"

Aber wenn es irgendetwas in unserem Leben gibt, das wir nicht gebetdurchwoben sein lassen können, dann ist es nicht vollkommen. Auch das ist ein Aspekt der Feindesliebe, – „Widerstehe dem Übel nicht, und seid vollkommen wie euer Vater im Himmel vollkommen ist." Irgendwann bleiben da keine Reste im Leben, wo Gott nicht ist. Selbst keine Steuererklärung.

Das ist die eine Seite: die Dinge, die in unserem Leben einfach drin sind und dazugehören, die man einfach macht. Die andere Seite ist, immer wieder zu betrachten und auszusortieren, was wirklich zu meinem Leben gehört und was überflüssiger Ballast ist. Was lenkt mich ab, was zieht mich ins Gröbere? Und diese Dinge dann sein zu lassen. Beide Seiten sind wichtig. Wenn euch das Oktoberfest eher ins Grobe zieht, dann ist hier nicht die Aufgabe zu lernen, mitten im Oktoberfest in der Feinheit zu bleiben, sondern das Oktoberfest kann man dann einfach auslassen. Das hat die beiden Seiten. Auch da braucht es Genauigkeit zu sehen: Worum geht es jetzt hier?

F: *Meine Frage bezog sich auch auf den Umgang mit Lücken. Wie gehe ich damit um? Werfe ich einfach das Steuer herum, indem ich sage: „Ach, jetzt habe ich schon einmal Zeit, jetzt mache ich etwas Nützliches", oder geht es dann darum, meine Langweile oder Dumpfheit zu ergründen, zu spüren und damit einfach zu sein, anstatt direkt aktiv zu werden?*

P: Wahrscheinlich mal so, mal so. Da kann ich dir keine Regel geben. Ich liebe es, wenn nichts zu tun ist. Ich kann zum Fenster hinausschauen, zu den Bäumen oder was auch immer da ist, ich kann hören, was auch immer da ist, oder ich kann die Augen schließen. Irgendwann hört auch das Hören auf. Man lässt die Sinneseindrücke hinter sich, die fünf Tore bleiben verschlossen. Man verschließt die Kammer, wie Jesus sagt, und geht nach innen. Und dann geht es tiefer und tiefer und tiefer. Das wäre zum Beispiel eine gute Möglichkeit, Lücken zu nutzen. Meditieren nennt man das. Oder du tust, was dir Spaß macht und tanzt oder machst Kundalini oder gehst joggen, freust dich an den Vögeln und an den Bäumen, oder du hebst im Wald Glasscherben auf. Der Stadtwald bei euch hat es nötig. Neulich sind wir kurz spazieren gegangen, und nach drei Schritten lag da schon die erste Glasscherbe. Also habe ich angefangen, Glasscherben aufzusammeln. Ich dachte, jetzt weiß ich, warum ich hier spazieren gehe! Jetzt, da es ja Sommer wird, spielen hier vielleicht Kinder ohne Schuhe, und Hunde und Hasen kommen und verletzen sich. Das ist nicht schön. Ja, geh Glasscherben aufsammeln! Da kannst du gleich jemanden mitnehmen, der auch nicht weiß, was er tun soll. Aber die Dumpfheit hat nichts damit zu tun, ob du gerade etwas zu tun hast oder nicht. Du *spürst* die Dumpfheit nur nicht, wenn du voller Aktivitäten bist.

Wachsamkeit im Alltag

Frage: Vielleicht könntest du noch einmal etwas über die Wächter sagen.

Pyar: Ich kenne das von früher, und jetzt höre ich es oft von euch: Im Satsang oder im Retreat, in besonderen Momenten oder besonderen Zeiten ist da Stille, ist da Friedlichkeit, das Feuer brennt, die Blume fängt an zu knospen. Der Keimling beginnt aus der Erde zu wachsen, oder der Same fängt an zu sterben. Dann kommt ihr wieder nach Hause, da ist die Familie, sind die Kinder, der Beruf, die Freunde, da ist dies und das, da ist die Steuererklärung, da ist das Auto, das zum TÜV soll, und so weiter und so fort …

Da stellt sich dann die Frage: Bleibst du bei dir, oder zerstreust du dich in zehntausend Richtungen? Lässt du dich wieder von den zehntausend Dingen, wie die Zen-Leute sagen, greifen und fesseln? Oder ist es dir möglich, die Steuererklärung zu bearbeiten, dein Essen zu kochen und was sonst notwendig ist, aber in deiner Ausrichtung und in deinem Gebet zu bleiben, still zu bleiben? Und kannst du unnötige Zerstreuung meiden? Und vor allem: Kannst du die alten Konzepte, die alten Gedanken, die alten Schläuche, die alten Wünsche, die alten Hoffnungen daran hindern, wieder Besitz von dir zu ergreifen?

Es gibt oft mehrere „Gletscherspalten", in die man hineinfallen kann. Oder anders gesagt: Dein Haus hat Türen und Fenster, durch die alles Mögliche hereinkommt. Deshalb sagt man: „Stelle Wächter auf!"Es ist auch gut zu unterscheiden, was ich überhaupt hereinlasse. Was ist wichtig? Ist es vielleicht möglich, mein Leben zu vereinfachen? Unser Leben ist in vielen Fällen sehr komplex geworden. Das Leben im einundzwanzigsten Jahrhundert in Deutschland und in Europa ist, wenn man es einfach so lebt, wie es von der Gesellschaft angeboten ist, ein einziger Lärm im Innen und Außen, ist eine einzige Überflutung mit viel zu viel Information, mit viel zu vielen Bildern, mit viel zu vielen Reizen, auch mit viel zu vielen Vergnügen. Versteht mich nicht falsch: Vergnügen ist wunderbar, aber das, was so an allen Ecken und Enden zieht – du sollst da hin und das noch kaufen, das noch mitnehmen, dort sollst du hin, das noch anhören, und dann ist da noch das Kino und all die Bücher und Zeitungen und bunten Bilder, und dazwischen immer Werbung: Kauf das und mach das, und dann sollte man noch hierhin fliegen und dorthin fliegen ... Das zerreißt euch!

Deshalb bedeutet Wächter aufzustellen manchmal auch, sich zu fragen: Moment, ist das wirklich nötig? Ist es das, was mich glücklich macht, oder will ich lieber etwas Raum schaffen in meinem Leben für den Schatz, den man nicht im Supermarkt kaufen kann und den man auch nicht im Reisebüro bekommt, noch nicht einmal für vierzehn Tage? Man bekommt ihn nicht im Kino und nicht im Fernsehen und nicht beim Surfen. Das alles ist ein geliehenes Leben. Aber man kriegt den Schatz ganz einfach genau hier. Um genau zu sein: Er kriegt euch.

F: *Beim letzten Wochenende mit dir war ich von Anfang an in großer Stille mit dir. Dann merkte ich: „So viele Räuber, das ist Wahnsinn!" Und wie sie sich einschleichen und welche Tricks sie anwenden ... es wird immer schlimmer. Und dann dachte ich, ich bräuchte eigentlich Wachhunde, die mich warnen und rechtzeitig bellen. Es macht mich so traurig, wenn ich nach einer gewissen Zeit wieder wach werde und mich frage: „Wo bin ich jetzt wieder die ganze Zeit über gewesen?" Völlig abgedriftet.*

P: Die Wachhunde sind Aufmerksamkeit, Wachheit und kompromisslose Ausgerichtetheit. Das ist Übungssache. Das braucht eine Weile. Am Anfang ist es manchmal so, wie du es jetzt gerade schilderst, dass du es erst dann merkst, wenn die Räuber schon deine ganze Einrichtung hinausgetragen haben. Gut, aber dann kannst du auch wieder zurückkommen. Und je höher das Feuer und je größer die Liebe wird, je klarer die Fokussierung und je stärker deine Praxis wird, umso eher wirst du merken, wie die Räuber kommen. Und umso eher kannst du aufstehen, deine Kräfte sammeln und dich rüsten.

Hütet das Feuer

Jesus sprach: „Ich habe ein Feuer auf die Welt geworfen und seht, ich hüte es, bis es auflodert." (Thomas, Spruch 10). Das sagt er in zweierlei Hinsicht: Erstens hat er ein Feuer auf die Welt geworfen und sein Hüten und das Hüten aller Buddhas ist da. Alle Buddhas hüten das Feuer. Es ist das Feuer der Liebe. Es ist das Feuer, das die Illusion verbrennt und die Schönheit, die Glorie, die Freude aufscheinen lässt. Zweitens spricht Jesus auch von jedem einzelnen. Wir haben Feuer auf die Welt geworfen. Wir haben hier Feuer auf die Illusion geworfen, und es ist wichtig, das Feuer zu hüten und zu schüren, damit es auflodert, bis es so stark ist, dass es nicht zu löschen ist. Irgendwann ist das Feuer nicht mehr zu löschen. Zunächst einmal ist es zwar schon heiß, aber noch kann man es austreten und löschen. Also muss man das Feuer hüten und nähren. Das ist wichtig. Das Feuer wird zum Beispiel durch Schweigen genährt und gehütet. Gestattet euch Zeiten, an denen nichts stattfindet. Beten hat letztlich keine Worte. Und Schweigen ist auch in dem Sinne wichtig, nicht aus dem Retreat zu rennen und jedem zu erzählen, was man alles im Retreat erlebt hat: „Ich habe Jesus wiederentdeckt". Und die Energie so zu vergeuden, noch dazu oft an Menschen, die es gar nicht hören wollen. Da sagt Jesus: „Werft Perlen nicht vor die Säue". Atisha sagt: „Prahle nicht" und „Ändere deine Haltung, aber bleibe natürlich". Das Feuer hüten: Es kann euch auch passieren, dass ihr in eurer Welt irgendwie unpassend erscheint, und das kann euch auch am Arbeitsplatz, in der Familie und zum Teil auch innerhalb der Sangha passieren. Die Sangha ist kein Kuschelplatz, und innerhalb der Sangha brennt immer das Feuer, aber es gibt auch den Sog der Gewohnheit und den Sog der Trennung, den Sog der Unbewusstheit und die Verführung von Resozialisation. Es kann schon sein, dass der eine oder andere aneckt. Das macht nichts. Es kann sein, dass Leute euch für verrückt erklären. Das ist so. Das ist wunderbar. Verrückte der Liebe. Kein Problem. Ihr müsst euch nicht fürchten. Wie Teresa von Avilá sagt: „Nichts soll dich schrecken. Nichts dich verwirren. Alles vergeht. Gott bleibt. Geduld." Oh ja, Geduld ist eine große Hüterin des Feuers. „Geduld vollbringt alles. Wer Gott hat, dem fehlt nichts. Gott erst genügt."

Ihr habt alle Unterstützung der Existenz, des Göttlichen, aller Buddhas. Alle freuen sich und tanzen. Jesus sagt an einer Stelle auch: „Ich bin bei euch alle Tage bis ans Ende der Welt." (Mt 27,20). Ja, das ist so. Tanzt und freut euch, so wie euer Tanz ist. Bei jedem ist er ein wenig anders. Manchem von euch mag ich vielleicht gar nicht so tanzend vorkommen, das ist einfach ein sehr feiner Tanz, aber auch ein sehr wilder Tanz. Ich kenne auch wilden Tanz im Körperausdruck, von früher in der Disko. Das mache ich jetzt nicht mehr, aber mein Erfahren ist, dass dieser Tanz jetzt noch viel freudiger und noch viel wilder ist. Auch wenn nicht jeder es von außen sieht. Aber viele sehen es.

Im Johannes-Evangelium (13,31-17,26) sagt Jesus: „Wie mich mein Vater liebt, so liebe ich auch euch. Bleibt in der Liebe." Ganz simpel. „Das sage ich euch, damit meine Freude in euch bleibe und eure Freude vollkommen werde." Und er sagt auch: „Nicht ihr habt mich erwählt, sondern ich habe euch erwählt und bestimmt, dass ihr hingeht und Frucht bringt. Und eure Frucht bleibe." Jesus tat das sehr offensichtlich, indem er die Menschen aufforderte: „Du da, du und du, kommt mit, und du, komm mit!"

Jesus spricht weiter, ein bisschen radikaler als ich: „Wenn euch die Welt hasst, so wisst, dass sie mich vor euch gehasst hat. Wäret ihr von der Welt, so hätte die Welt das ihre lieb. Weil ihr aber nicht von der Welt seid, sondern ich euch aus der Welt erwählt habe, darum hasst euch die Welt." Heftige Formulierung. Aber so ist es, das ist auch meine Erfahrung. Es kommt zu dieser Reibung, die nicht schlecht ist, weil Reibung wiederum Feuer erzeugt, wenn ihr sie so benutzt. „Ihr seid nicht von der Welt" bedeutet: Ja, da ist ein Anteil der Welt, aber das, was ihr seid, ist weit, weit darüber und weiter und tiefer und gehört nicht den Phänomenen an, gehört nicht der Welt an, gehört nicht dem an, was kommt und geht, sondern ist Ewigkeit und unsterblich und absolut glücklich. Deshalb gehört ihr nicht der Welt an. Je mehr ein Mensch das entdeckt und erfährt und sich da hineinbegibt, desto stärker wird zunächst die Reibung mit der Welt. Aber das macht nichts, denn es gibt keine stärkere Macht als die Liebe. Und die Liebe integriert alles, sie ist so viel größer, weiter, stärker als alles andere.

Eine Geschichte möchte ich euch noch erzählen, die Geschichte vom chinesischen Wasserträger. Der Wasserträger benutzte eine Stange mit zwei Eimern. Jeden Tag ging er an einer weit entfernten Wasserstelle Wasser holen. Es ist ja nicht überall so wie bei uns, wo man einfach den Wasserhahn aufdreht. Einer der Eimer hatte ein kleines Loch, so dass unterwegs nach Hause die Hälfte des Wassers heraustropfte. Den Wasserträger störte das nicht weiter, und er flickte den Eimer nicht. Nach einer Weile fühlte sich der löchrige Eimer richtig schlecht. Er hatte das Gefühl, dass der andere Eimer richtig gut war, in Ordnung war, weil er kein Wasser verlor. Er selbst aber war nur ein kaputter Eimer, bei dem die Hälfte des Wassers heraustropfte. Also bemühte er sich sehr, sprechen zu lernen, weil er seinem schlechten Gefühl als löchriger Eimer irgendwie Ausdruck geben musste. Und nach ein paar Jahren konnte er sprechen. Als der Wasserträger mit den zwei Eimern auf seinen Schultern wieder einmal nach Hause ging, sagte der kaputte Eimer zu dem Wasserträger: „Ich fühle mich so schlecht, weil ich ein Loch habe und das Wasser heraustropft, und der andere Eimer immer alles Wasser nach Hause bringt." Da antwortete der Wasserträger dem Eimer: „Während wir jetzt so gehen, betrachte mal rechts und links den Wegesrand." Zu Hause setzte er sich zu dem löchrigen Wassereimer und fragte ihn: „Was hast du gesehen?" Der Wassereimer antwortete: „Auf der Seite, wo du mich trägst, wachsen Blumen." Und der Wasserträger fügte hinzu. „Ja, genau. Absichtlich habe ich dich immer auf derselben Seite getragen und habe dort Blumensamen gestreut. Auf der anderen Seite wächst gar nichts. Aber da, wo dein Wasser hintropft, wachsen Blumen, und so habe ich immer wunderschöne Blumen zu Hause."

Lasst euch also nicht entmutigen! Glaubt nicht den alten Stimmen, die euch ständig einreden wollen, dass ihr schlecht und ungenügend seid. Seht vielmehr die Blumen, die mit eurer Hilfe am Wegesrand gedeihen! So viel Freude. Lasst es wachsen! Düngt, wässert die Blumen, hütet das Feuer und dieses Geschenk, und diese Möglichkeit dieser tiefsten Transformation. Lasst das weiterarbeiten hin zum Frieden, ihr mit euch, ihr mit der Natur, der Existenz – keine Sorgen. Ihr untereinander als Menschen und ihr mit dem Göttlichen. Und in diesem Frieden mit dem Göttlichen – das Hinübergehen: Adams Vollendung und Erfüllung, und der Anfang eines wunderschönen Tanzes.

Shalom!

Literaturverzeichnis

Bin-Gorion M. J., *Die Sagen der Juden*, Berlin 1935

Das Thomas-Evangelium, Übers. von Christoph Greiner, Genius Verlag Oberstaufen, 2003.

Die Bibel, nach der Übersetzung Martin Luthers, Deutsche Bibelgesellschaft Stuttgart, 1999.

Freeman, Laurence, *Jesus – der Lehrer in dir,* Aurum Verlag Bielefeld, 2005.

Osho, *Der Weg des Buddha*, Osho Verlag Köln, 1995.

Osho, *Komm und folge … zu dir! Band 4,* Osho Verlag Köln, 1992.

Osho, *Die verbotene Wahrheit,* Rajneesh Verlag Köln, 1986.

Osho, *Ich aber sage euch,* Osho Verlag Köln, 1995.

Peters, Fritz, *Eine Kindheit mit Gurdjieff*, Innenwelt Verlag, 2003.

Rilke, Rainer Maria, *Ich, das Gold, das Feuer und der Stein,* Reclam Verlag Leipzig, 2001.

Rumi, *The Essential Rumi,* translations by Coleman Barks with John Moyne, HarperCollins Publishers New York, 1996.

Shunyo Ma Prem, *Diamanten auf dem Weg*, Innenwelt Verlag, 2002.

Teasdale, Wayne, *Das mystische Herz,* Aurum Verlag Bielefeld, 2004.

Troll, Pyar, *Reise ins Nichts,* Kamphausen Verlag Bielefeld, 2000.

Troll, Pyar, *Poesie der Stille – Tanz des Lebens,* Kamphausen Verlag Bielefeld, 2002.

Troll, Pyar, *Bodhicitta – das erwachte Herz,* Aurum Verlag Bielefeld, 2005.

Troll, Pyar, *Satsang,* Hugendubel Verlag, 2006.

Glossar

Atisha Tibetischer Meister des 11. Jhdts. Von ihm stammt der Text „Die sieben Punkte des Geistestrainings“.

Avalokiteshvara (sanskr.) Bodhisattva des Mitgefühls.

Bardo (tib.) Wörtlich: dazwischen. Zustand zwischen Tod und Leben. Es gibt auch das Bardo des Schlafes, der Meditation usw.

Bhakti (sanskr.) Hingabe, Weg der Hingabe.

Bodhisattva Der Begriff Bodhisattva wird in der buddhistischen Terminologie auf zweierlei Weise gebraucht: **1.** Verkörperung der Qualitäten des Buddha-Prinzips. Verkörperung von Weisheit, Mitgefühl etc. **2.** Ein Wesen, das Erleuchtung erlangt hat und aus Mitgefühl auf das Eingehen ins Nirvana verzichtet, um zum Wohle aller Wesen wirken zu können, bis alle Wesen Erleuchtung, Selbstverwirklichung erlangt haben.

Chakra (sanskr.) Energiezentrum im Körper.

Dharma (sanskr.) **1.** Lehren der Wahrheit **2.** Alle Phänomene.

Dharmakaya (sanskr.) Dharma, die Wahrheit, Kaya, der Körper. Der Wahrheitskörper, die absolute Buddhanatur, die absolute Wirklichkeit. Der offene Raum.

Dynamische Meditation™ Von Osho entwickelte Meditationstechnik in fünf Phasen. Die ersten drei sind aktiv, dann eine Stille-Phase, dann Tanzen.

Gurdjieff 1872 bis 1949. Esoteriker, Mystiker und Meister armenischer Herkunft, der in Frankreich lehrte.

Hinayana Grundlegendes Fahrzeug. Das Ziel ist Befreiung von Leiden, Eingehen in Nirvana.

Karma Sanskritwort mit der Bedeutung Tat, Handlung, Aktivität. Wird auch verwendet für die Konsequenz und Auswirkung einer Handlung, für das Prinzip von Ursache und Wirkung.

Kundalini Lebensenergie.

Lao Tse Chinesischer Meister des Taoismus.

Mahayana Eine der Hauptrichtungen des Buddhismus neben Theravada (auch Hinayana genannt) und Vajrayana. Der Name bedeutet „Großes Fahrzeug" und steht für das Ziel, vielen bzw. allen Menschen den Zugang zum Nirvana zu ermöglichen.
Die Einheit von Weisheit und Mitgefühl wird betont.
Es ist das Fahrzeug der Bodhisattvas. Das Ziel ist, Erleuchtung zu erlangen zum Wohle aller Wesen.

Milarepa Tibetischer Meister. Schüler von Marpa. 11. Jahrhundert.

Nirmanakaya Körper der Schöpfung, der Manifestation. Aus der Freude des Sambhogakaya entsteht Manifestation, Schöpfung.

Osho Mein geliebter Meister. Verließ seinen Körper 1990.

Padmasambhava Indischer buddhistischer Meister, der im 9. Jahrhundert nach Tibet gerufen wurde, um dort zu lehren.

Ramana Maharshi Indischer Meister (1879 bis 1950).

Retreat Sich zurückziehen. Eine Zeit des Rückzugs von der Welt. Eine Zeit der Stille und Ausrichtung auf das Göttliche, die Wahrheit, das Selbst.

Rinzai Zenmeister und Begründer der Rinzai-Schule. Gestorben 866.

Sadhana (sanskr.) Spirituelle Übung.

Samadhi Tiefe Meditation. Einsicht in die ursprüngliche Natur des Geistes und Ruhen in ihr.

Sambogakaya Körper der Freude. Mit Freude entsteht Bewegung. Buddhanatur in Bewegung.

Samsara Welt der Phänomene. Welt der Illusion.

Sangha Gemeinschaft, die sich um einen Meister entwickelt. Gemeinschaft der Menschen, die ernsthaft nach Wahrheit fragen, die den Dharma üben.

Satori Zweifelsfreies Erkennen der Wahrheit und Sein in Stille, das aber nicht anhält.

Satsang Sanskritwort. Sat bedeutet Wahrheit, Selbst. Sangha bedeutet die Gemeinschaft. Das Sein in der Wahrheit, im Selbst ist überall und jederzeit. Satsang oder formeller Satsang heißt aber auch, in Gegenwart eines zur Wahrheit, zum Selbst erwachten Menschen zu sein, der in der Stille, in der Wahrheit ruht und aus der Stille, aus der Wahrheit spricht. So kann eine Transmission von Stille, von Wahrheit, von DEM geschehen.

Sutra Heilige Schrift.

Vaijra (Qualität) (sanskr.) Diamantkeil. Symbolisiert die Unzerstörbarkeit und Reinheit der Buddhanatur, des Friedens.

Kontakt / Information

Informationen über Pyar, über Satsang mit Pyar und auch über CDs, Videos und DVDs erhaltet ihr:

Website:
www.pyar.de oder **www.bodhitree.net**

oder

E-Mail:
pyar@gmx.de

oder

Pyar Troll
Postfach 71 08 10
81458 München

Pyar Troll

Satsang

Die spritiuelle Suche nach Wahrheit und Erkenntnis

192 Seiten, Pappband
ISBN-10: 3-7205-2831-6
ISBN-13: 978-3-7205-2831-3

Viele Traditionen empfehlen einem nach Wahrheit und Erkenntnis Suchenden, sich an einen Meister zu wenden. Auch für uns heute gibt es diese Möglichkeit und unzählige Menschen nehmen sie bereits dankbar wahr: Sie gehen zum Satsang, den viele spirituelle Lehrer im ganzen Land anbieten. Bei diesem Zusammensein mit dem Meister erhalten die Schüler Wegweisung, Rat und Hilfe.
Pyar Troll, seit Jahren eine bekannte und beliebte Meisterin, gibt in dieser Einführung einen tiefen Einblick in Tradition und Gegenwart von Satsang und beschreibt leicht verständlich, wie man seinen Lehrer auf dem Weg zur Erkenntnis findet.

KAILASH